中小学新手教师培训系列教材

U0652259

中学数学

新手教师教学能力修炼

ZHANWEN JIANGTAI

ZHONGXUE SHUXUE

XINSHOU JIAOSHI JIAOXUE NENGLI XIULIAN

冯启磊 ◎ 主编

站稳讲台

北京师范大学出版集团
BEIJING NORMAL UNIVERSITY PUBLISHING GROUP
北京师范大学出版社

图书在版编目（CIP）数据

站稳讲台：中学数学新手教师教学能力修炼 / 冯启磊主编.
—北京：北京师范大学出版社，2024.8
中小学新手教师培训系列教材
ISBN 978-7-303-29774-0

Ⅰ.①站… Ⅱ.①冯… Ⅲ.①中学数学课－中学教师－师资
培养－教材 Ⅳ.①G633.602

中国国家版本馆 CIP 数据核字（2024）第 024721 号

图 书 意 见 反 馈　**gaozhifk@bnupg.com**　**010-58805079**
营 销 中 心 电 话　010-58802755　010-58800035
北师大出版社教师教育分社微信公众号　**京师教师教育**

出版发行：北京师范大学出版社　www.bnupg.com
　　　　　北京市西城区新街口外大街 12-3 号
　　　　　邮政编码：100088
印　　刷：鸿博睿特（天津）印刷科技有限公司
经　　销：全国新华书店
开　　本：787 mm×1092 mm　1/16
印　　张：19.25
字　　数：284 千字
版　　次：2024 年 8 月第 1 版
印　　次：2024 年 8 月第 1 次印刷
定　　价：78.00 元

策划编辑：郭　翔　陈红艳　　　责任编辑：郭　翔　陈红艳
美术编辑：焦　丽　　　　　　　装帧设计：焦　丽
责任校对：陈　民　　　　　　　责任印制：马　洁

中小学新手教师培训系列教材编委会

▶ 总　序

强教必先强师。习近平总书记强调，要把加强教师队伍建设作为建设教育强国最重要的基础工作来抓，大力培养造就一支师德高尚、业务精湛、结构合理、充满活力的高素质专业化教师队伍。当前，首都基础教育现代化建设进入快速发展的新阶段。构建高质量基础教育体系，对首都建设首善一流的基础教育教师队伍提出了更加紧迫的要求。在教育强国建设过程中，推进教师教育高质量发展，必须进一步加强战略谋划与顶层设计，基于教师生涯发展与终身学习的视角，对教师职前培养、资格认定与入职教育、在职培训进行系统考量和一体化设计。

新任教师（一般指取得正式合格教师资格之后，任教年限为 1～3 年的教师）的适应期是教师专业发展中的重要阶段，是教师教育不可或缺的重要环节，是决定教师日后专业发展方向与质量的关键期。新任教师培训在职前培养与在职发展之间起到关键的桥梁作用。因此，我国教师政策对新任教师培训予以高度关注。

教育部明确指出：新任教师培训是"为新任教师在试用期内适应教育教学工作需要而设置的培训。培训时间应不少于 120 学时"。近年来，为应对首都基础教育发展对教师队伍建设提出的更高要求，北京市新任教师培训政策不断完善。《中共北京市委 北京市人民政府关于全面深化新时代教师队伍建设改革的实施意见》（2018 年）、《北京市教师教育振兴行动计划实施办法（2018—2022 年）》、《"十四五"时期北京市中小学干部教师培训工作方案》（2021 年）等文件相继提出要实施新任教师规范化培训计划，完善新任教师培训制度（后简称"新教师"）。2022 年 7 月，市教委印发《北京市中小学新教师规范化培训指导意见》《北京市幼儿园新入职教师规范化培训指导意见》，进一步强化了全市中小学幼儿园新教师培训制度化、规范化建设。新教师规范化培训政策的出台，旨在通过提高培训的针对性和实效性，确保每位新教师都能在专业发展上有均衡的起点、获得高质量指导。

在北京市新教师培训政策逐渐完善的同时，培训的实践探索亦日益深化。自2015年开始，北京教育学院根据部分区域提出的需求，开始承担新教师培训工作。为进一步提升培训的专业性和科学性，项目组基于问题导向和需求导向，通过调研了解新教师在入职之初面临的困难与问题，有针对性地设计培训项目。北京教育学院相关专业团队对参加"启航杯"教学风采展示的新教师进行调研，研究数据表明，部分新教师的专业准备不足，主要体现在对所教学科的内容等方面准备相对较好，但在课程思政、理解新课程标准、应用信息技术、班级管理、根据学生个体差异进行教学设计与评价等方面需要进一步学习。

基于新教师专业学习需求的多元特点与课程改革要求，参考借鉴研究领域关于新教师在职业生涯发展早期所呈现的特点，北京教育学院注重以精准培训提升项目的实效性与针对性，以切实帮助新教师解决教育教学工作情境中面临的问题。基于近十年的实践探索，北京教育学院组织实施的新教师培训已形成五个方面的特色经验。一是加强项目顶层设计。根据市教委指导意见，学院注重加强项目整体系统设计，通过制定高标准的培训要求确保培训的专业性。二是强化课程内容设计。聚焦新教师专业发展核心素养和教育教学基本能力，中小学新教师培训内容涵盖思想政治、师德与教育法规、教学基本功与教学实践、学生学习与身心发展、班级管理与班主任工作、教育研究与生涯发展等模块，非师范专业毕业教师增加"教育理论与教师教育"模块，从而完善教师教育专业知识结构。三是优化培训模式。项目采用市区校三级联动的方式，确保培训的实践性与系统推进。在三年递进式培训中，第二年和第三年的培训基于市教委印发的《进一步加强中小学校本研修工作指导意见》，主要采用实践取向的校本研修方式进行，贴近新教师的工作情境，着力解决新教师日常工作情境中面临的实际问题。

四是加强资源共享。在项目实施过程中，通识课、必修课等课程资源实现共建共享，并在"北京教师学习网"上发布新教师教学风采展示活动优秀课例，为教师提供更加丰富多元、可选择的数字学习资源，满足教师个性化发展需求。五是坚持研训一体。学院组织相关专业团队定期对新教师专业学习需求和培训效果进行调研，在组织实施培训的同时，同步进行新教师工作现状与专业成长的追踪研究，为全市新教师培训政策的进一步优化与有效实施提供数据支撑与实证依据。

北京教育学院在新教师规范化培训方面取得了显著的成效，有效提升了新教师的专业素养，受到了相关区域学校及教师的肯定，为首都基础教育质量提升做出了积极贡献。北京市新教师规范化培训作为一项制度创新，亦为全国教师教育改革提供了新的思路和模式。

为帮助新教师从站上讲台到站稳讲台、站好讲台，北京教育学院组织相关专业教师，与各区教师培训机构、一线优秀教师等携手合作，共同编写了"中小学新手教师培训系列教材"。本套教材共计14册，除1册通识类教材之外，其余13册则分别为不同学科和不同学段的新教师提供具体的教育教学指导和实践策略。

本套教材的编写出版，是北京教育学院加强内涵建设、推进培训高质量发展的成果体现，反映了学院在新教师培训实践与研究领域的新举措、新发展。本套教材从新教师的视角出发，以培育新教师须具备的思想政治素养、师德修养、专业知识与能力为主线，严格按照教师教育相关专业标准，以新教师专业发展的基本理论、教育教学问题解决为核心板块，结合当下我国教育改革的重要问题，为新教师等群体进行专业学习和实践研究提供新视角与新思路。本套教材基于问题导向，结构清晰，可操作性强，并强调理论与实践相结合。

本套教材在编写过程中，得到北京市各区教师培训机构及广大中小学校、教师的大力支持，他们为教材贡献了丰富多元的具体案例和实践智慧。

本套教材的出版得到北京师范大学出版社的大力支持，郭翔、陈红艳等编辑团队的专业付出，确保了本套教材高质量出版。期望本套教材为优化新教师培训制度和新教师专业发展有效机制、加强高质量教师队伍建设、推进教育强国建设做出积极贡献。

肖韵竹（北京教育学院党委书记）

张永凯（北京教育学院党委副书记、院长）

2024 年 6 月

▶ 前　言

新时代对教师提出了更高的要求。习总书记勉励广大教师要成为有理想信念、有道德情操、有扎实学识、有仁爱之心的"四有"好老师，要努力成为既精通专业知识的"经师"，又具备涵养德行的"人师"，努力做精于传道授业解惑的"经师"和"人师"的统一者。2017 年颁布的《普通高中数学课程标准(2017 年版)》、2022 年颁布的《义务教育数学课程标准(2022 年版)》提出了落实立德树人根本任务，发展学生数学核心素养的课程目标。新时代的新教师不仅要具有较高的学历，丰富的专业知识，与此同时也需要经历从学生到教师的角色转变，不断把专业知识和教学实践结合起来，锤炼教学技能，进一步丰富专业知识，落实课程标准的理念与目标，努力达到新时代的高要求，这对刚刚入职的新教师来说无疑是一个巨大的挑战。

为了帮助新教师尽快适应教学岗位，本书围绕新课程标准的理念、目标和要求，设计了 4 个单元、12 讲、42 个技能及要点解析，涵盖了新教师教学设计、教学实施、学习评价和教学反思的全过程，直击新教师教学中的关键问题和技能，结合丰富的案例进行分析，为新教师站上讲台、站稳讲台和站好讲台提供理论和实践的支持。

新教师需要在丰富的实践情境中积累专业知识，发展教学技能，本书每讲的结构采用了案例与问题—概念与方法—案例解析—技能训练的闭环结构，为新教师提供了浸润体验式学习的情境。从真实的数学教学情境中提出问题，结合情境中的问题围绕关键教学技能的要点进行理论、方法策略的阐述，最后回到前面提出的问题进行案例解析。本书大量生动鲜活的案例均来自于中学数学教师的实践，新教师阅读这些教学情境，会有很强的代入感，这些问题也是新教师在教学中常常遇到的，案例解析的方法可以直接迁移到自己的教学实践中，可以帮助新教师快速积累数学教学方法。

为了帮助新教师能够在教学中真正地落实新课程标准的理念与目标，本书围绕关键教学技能提供了具体的方法步骤，操作要点以及实用的工具、量表，并辅以完整的优秀案例进行说明，为新教师答疑解惑，提供借鉴，帮助其将知识转化为教学技能。新教师可在实际案例中理解方法与工具，进一步在教学中使用和实践量表，锤炼教学基本功，发展数学专业素养。

本书第一单元由冯启磊、顿继安、杨小丽、崔佳佳（西城区教育研修学院）完成，第二单元由陈鹏举、冯启磊完成，第三单元由白永潇、姚春艳（通州区第四中学）、刘春艳完成，第四单元由贾小宇、冯启磊和李红云完成，最后全书由冯启磊统稿。本书的团队成员均具有多年中学数学教学实践与培训的经验，所使用的案例来自自己主持的教师培训项目的教学研究，在阐述理论与方法时，也基于教学实践，聚焦关键技能，突出问题导向，力图助力新教师"站位更高、技能更实、视野更宽"。本书也可以为教师培训者的培训课程提供框架、方法与案例。

由于能力和水平所限，本书难免有不足与疏漏之处，敬请广大读者批评指正。

冯启磊

2024 年 7 月

第一单元　教学设计

1. 设计一份规范的教学设计方案。

2. 针对特定的教学内容，制订可操作和可评价的教学目标。

3. 基于教学目标、教学内容特点以及学生情况，合理选择并灵活运用教学方法。

4. 设计可达成教学目标且符合学生认知逻辑的教学过程。

5. 设计出体现知识间联系的结构式板书。

单元导读 ……▶

没有教学，学习也会自然发生。有了教学，能让学习有目的地发生。有了精心设计的教学，学习将按照目标方向更加有效地发生。因此，一个有效的教学设计是帮助学生成功学习的基础。但是教学设计是由多个变量构成的复杂系统，教师在进行教学设计时，不能仅仅关注多个变量中的某一个变量，而应该整体把握教学设计中各个变量间的关系。本单元将结合教学设计中的教学目标制订、教学方法选择、教学过程设计等关键变量的内涵和设计策略进行系统阐释，对教学设计各个变量间的关系进行比较全面的梳理，以帮助新教师尽快提升中学数学教学整体设计水平。

```
                          ┌─ 如何认识教学设计
          第一讲 如何认识 ──┼─ 如何把握教学设计的关键要素与一般流程
          和把握教学设计    └─ 如何把握教学设计的基本原则

                          ┌─ 如何解读课程标准
          第二讲 如何制定 ──┼─ 如何分析教学内容
          教学目标          ├─ 如何分析学生情况
第一单元 ─┤                └─ 如何确定与表述教学目标
教学设计
                          ┌─ 如何理解教学模式和教学方法
          第三讲 如何选择 ──┼─ 如何恰当地使用传授—演练教学模式与讲授法
          教学方法          ├─ 如何使用探究—发现教学模式与启发法
                          └─ 如何使用自学—辅导教学模式

                          ┌─ 如何创设教学情境
          第四讲 如何进行 ──┼─ 如何确定教学流程
          教学过程设计       ├─ 如何安排教学活动
                          └─ 如何构思教学板书
```

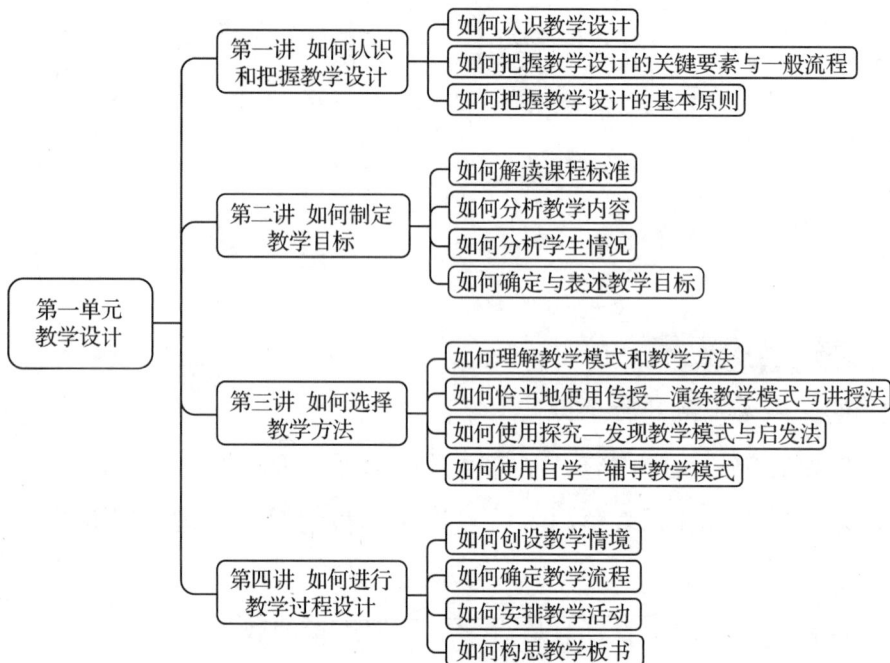

设计工作的复杂性往往被低估。许多人认为自己知道很多关于设计的知识。他们没有意识到想要做出独特、精致和完美的设计，还需要知道更多。

——约翰·麦克林

新教师应该花更多的时间和精力进行教学设计。这是因为：新教师的教学经验不足、对学生的了解不足、教学信心不足，课前精心做好教学设计能给新教师带来安全感、自信心，甚至是教学激情。相反，如果新教师不愿意在教学设计上多花心思，那么，其教学将意味着照本宣科，教科书将成为他的学生的"老师"。如果脱离教学设计的规范，课堂教学时随意地发挥，对于缺少授课经验的新教师来说，这往往具有潜在的风险。可见，教学设计对于新教师顺利执教意义重大。它不是用来装点门面的，而是良好教学行为的重要且不可或缺的组成部分。练好教学设计基本功是教师职业生涯中永恒的追求。

▶第一讲
如何认识和把握教学设计

"凡事预则立，不预则废。"(《礼记·中庸》)。这句话告诉我们做任何事情都需要做好计划和准备。为了提高教学的有效性，我们在教学之前要做好教学设计。

一、如何认识教学设计

加涅认为，教学是嵌入有目的的活动中的促进人们学习的一系列事件构成的系统，"教学系统设计就是创建教学系统的过程"[1]。史密斯(P. L. Smirch)和拉根(T. J. Raglan)认为，教学就是信息的传递及促进学生达成预定的、专门的学习目标的活动，包括学习、训练和讲授等活动。因而教学是一种有着明确目标的教育学的活动。而设计则是指在进行某件事之前所做的有系统的计划过程或为了解决某个问题而实施的计划。因而教学设计是运用系统方法分析教学问题和确定教学目标，建立解决方案、评价试行结果和对方案进行修改的计划过程。[2] 教学设计的根本目的是使教学目标的达成成为可能。

教学系统包括学习者、教师、教学材料以及学习环境，这些成分之间的互动产生了教学目标。为了让这个系统中的互动更加有效，使每一个成分对于预期目标的达成发挥积极的作用，必须对这些成分及其互动关系进行设计。由于教学系统的复杂性，并不存在单一的教学设计模型，加涅认为，有多少设计者与设计情境，就有多少设计模型。但不同的教学设计模型却存在着共同的成分。

---

① [美]R. M. 加涅，W. W. 韦杰，K. C. 戈勒斯等：《教学设计原理》(第五版修订本)，王小明、庞维国、陈保华等译，18页，上海，华东师范大学出版社，2018。
② 乌美娜主编：《教学设计》，12页，北京，高等教育出版社，1994。

按照教学的单位划分,有针对单一课时的教学设计,也有基于单元的教学设计,甚至还可以按照学期或学段进行教学设计。按照教学的主题划分,有基于知识技能的教学设计,这一般与课时教学设计相关;也有基于核心素养或大概念的教学设计;还有基于项目的教学设计。不同类型的教学设计所达成的教学目标也有着较大差异。

二、如何把握教学设计的关键要素与一般流程

(一)教学设计的关键要素

加涅认为,教学系统设计是创建教学系统的过程。[①] 因此,教学设计需要站在整体的角度综合考虑教学设计中的各个要素及其相互关系,并进行统筹规划。由于教学系统的复杂性,教学设计的模型并不唯一。因此,教学设计有多种模式,不同模式的要素及图形表征各不相同。但大多数教学设计的模式都有类似的构成要素,并且各要素之间相互作用构成整体结构。沃尔特·迪克(Walter Dick)、卢·凯瑞(Lou Carey)和詹姆斯·凯瑞(James O. Carey)提出了系统教学设计的过程模型,主要包括十个构成成分:确定教学目标、进行教学分析、分析学习者与情境、书写行为表现目标、开发评估工具、开发教学策略、开发和选择教学材料、设计和实施形成性教学评价、修改教学以及设计和实施总结性评价。这十个成分之间的关系如图 1-1 所示。

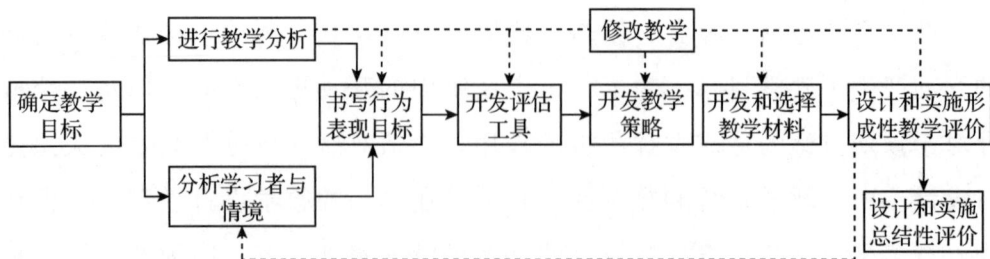

图 1-1　迪克等人的教学设计过程模型

---

① [美]R. M. 加涅,W. W. 韦杰,K. C. 戈勒斯等:《教学设计原理》(第五版修订本),王小明、庞维国、陈保华等译,18 页,上海,华东师范大学出版社,2018。

教学设计一般包括以下六个方面：①确定教学目标，即在学习后教师希望学生能够做什么；②根据教学目标确定教学内容，确定为了达成教学目标所需要掌握的知识内容与技能方法等；③分析学生特征，分析学生是否具备学习当前内容所需要的知识，具有哪些认知特点和个性特征，从而确定教学的起点，调整教学目标（终点）；④制订教学策略，为了有效达成教学目标，设计教学过程中所采用的教学方法、组织策略与媒体技术等；⑤设计教学过程，围绕教学目标和内容要求，设计一系列富有逻辑的学习活动；⑥设计学习评价，设计评价方案，检测学生对教学目标的达成程度，并根据评价所得到的反馈信息对上述教学设计中的某一个或某几个环节做出修改或调整。何克抗提出，建构主义教学设计包括教学目标分析、情境创设、信息资源设计、自主学习设计、协作学习环境设计、学习效果评价设计、强化练习设计七个方面，更加强调以学生为中心设计教学。[①] 建构主义学习理论下的教学设计及其基本要素之间的逻辑关系如图 1-2 所示。

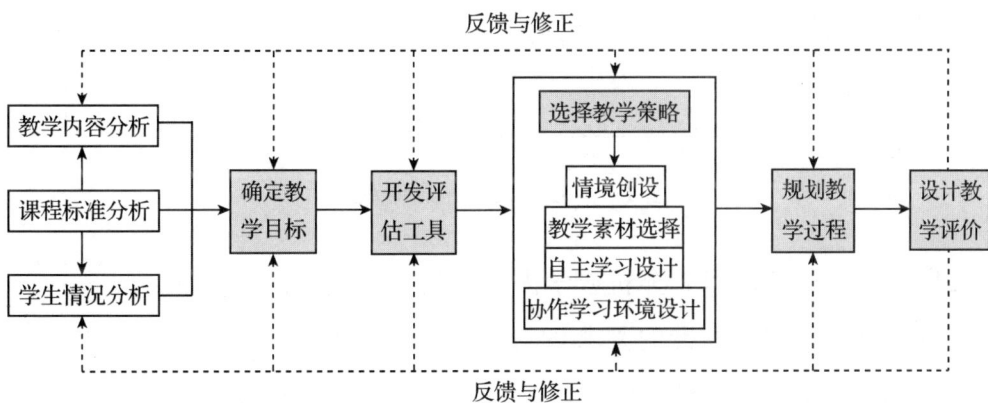

图 1-2 建构主义学习理论下的教学设计及其基本要素

综合以上研究，结合教学实践，教学设计一般包括以下要素：课程标准分析、教学内容分析、学生情况分析、确定教学目标、选择教学方法与策略、设计核心问题、选择情境与素材、设计板书、设计教学过程与学习

---

① 何克抗：《建构主义的教学模式、教学方法与教学设计》，载《北京师范大学学报（社会科学版）》，1997(5)。

评价。其中课程标准分析、教学内容分析与学生情况分析也被总称为教学背景分析。课程标准分析与教学内容分析是确定教什么，包括数学知识、技能、思想、方法等，以及教学后要达到的水平，学生情况分析则是确定学生的认知基础、经验与心理特征等，在此基础上确定教学目标，选择教学方法，设计教学过程与学习评价。

（二）教学设计的一般流程

教学目标是教学设计的核心，但对于新教师来说，它却不是教学设计流程的起点。一般来说，教学设计遵循以下流程，如图 1-3 所示。

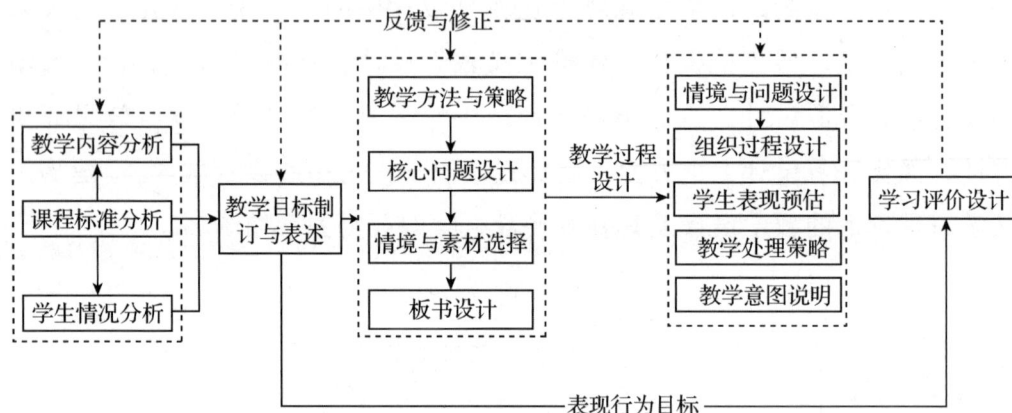

图 1-3　教学设计一般流程图

第一，先阅读教材，分析教学内容和教材的设计意图。

第二，解析课程标准的要求。

第三，分析学生的认知情况。

第四，在前面三步的基础上，确定教学目标，把教学目标表述为表现行为目标。

第五，根据教学目标，设计核心问题，选择教学方法。

第六，根据教学目标和教学方法，确定教学活动、流程及顺序。

第七，设计学习评价方案，以评估教学目标的达成情况。

以上过程并不是线性地展开的，是要根据教学目标和目标达成情况反复修改、不断优化调整的。

三、如何把握教学设计的基本原则

尽管不同的设计者会遵循不同的模式，将自己对影响学习的原理和如何更好地安排教学活动的理解带进设计过程中，但教学设计仍然有一些共同的原则。

（一）系统性原则

教学设计的系统性主要体现在两个方面：一是，把教学设计看成是由多个要素构成的系统；二是，运用系统的方法来设计和处理教学问题。[①]一个教学系统中至少要有教与学两个要素。教与学两个要素之间的联系与作用形成教学活动。教与学又分别是两个子系统，"教"这个子系统包括教师、目标、内容、方法、媒体等要素；"学"这个子系统包括学生、学习态度、学习内容、学习行为、认知发展等要素。各子系统中的各个要素之间相互联系、相互作用构成了一个整体，具有一定的功能。比如，学习者特征分析是确定教学活动起点的重要依据；教学目标分析则引导着教学的有效性；教学策略为教学目标的达成提供支持，也为教学过程和活动设计提供方法。

系统化教学设计的一个特点是，教学设计具有经验性和可重复性，教师可以在不同的场合使用教学设计，并且根据情境进行改进。教学设计的另一个特点是，教学设计具有一定的程序性，但并不意味着在设计的时候，是按照固定的程序思考这些要素及其关系的，设计时需要综合考虑这些要素间的互动关系。

（二）突出问题导向

教学设计是通过问题进行驱动的，围绕要解决的学科核心问题，以学生的视角展开目标、教学策略和活动的设计。学科核心问题的解决一般和学科的本质紧密相关，这些本质能够揭示学科的一般方法和原理，在更高的层面统摄具体的知识，学生能够迁移、运用解决其他问题。

---

① 皮连生主编：《教学设计——心理学的理论与技术》，33、34 页，北京，高等教育出版社，2000。

（三）突出学习结果导向

教学设计必须是以学习目标为结果导向的，这也就意味着预期的学习目标指导着学习活动的设计与选择。评价的设计也需要以目标的达成为参考。因此，在进行教学设计时，使得学习结果变得可观察与可测量就成为教学设计有效性的核心。在进行教学设计时，无论是教学目标、教学策略的选择，还是活动的设计，都是以学生为中心的。以学生最终能够做什么，能够参与、探索和体验什么样的活动为焦点思考整体的设计系统。

（四）体现教师与学生的双主体性

一般来说，教学设计体现的主体是双主体，教师是主体，学生也是主体。为了保证学生的学习获得成功，我们更加强调指向学生主体性、发挥教师主导作用的教学设计。因此，将学生有效参与作为体现教学设计主体性原则的基本内涵。教学设计中的学生主体性主要体现在三个方面：一是，班级所有层次的学生都能积极主动地参与教学的各个环节；二是，学生能够通过对话、互动与生成有效地参与不断发展和变化的学习过程；三是，学习活动设计能够提升学生在学习广度、深度与频度方面的参与效果。

> **实践操练**
>
> 请结合本讲的学习，设计一课时的教学设计方案，要求：
> 1. 包含教学设计的各个要素；
> 2. 体现教学设计的问题导向性、学习结果导向性和师生双主体地位。

▶第二讲
如何制订教学目标

教学是有目的的学习活动，教学设计的目标是帮助学生学习。教学目标是经过教师的教学，学生能够做以前他们不会做的事情，或者是教学以后学生发生了一些好的变化，因此教学目标是教学设计与实施的方向，它有助于教师设计的教学活动能够与预期的学习结果匹配，并能够帮助教师判断教学是否有效。本讲将结合案例讨论教学目标的分类，制订教学目标的依据、方法和程序，以及规范、清晰的教学目标需要遵循的原则和格式等问题。那么如何制订教学目标呢？图 1-4 显示了教学目标制订的依据以及各要素之间的关系。下面我们结合案例进行具体分析。

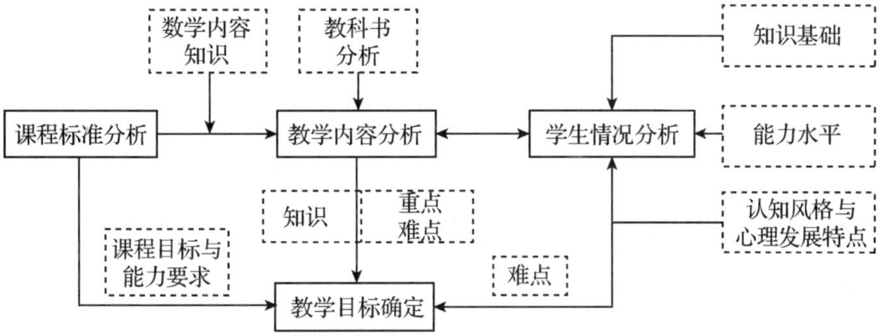

图 1-4　制订教学目标时各要素之间的关系

一、如何解读课程标准

数学课程标准是由国家教育部门制定的，反映国家在一定时期内对数学课程的基本规范和质量要求的纲领性文件，也是编写数学教材、设计与实施教学、进行数学学习评价以及数学考试命题的重要依据。准确理解数学课程标准的结构、内容要求是新教师适应数学教学的首要任务之一。

中学数学课程中的数学知识是教师教书育人的载体，数学课程标准对它们所承载的教育教学目标是有明确要求的。数学教师并不能随意制订教学目标，数学课程标准是制订教学目标的重要依据之一。从课程标准的目标中分析教学目标的框架，是教师制订教学目标的第一步。作为数学教育教学的指导性文件，《义务教育数学课程标准(2022 年版)》[后简称《义教数学课标(2022 年版)》]和《普通高中数学课程标准(2017 年版 2020 年修订)》[后简称《高中数学课标(2017 年版)》]对中学数学课程的课程性质、基本理念、课程设计思路、课程目标和课程内容都有明确的要求，并且给出了实施建议。不同的数学教师对课程标准的理解是有差异的，这些差异将体现在他们的教学目标中。

案例 1-1

"三角形中位线定理"的教学目标

《义教数学课标(2022 年版)》对三角形中位线定理的内容要求是：探索并证明三角形中位线定理。图形的性质这部分的相关学业要求是：在直观理解和掌握图形与几何基本事实的基础上，经历得到和验证数学结论的过程，感悟具有传递性的数学逻辑，形成几何直观和推理能力。

Y 老师在讲解三角形中位线定理时设计了以下问题情境。A，B 两地被一个池塘隔开了(图 1-5)。在没有直接测量工具的情况下，小明说可以这样量出 A，B 间的距离：先在 A，B 外选可以到达的一点 C，测量出 AC，BC 的中点 D，E，然后测量出 DE 的长，他说知道了 DE 的长，就能知道 AB 的长。他这样做是否可行？为什么？

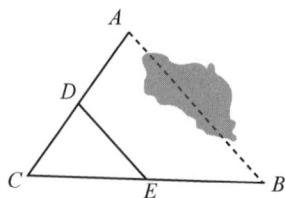

图 1-5

Y 老师给了学生 8~10 分钟进行独立思考，之后让学生自己找小伙伴交流自己的想法，有问题可以举手示意老师。Y 老师在课堂中观察和了解学生的想法，选择了不同学生的方法，全班分享并讨论：这个思路是怎么想出来的，有什么问题。大家提出疑问并进一步讨论，教师在这个过程中进行适时的引导。Y 老师对不同证明方法中的思路的异同进行了分析和归纳。经过大家的讨论和论证，提炼出了三角形中位线定理，并用三种语言进行了表述。

而 L 老师在三角形中位线定理这节课中是按以下内容设计和教学的。首先，他在黑板上画出了三角形及其中位线，提出问题："中位线和三角形的第三条边有什么关系，猜想一下？"在问题提出后，学生集体回答："二分之一，平行。"然后，L 老师提问："怎么用折纸来验证猜想？"学生进行折纸活动，折出三角形中位线，并测量第三条边的长度，验证猜想，得到了三角形中位线定理的三种语言表述。接下来，L 老师问："如何证明？"有一位学习优秀的学生举手，L 老师请他到黑板上讲解，然后 L 老师强调了他的证明方法的一些关键点。最后，请所有学生把这种证明过程写在作业本上，

L 老师巡视、指导学生的写法，写完的同学相互交流证明过程中的问题。

问题聚焦

Q1：上面的教学案例中两位老师分别达成了怎样的教学目标？教学目标有哪些不同的类型？

Q2：他们的教学目标符合课程标准的要求吗？如何依据课程标准分析教学目标呢？

（一）整体理解课程标准

1. 理解义教、高中数学课程标准的整体结构

《义教数学课标(2022 年版)》和《高中数学课标(2017 年版)》都明确阐述了课程性质、课程理念、设计思路、学科核心素养、课程目标、课程结构与课程内容等(见表 1-1)。

表 1-1　义教、高中数学课程标准的总体结构

《义教数学课标(2022 年版)》	《高中数学课标(2017 年版)》
一、课程性质	一、课程性质与基本理念
二、课程理念	二、学科核心素养与课程目标
三、课程目标	三、课程结构
四、课程内容	四、课程内容
五、学业质量	五、学业质量
六、实施建议	六、实施建议

从上述结构中可以看出，义教、高中数学课程标准在整体结构上是基本相同的，都强调学科核心素养对课程目标的导向作用，也根据课程目标和课程内容，提出了学业质量的总体要求和课程实施的建议。实际上，《义教数学课标(2022 年版)》提出了九个核心素养，阐述了其内涵及其主要表现，《高中数学课标(2017 年版)》明确了六个数学核心素养的内涵，并提出了三个水平层次的表现。

2. 理解初、高中数学课程性质与课程理念

从课程性质上看，义教、高中数学课程标准都阐述了数学的学科特点、

地位、价值和在社会发展中的作用；阐述了数学核心素养的重要性；明确了数学教育的功能是"落实立德树人根本任务，实施素质教育"，在培养公民核心素养方面都具有"基础性"和"发展性"。不同的是，义教数学课程具有"普及性"，普及性要求所有学生都需要学习数学课程；高中数学课程是在义教课程的基础上，继续发展学生数学核心素养，同时具有"选择性"，而选择性是指高中数学课程除了有面向全体学生的，提供共同基础的必修课程外，还有考虑学生不同成长需求和多样性选择的选修课程。

从课程理念上看，义教阶段的数学课程理念阐述了五个方面的内容。第一，确立核心素养导向的课程目标，即以学生发展为本，以核心素养为导向，进一步获得数学基础知识、基本技能、基本思想和基本活动经验，发展运用数学知识与方法发现、提出、分析和解决问题的能力，形成正确的情感、态度和价值观；第二，设计体现结构化特征的课程内容，课程内容的选择、组织和呈现，都需要促进学生核心素养的发展；第三，实施促进学生发展的教学活动，即教学活动应注重启发式，激发学生学习兴趣，引发学生积极思考，鼓励学生质疑问难，引导学生在真实情境中提高"四能"（发现问题的能力、提出问题的能力、分析问题的能力和解决问题的能力），掌握"四基"（基础知识、基本技能、基本思想、基本活动经验），形成积极的情感、态度和价值观，逐步形成核心素养；第四，探索鼓励学习和改进教学的评价，通过学业质量标准的建构，融合"四基""四能"和核心素养的主要表现，形成阶段性评价的主要依据；第五，促进信息技术与数学课程的融合，合理利用现代信息技术，提供丰富的学习资源，设计生动的教学活动，促进数学教学方式方法的变革。

高中阶段的数学课程理念主要阐述了四个方面的内容。第一，以学生发展为本，立德树人，提升素养，不同的学生在数学上获得不同的发展；第二，优化课程结构，突出主线，精选内容，为学生发展数学学科核心素养提供共同基础和多样性选择；第三，把握数学本质，通过多种教学方式，激发学生兴趣，启发思考，改进教学；第四，重视评价，聚焦素养，提高教学质量。

由此可见，义教、高中数学课程理念的共同之处都是落实立德树人的根本任务，以学生发展为本，以形成和发展数学核心素养为导向，使不同的学生都能获得良好的数学教育，不同的人在数学上获得不同的发展。

（二）解析课程标准

1. 理解义教、高中数学课程目标的内容及结构

（1）课程目标结构解析。

各学段的数学课程标准都把学科核心素养和课程总目标放在一起阐述，《义教数学课标（2022 年版）》提出"要确立核心素养导向的课程目标"，《高中数学课标（2017 年版）》提出"数学学科核心素养是数学课程目标的集中体现"，突出了数学学科核心素养在课程目标中的地位。《义教数学课标（2022 年版）》提出，初中阶段，数学学科核心素养主要表现为抽象能力、运算能力、几何直观、空间观念、推理能力、数据观念、模型观念、应用意识、创新意识。《高中数学课标（2017 年版）》则明确提出了六个数学学科核心素养——数学抽象、逻辑推理、数学建模、直观想象、数学运算、数据分析，并描述了这些数学学科核心素养的内涵及三个层次的学生表现水平。高中的六个数学学科核心素养比初中的数学核心素养具有更高的要求。比如，在初中，只是要求学生发展模型观念，学生需要"初步感知数学建模的基本过程，从现实生活或具体情境中抽象出数学问题，用数学符号建立方程、不等式、函数等表示数学问题中的数量关系和变化规律，求出结果并讨论结果的意义"。高中的数学建模则要求学生"在实际情境中从数学的视角发现问题、提出问题、分析问题、建立模型、确定参数、计算求解、检验结果、改进模型，最终解决实际问题"，更加强调发现、提出、分析和解决问题的全过程，需要学生建立假设，确定参数，所建立的模型更加复杂，所应用的数学知识和跨学科知识也更加综合。

数学课程标准提出发展学生的数学学科核心素养，表现为学生的"三会"：①学生学习数学以后，会用数学的眼光观察现实世界，在初中表现为抽象能力、几何直观、空间观念与创新意识，在高中表现为数学抽象素养和直观想象素养；②会用数学的思维分析现实世界，在初中表现为运算能力和推理能力，在高中表现为逻辑推理素养和数学运算素养；③会用数学的语言表达现实世界，在初中表现为数据观念、模型观念和应用意识，在高中则表现为数学建模和数据分析。

在阐述数学学科核心素养内涵的基础上，义教、高中数学课程标准提出了课程总目标，下面我们以高中数学课程总目标为例分析其内容与结构。

高中数学课程总目标：通过高中数学课程的学习，学生能获得进一步学习以及未来发展所必需的数学基础知识、基本技能、基本思想、基本活动经验；提高从数学角度发现和提出问题的能力、分析和解决问题的能力。

通过高中数学课程的学习，学生能提高学习数学的兴趣，增强学好数学的信心，养成良好的学习习惯，发展自主学习的能力；树立敢于质疑、善于思考、严谨求实的科学精神；不断提高实践能力，提升创新意识；认识数学的科学价值、应用价值、文化价值和审美价值。

可以发现，课程目标从获得"四基"，提高"四能"，发展数学学科核心素养，培养数学学习习惯、态度与科学精神等层面进行了阐述，它是对高中阶段学生应达到的目标的概括性描述，因此具有全局性、方向性和指导性的特点。"四基""四能"、情感态度价值观和数学学科核心素养也不是并列、独立的四个方面，而是相互融合在一起的，要让学生在提高"四能"和获得"四基"的学习过程中，发展数学学科核心素养，培养情感态度价值观，因此"四基"和"四能"是发展数学学科核心素养、提升情感态度价值观的载体和桥梁。

课程目标只是提出了教学目标的总方向，或者是教学的最终目的，课程目标为教师制订教学目标提供了总体框架和方向。因而，要结合具体的课程内容和教学过程去理解课程目标。

（2）解析学段目标和内容目标。

各阶段的数学课程标准将课程目标具体化到各个学段，并结合学段内容进行了阐述，而且考虑到了各学段内学生的年龄和心理特点，这为教师制订具体的教学目标提供了更为细化的依据。学段目标仍然从"四基""四能"、情感态度价值观和数学学科核心素养四个方面进行阐述，强调让学生在掌握基础知识和基本技能的基础上获得数学基本思想，积累基本活动经验，提高发现问题和提出问题、分析问题和解决问题的能力，并在这个过程中，发展数学学科核心素养和情感态度价值观。《义教数学课标（2022年版)》从数与代数、图形与几何、统计与概率、综合与实践四个领域，对学生应该学习的具体数学内容进行了描述；《高中数学课标（2017年版）》将高中数学课程分为必修课程、选择性必修课程和选修课程，用函数、几何与代数、概率与统计、数学建模活动与数学探究活动四条主线贯穿三类课程内容。

下面以七至九年级的学段目标为例进行分析（选取部分）：

经历有理数、实数的形成过程，初步理解数域扩充；掌握数与式的运算，能够解释运算结果的意义；会用代数式、方程、不等式、函数等描述现实问题中的数量关系和变化规律，形成合适的运算思路解决问题；形成抽象能力、模型观念，进一步发展运算能力。

探索在不同的情境中从数学的角度发现和提出问题，综合运用数学和其他学科的知识从不同的角度寻求分析问题和解决问题的方法，能运用几何直观、逻辑推理等方法解决问题，具备模型观念和数据观念。

学段目标在表述时结合了具体的内容，从过程性目标和结果性目标两个角度进行描述，给出了学习这些内容应该获得的"四基""四能"、情感态度价值观，以及所需发展的数学学科核心素养。其中，过程性目标行为动词有"经历、体验、探索"，结果性目标行为动词包含"了解、理解、掌握和运用"四个层面。在学段目标的基础上，课程标准针对数学内容领域或数学内容主线提供了具体的内容标准。比如，七年级数与式中有理数的内容标准：理解负数的意义；理解有理数的意义，能用数轴上的点表示有理数，能比较有理数的大小。

这个内容标准不仅明确了"有理数的意义，用数轴上的点表示有理数，比较有理数的大小"这三个教学内容，还规定了学习这些内容所应该达到的能力水平："理解，能用……表示，能比较"，目标表述方式是结果/过程行为动词＋数学内容。为了让标准更加清晰，课程标准对这些行为动词的内涵以及同义词都进行了明确的界定，力图为教师制订教学目标提供具体的帮助。但是需要注意的是，这些标准是学生学习这些知识后应该达到的最低要求，并且这些标准有时候并不清晰。比如，学生表现出什么样的学

习行为可以看作"理解了有理数的意义"？因此，教师仍然需要围绕这些课程标准中的目标，对其内容进行具体化。下面我们结合具体的例子进行说明。

①了解。了解是指对知识能够回忆或再认，是认知的最低水平，同类词有"知道，初步认识"。那么学生有怎样的表现才表明他们知道或初步认识了相关内容呢？比如，"了解平方根、算术平方根、立方根的概念"，学生会说出平方根、算术平方根、立方根的定义，认识它们的符号表示等则认为学生达到了解水平。

②理解。理解是指学生能够描述对象的由来、内涵和特征，阐述此对象与相关对象之间的区别和联系。具体来说，表现为能够举例、总结、解释、分类、推断、比较等。比如，"理解乘方的意义"，学生应能解释乘方的特点，能举例说明它与乘法的区别与联系。

③掌握。掌握是指在理解的基础上能把数学对象应用于新的情境中。比如，"掌握不等式的基本性质"，也就是给学生一个不等式，学生可以用不等式的基本性质对不等式进行变形，求出它的解集。

④运用。运用是指在已经掌握的基础上，选择恰当的方法解决问题，同义词是"证明"。比如，学生在掌握了一元一次方程的标准解法以后，对一些一元一次方程能够观察它们的特点，恰当地选择代入法、消元法或者整体代入法解方程，这就是运用方程的解法解决问题。

⑤经历、体验和探索。经历是指学生参与数学活动，并有一些感性的认识。体验则是指学生在经历的基础上能够"主动认识或验证对象的特征，获得一些经验"，强调学生的主动认识和经验获得。探索则是指在参与活动的过程中，"独立或与他人合作""理解或提出问题，寻求解决问题的思路等"。

需要注意的另外一个问题是，教师有时候会特别关注课程标准的内容要求，但内容要求表达的只是基础知识和基本技能方面的目标，所以应注意不要忽视基本思想方法、基本活动经验、情感态度价值观以及内容所承载的数学学科核心素养。也就是说，教师在思考教学目标的内容与能力要求时，还需要思考借助这些数学内容，可以帮助学生发展哪些数学学科核心素养。因此，要对学段总目标的要求进行具体分解。

归纳一下，新教师在依据课程标准分析教学目标时可采用逆向方法，即从具体知识技能标准开始，确定目标的内容以及能力要求，并对能力要求进行具体化解析，结合内容，明确希望学生能做什么（如背诵、举例、解释或评价）；再分析在达成"四基"和"四能"的过程中内容所承载的数学学科核心素养。在分析课程目标时，可以参考相应的课程标准解读和教学参考用书。

2. 理解初、高中数学课程内容及结构

初中数学课程内容分为数与代数、图形与几何、统计与概率、综合与实践四大领域，每个领域下又包含不同的主题，主题下划分有若干单元。高中数学课程内容突出了函数、几何与代数、概率与统计、数学建模活动与数学探究活动四条主线，这也是四个大的主题，每个主题也包含若干单元。可以看出，初、高中的课程内容在结构上具有一致性，这样的课程内容结构强调了数学主题和单元的整体性，突出了数学学科核心素养与课程内容之间的关系。因此，新教师在分析课程内容结构时，需要关注以下两个方面。

（1）主题内单元的整体性。

各阶段的数学课程标准都强调单元教学的价值。单元教学被认为是在教学中落实数学学科核心素养的重要途径，因此把握主题内单元的整体性，主要表现为整体把握单元内容、研究的思想方法和研究路径的一致性。比如，数与式主题下包括有理数、实数和代数式三个大单元，这三个大单元是根据运算对象的扩展进行划分的，体现了从数到式的扩展。这三个大单元都需要通过具体的运算对象的抽象过程，来发展学生的抽象能力，研究运算法则、运算律和运算的应用，这具有内在一致性。这三个大单元在教科书中又会被设置成不同的小单元，新教师需要细细琢磨不同单元的整体性。

（2）不同主题之间单元的关联性。

不同主题之间的各单元在数学思想方法上具有关联性。比如，数与式、方程与不等式、函数是对数量关系和变化规律的数学表达，是学生通过符号运算和形式推理表达现实世界中事物的本质、关系和规律的重要载体，而相等关系和不等关系则可以看作函数关系的特殊状态，因此可以用函数思想进行统领。再比如，三角形的全等可以和图形的变化建立联系，从运动变化的角度看全等，用全等的性质去分析图形变化中的不变性。

（三）案例分析

我们来分析一下案例1-1中两位教师的教学目标。

七年级三角形中位线定理的内容标准是：探索并证明三角形中位线定理。那么，探索是什么意思？探索是"独立或与他人合作参与特定的数学活动，理解或提出问题，寻求解决问题的思路，发现对象的特征及其与相关对象的区别和联系，获得一定的理性认识"。

在案例1-1中，L老师在教学中虽然提出了猜想的问题，但没有给学生猜想探索的时间，在证明方法的探索方面，没有让学生独立思考或与他人合作，因此不能称其为"探索"；而Y老师则在问题提出以后，首先让学生独立思考，然后再与其他同学交流想法，在交流的必要性和有效交流的前提方面，都为学生之间的真正交流与合作提供了有效的支撑，因此在Y老师的教学中，探索才能真正发生。

课程标准的另外一个目标是"证明"，即学生要会独立证明三角形中位线定理，这包括学生不仅会添加辅助线，完成推理，还能够写出证明的过程，至于是否需要让学生添加不同的辅助线进行推理则是每位教师具有差异化的教学目标，这和两位教师对于课程总目标及三角形中位线定理的理解有关系。L老师让每个学生在作业本上写出证明的过程，并相互检查，达成了"证明定理"这个目标。而Y老师在教学中则更加关注不同的辅助线的添加方法，以及对推理过程的理解。

"探索并证明三角形中位线定理"只是内容标准，其本身并没有体现课程目标和学段目标所强调的数学学科核心素养，以及情感态度价值观目标。

归纳起来，两位教师的教学目标的异同如下。

第一，都关注到了课程标准中的基础知识和基本技能目标：通过猜想发现三角形中位线定理；能够证明三角形中位线定理。两位教师都希望学生能够通过猜想发现定理，并会证明三角形中位线定理。

第二，基本思想和基本活动经验的积累：①学生是否独立思考、猜想并证明定理。在 Y 老师的教学设计中，学生对三角形中位线定理进行了探索，独立猜想定理和探索证明方法。而在 L 老师的教学设计中，在猜想环节 L 老师提出问题以后，并没有给学生猜想的时间，在教学中学生也是集体回答出了正确的结论，尽管设计了"猜想"的目标，但并没有设计活动来帮助学生获得猜想的方法，而直接提出了"折纸验证猜想"的方案，让学生操作。在探索证明方法的环节，L 老师直接让一位优秀学生展示自己的证法，并没有给其他学生探索的机会，因此探索并证明定理并没有成为 L 老师的教学目标。②学生是否对不同的证明方法进行了比较、辨析。Y 老师通过作品呈现和想法追问，让学生经历了不同证明方法的形成过程，并对不同方法进行了辨析，但 L 老师仅是让学生把优秀学生的证明方法写在了作业本上。③学生是否有真正的合作交流。L 老师的课堂上也有"小组交流"，但并非思维方法的"交流"，而是"师徒互助"中知识掌握好的学生给学困生讲解；Y 老师的教学中就含有"探索""交流与合作"等教学目标。当然，在 L 老师的课堂教学中，学生几何直观能力、推理能力等数学学科核心素养的发展则显得很不足。

二、如何分析教学内容

分析完课程标准目标、学段目标和具体知识技能目标以后，教师还需要对教学内容进行深入分析，以制订可以实现的教学目标。那么，如何细化教学目标呢？细化教学目标的第一步是对教学内容进行分析，这可以帮助教师提炼出教学目标中除了知识与技能目标之外的另外三个方面的目标。

尽管课程标准的内容标准已经对数学教学内容给出了明确的规定，但这些规定仅仅涉及数学知识与技能层面，对于这些知识蕴含的数学基本思想方法以及基本活动经验，课程标准在学业要求和教学提示中综合阐述，因而需要教师结合自己的数学专业素养对其进行深入挖掘。所以在对教学内容进行分析的时候，教师首先需要分析自己"教什么"。

📎 | **案例 1-2** |

下面是一位教师对三角形中位线定理这节课的教学内容分析：

三角形中位线是继三角形的角平分线、中线和高线后的第四条重要线段，是对三角形、四边形知识的进一步应用和深化，采用"特殊点—中点"的研究方法。三角形中位线定理为解决直线平行和线段倍分关系提供了新的依据，拓宽了学生的证明思路，对于培养学生推理能力和探索问题的能力起着重要作用。

问题聚焦

Q1：上面的案例中教师分析了教学内容的哪些方面？存在什么样的问题？

Q2：如何分析教学内容？

（一）读懂教科书，确定教学内容

读教科书的第一阶段，是要读出教学内容，包括教学知识及所蕴含的思想方法、教学的重点和难点，以及例题、习题设计的特点。数学教科书是一种非连续文本，包含图、表等非文字表达形式，具有简洁、概括性强等特点，但它仍然具有文本的共性。因此在阅读教科书的时候，首先要对文本进行段落的划分，概括段落大意；其次，要理解各个部分的意图。再次，要理解各个部分之间的关系，把非连续文本构建成连续的、具有逻辑性的数学思维故事；最后，对核心问题要进行追问。在此基础上，提炼出教什么知识。

我们以人教版教材①"平面直角坐标系"这一节的内容为案例来进行分析。

1. 概括段落大意，提炼数学知识

通过阅读教科书，教师最先捕获的就是数学知识，特别是那些定义、定理和法则等。"平面直角坐标系"划分的第一个段落到"思考"为止（图 1-

---

① 人民教育出版社出版的教科书简称为人教版教材。

6)，这部分内容提出了本节研究的问题，第二部分是接下来的两段，即概念提出与阐释(图1-7)，阐述平面直角坐标系的相关名称以及如何确定一个点的坐标。第三部分是第二个"思考"之后的两个自然段(图1-8)，提出了象限的概念。第四部分是例题及平面上的点与有序数对的一一对应关系(图1-9)。第五部分是一个探究活动，让学生建立不同的平面直角坐标系(图1-10)。

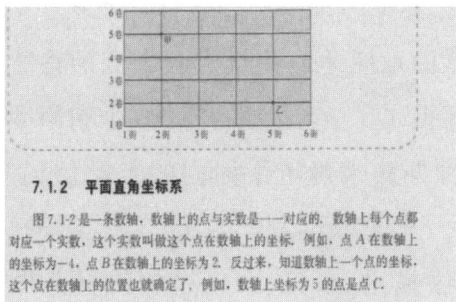

图1-6　人教版教材"平面直角坐标系"的问题提出

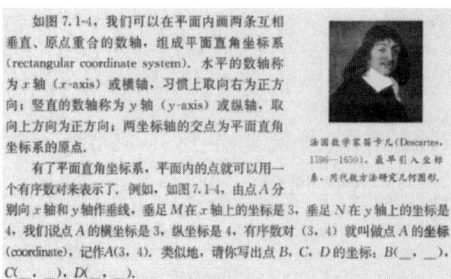

图1-7　"平面直角坐标系"的
概念提出与阐释

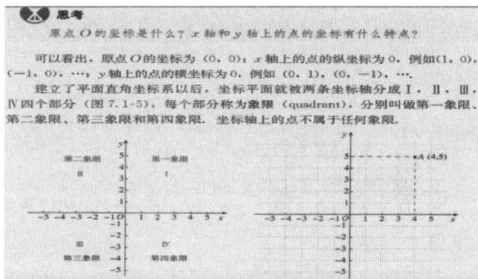

图1-8　象限

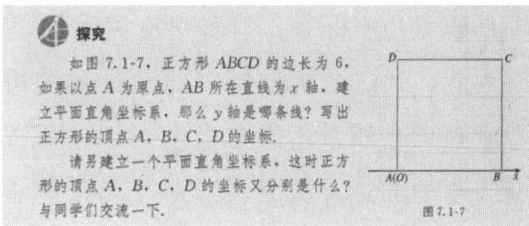

图1-9　"平面直角坐标系"的例题

图1-10　探究活动

通过以上分析可以发现，这节课主要的数学知识包含以下内容：平面

直角坐标系的概念，在给定的平面直角坐标系中，能根据坐标描出点的位置，由点的位置写出它的坐标，以及平面内的点与有序数对之间的一一对应关系。

2. 分析教科书的设计意图，提炼数学思想方法

除了明确的数学知识之外，还需要提炼出基本的数学思想方法。它们看起来没有那么明显，需要教师仔细琢磨教科书每个活动设计的意图。

"平面直角坐标系"划分的第一个段落的意图是由一维直线上点的位置确定扩展到二维平面，很自然地从数学内部提出了一个问题：类似于利用数轴确定直线上的点的位置，能不能找到一种办法来确定平面内的点的位置呢？不仅如此，"思考"中的"类似于"，还提示了研究新问题的方法：类比数轴。

教科书的例题是在平面直角坐标系中描出点，这个例题的设计意图是让学生理解一个有序数对对应着平面内的一个点，结合教科书中的第二部分"给点写出它的坐标"让学生理解平面内的点和有序数对的一一对应关系，可以归纳出点的坐标和点的位置之间的关系，即"数形"之间的相互转化。这也是平面直角坐标系给几何研究带来的新变化，它能把图形的位置用代数的方法表示出来。理解点与有序数对的一一对应关系是这节课的一个重点，也是难点。要注意，这里的有序数对中的数已经扩展到了有理数，不再只是正整数。

写出正方形的顶点 A，B，C，D 的坐标，引导学生体会图形的基本要素及其关系在平面直角坐标系下的代数规律，并且让学生体会"平面上的点的坐标之间的一一对应关系，是和所建立的平面直角坐标系相关的，换一个平面直角坐标系，这种对应关系的代数表达就变了"。

因此，通过分析教科书的设计意图可以发现，除了在第一个环节提炼的数学知识之外，还需要借助知识的形成过程，帮助学生学习类比提出和研究问题的方法，从数和形两个角度理解点与坐标之间的关系，以及平面直角坐标系的价值。

3. 分析段落之间的关系，提炼数学活动经验

数学知识与数学思想方法是如何巧妙地编织在一起的呢？要回答这个

问题就需要分析各个活动、段落之间的关系，也就是教学内容的呈现与组织方式。不同的教科书其呈现方式是不一样的，有的直接陈述教学内容，有的通过活动帮助学生理解概念的形成过程。呈现与组织方式体现了教科书编写者对知识形成过程的认识。

仍然以人教版教材的"平面直角坐标系"内容为例，可以发现人教版教材采用了"提出一个问题，类比数轴上点的位置，探究这一类问题的解决方法，提炼并阐释概念，应用概念来解决问题"的组织方式，前四个方面分别回答了"为什么要建立平面直角坐标系？如何建立平面直角坐标系？平面直角坐标系的内涵是什么平面直角坐标系建立之后会带来哪些新的问题？"这四个非常重要的问题，这四个问题分别对应着"知识的价值是什么"——为什么要学这个知识，"探究知识的方法是什么"——如何建立平面直角坐标系，"知识的内涵是什么"——平面直角坐标系的定义与概念解析，"知识有什么应用的价值"——平面直角坐标系为数学带来了哪些新的问题。通过分析，我们可以建立这样的简洁的教学结构。

人教版教材"平面直角坐标系"这样的组织方式考虑了学生的认知逻辑，比如从已有的直线上的点的位置确定出发，通过类比，获得确定平面内点的位置的方法等，这种建构知识的方式反映了动态的数学知识观。动态的数学知识观[1]认为，要从问题开始，逐步探讨解决问题的方法，之后通过反思解决问题的过程，去提炼一些规律，形成知识，并把知识进行迁移。这也反映了一种动态的知识形成过程。在真实建构数学知识的过程中，一般也经历着下面的过程：提出问题—探究并解决问题—归纳、概括规律—反思、应用规律解决问题。其中，数学探究的方法有归纳与演绎，或是举反例，在归纳、概括规律的阶段，需要对结论进行一般化、符号化的提炼，进而使其能够解决一类问题而非一个问题。

与动态的数学知识观对应的是静态的数学知识观[2]，我们来看一下北京

---

[1]　喻平、董林伟、魏玉华：《数学实验教学：静态数学观与动态数学观的融通》，载《数学教育学报》，2015(1)。
[2]　喻平、董林伟、魏玉华：《数学实验教学：静态数学观与动态数学观的融通》，载《数学教育学报》，2015(1)。

版教材①"平面直角坐标系"的内容设计（图 1-11）。

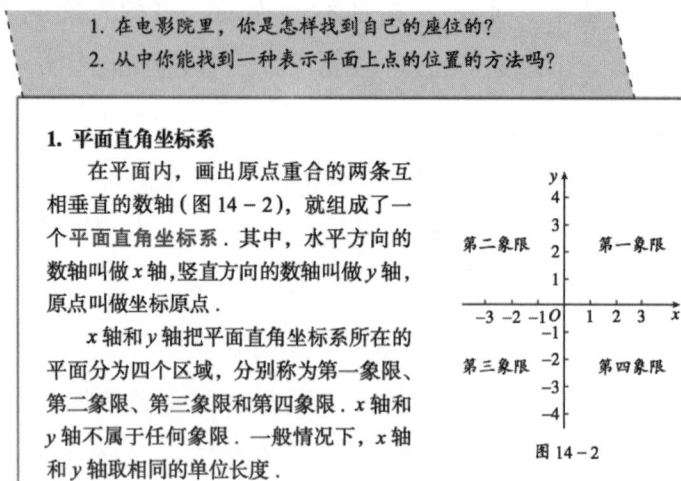

图 1-11　北京版教材"平面直角坐标系"的内容呈现与组织方式

北京版教材在提出两个问题之后，并没有提出进一步的思考题，也没有给出探究活动，而是直接给出了平面直角坐标系相关的概念阐释。因此，它的内容组织方式可以概括为提出问题—给出数学概念—应用概念解决问题。我们把这样一种组织方式叫作倾向于学科知识逻辑的静态组织方式，它反映了一种静态的知识建构观。因此，教科书的组织方式大体上分为两种，一种倾向于学科知识逻辑，它背后反映的是静态的数学知识观；另外一种倾向于认识逻辑，它反映了动态的数学知识观。

4. 对核心问题进行追问，提炼横、纵向联系的知识

一节课的知识与其他知识的联系，是隐藏最深的知识，需要教师不断对核心问题进行追问。教科书用"思考"开启了引出平面直角坐标系概念之后的新问题。人教版教材的"思考"中提出了两个问题"原点 O 的坐标是什么？""x 轴和 y 轴上的点的坐标有什么特点？"教科书为什么要提这两个问题呢？为什么没有把象限的概念放在前面的概念阐释部分呢？平面直角坐标系退化到一维是数轴，它们上面的点的表示方法学生是知道的，当研究对

---

① 北京出版社出版的教科书简称为北京版教材。

象从直线上的点扩展到了平面上的点时，在新的平面直角坐标系下，"原点O，x轴和y轴"原来的表示方法进行怎样的改变，就能适应新的工具了呢？即新、旧工具的兼容与修正问题。原本一条数轴上的坐标原点O现在变成了两条数轴的交点，因此它的坐标也由一个数变成了有序数对$(0，0)$，x轴和y轴上的点的坐标的特点也体现了一维的数轴和二维的平面直角坐标系之间的关系，这告诉我们，在新的研究对象或新的研究工具引进以后，需要思考它和以前的研究对象之间的关系。研究并建立新、旧数学对象之间的关系是数学中常常需要做的事情。比如，提出三角形的概念以后，我们要研究三角形和点、线等的关系。从数轴到平面直角坐标系，既有知识的横向联系，即数形结合，用数来表示位置，也有纵向联系，即从一维走向二维。

人教版教材第三部分第二段，提出了"象限"的概念。为什么在这里介绍象限的概念？实际上，在没有建立平面直角坐标系的时候，平面上的点是一样的，并没有什么分类。但是在平面直角坐标系建立之后，平面上的点可以表示成有序数对，并且由于原点O、x轴和y轴的存在，点的坐标的符号不一样了，所以平面直角坐标系带来了平面上点的位置分类。因此，根据符号，平面上的点会分成四类（不包含x轴、y轴），分别叫作四个象限。为什么叫作象限呢？教科书上也没有解释。教科书进一步规定了作为象限的边界，坐标轴上的点不属于任何象限。为什么做这样的规定呢？教科书也没有给出说明。教师在读教科书的时候，需要读出疑问，并在教学中启发学生提出疑问。

最后的探究活动可以引发的思考是"平面直角坐标系可以为几何带来哪些可以研究的新问题"。在研究平面直角坐标系的点的表示有哪些类型后产生了象限的概念，那么之后一个很自然的问题是：在平面直角坐标系中简单的几何图形（直线、三角形、四边形）的代数特征又是什么？由于在平面直角坐标系中正方形的点的表示简单方便，因此矩形成为继平面内的点之后被研究的基本几何图形。

通过以上的教科书分析，我们可以归纳出，通过读教科书，可以确定教学内容、组织方式和评价方式，它不仅包含具体的数学知识，还包含研究这些知识的基本数学方法、数学活动经验以及横、纵向联系的知识。

（二）分析教学内容的知识类型

在读懂教科书并提炼出不同的知识以后，新教师需要做的一个工作就是明确自己"教的是什么知识"，对于这个问题，很多教师想到的是所谓具体"知识点"，如"平面直角坐标系的概念""有理数加法法则""函数单调性的定义"等，这是我们所传达给学生的知识的一种类型。需要注意的是，我们的教学不仅是让学生掌握这些具体的知识点，还需要借助这些知识发展他们的思维能力以及科学态度。美国心理学家布卢姆把知识分为事实性知识、概念性知识、程序性知识和元认知知识四种类型。[①] 其中，事实性知识是"是什么"的知识，如"大边对大角，小边对小角""两点之间线段最短"等；概念性知识是对事实性知识进行进一步的提炼和符号化，揭示关系和原理的知识，如正弦定理、三角形内角和定理、函数的概念等；程序性知识是关于如何做的知识，如有理数加法的步骤、一元一次不等式的解法等；元认知知识包括策略性知识、认知任务的知识和关于自我的知识，如添加辅助线的策略。

那么如何分析出一节课中的不同类型的知识呢？教科书是教师最重要的教学参考资料，新课程的理念是"用教科书教而不是教教科书"，强调教师对教科书中的教学内容及其思路的主动建构，而非被动地照本宣科。下面结合具体的实例阐释如何进行教学内容的知识梳理。

在读懂教科书后，把教科书中的数学知识按照事实性知识、概念性知识、程序性知识和元认知知识进行梳理，建立它们之间的层次结构。比如，"平面直角坐标系"这一节，电影院里的座位的标号、方格纸上点的位置等属于事实性知识，学生需要从这些事实性知识中概括出一般的确定位置的方法；平面直角坐标系的相关概念、象限和平面上的点与有序数对的一一对应关系则属于概念性知识，它是对事实性知识背后关系和原理的抽象；

---

① ［美］安德森等编著：《布卢姆教育目标分类学：分类学视野下的学与教及其测评》完整版，蒋小平等译，4 页，北京，外语教学与研究出版社，2009。

在平面直角坐标系中，给定点，写出坐标的步骤则是程序性知识；而类比数轴上点的位置的确定、建立平面上点的位置的确定方法则属于元认知知识。

以高中"正弦函数和余弦函数的图像"为例进行进一步阐述。正弦函数和余弦函数的图像是人教版教材高一数学的内容。正余弦函数是刻画周期现象的现实模型，承载着丰富学生的数学知识和研究函数的方法，培养学生的直观想象能力、数学建模能力和逻辑推理能力的功能，因此在高中数学知识体系当中占有重要的地位。通过阅读人教版 A 版教科书可以发现，教科书是分六步展开的：

第一步，根据诱导公式 $\sin(x+2\pi)=\sin x$，$\cos(x+2\pi)=\cos x$ 把图像的研究范围缩小到 $[0，2\pi]$，首先研究正弦函数在 $[0，2\pi]$ 上的图像，从一个特殊值的正弦函数值开始，借助单位圆与正弦线，平移正弦线作图，再把 $[0，2\pi]$ 12 等分，得出对应的正弦值，接下来利用信息技术，取更多的值画出更多的点，让曲线变得光滑，由此得到正弦函数在 $[0，2\pi]$ 上的图像。

第二步，根据诱导公式，作出正弦函数在全体实数集上的图像。

第三步，找出关键点，归纳出五点作图法，作出简图。

第四步，根据诱导公式 $\cos x=\sin(x+\pi/2)$ 把余弦函数转化为正弦函数，运用图像变换，通过平移由正弦函数的图像得到余弦函数的图像，然后根据诱导公式把余弦函数的图像从 $[0，2\pi]$ 扩展到实数集。

第五步，探究余弦函数简图的作法。

第六步，画出简单变换之后的正弦函数和余弦函数的简图，作为对前面知识的巩固和应用。

因此，正弦函数和余弦函数的图像是事实性知识，正弦函数图像的画法（几何作图法）、余弦函数图像的画法属于程序性知识，图像中蕴含的函数关系是概念性知识、借助单位圆的三角函数线和图像变换的方法画出正弦函数和余弦函数的图像则是元认知知识。

（三）分析教学内容的知识结构

以概念图的形式画出一节课的知识结构图，以图示的形式表现出不同类型知识之间的关系。在所有知识中选择一个最核心的知识，它为其他知识提供支撑，因此确定其为重点知识。以三角形中位线定理为例，在这节课中，三角形中位线定理这个概念性知识是很重要的。比它更重要的是，在定理形成过程中总结出的元认知知识，因此如何证明三角形中位线定理和不同方法的比较是这节课的重点，其他的事实性知识、程序性知识、元认知知识都是围绕它展开的。概念图的绘制可以采用思维导图的方式。

知识之间的联系，即相互的支撑作用，分为纵向联系和横向联系。所谓纵向联系是指"具有上下位关系的知识间的关系，知识间的逻辑推演即转化关系"[1]，比如四边形中平行四边形的定义、性质和判定，以及特殊四边形的定义、性质和判定，它们之间存在着纵向联系。所谓横向联系，则是指"不同知识形成、应用过程中所用的思想、方法、原理等"的关系。比如，证明三角形中位线定理时添加辅助线的方法，也是解决其他几何证明问题常用的方法。

简单归纳一下，在进行数学教学内容分析时，教科书是重要的、第一手教学参考资料，因此要学会读懂教科书的设计意图，不仅要关注显性的数学概念、公式和法则等概念性知识，还要关注在概念性知识的建构过程中总结出的程序性知识和元认知知识。进而分析所教知识的类型及教育价值，画出知识的结构图，找到本节知识和前后知识之间的关系，建立知识之间的横、纵向联系，找到最重要的知识，确定教学重点和难点。

在此基础上，结合课程标准中的总目标和学段目标，结合具体教学知识内容细化教学目标。那么如何细化教学目标呢？要根据教学内容，对课程标准中的目标进行表现行为分析，也就是思考学生出现什么样的行为时，教师就能够判断他们达成了学习目标。

（四）案例分析

在案例 1-2 所呈现的三角形中位线定理的教学内容分析中，该教师分析了三角形中位线定理的重要地位，但对于其为何重要并没有展开具体分析。下面以此为例进行教学内容分析。通过对教科书进行分析，可以确定这节课的教学内容及其教育价值如下。

---

① 顿继安主编：《素养导向的初中数学教学十五讲》，27页，北京，北京教育出版社，2019。

（1）教学内容的知识类型。

在"三角形中位线定理"这节课中，三角形中位线属于事实性知识，三角形中位线定理是概念性知识，定理的证明步骤是程序性知识，添加辅助线的方法则属于元认知知识。

（2）知识之间的关系。

学生知道了三角形中位线的定义以后，在定理的猜想过程中，数量关系需要学生借助测量、实验等方法来得到，平行关系虽可直观观察到，但也需要运用平行线的判定方法进行验证，这个过程可以帮助学生得到数学猜想的方法，发展学生的直观想象能力。在证明猜想的过程中，需要把三角形的问题转化为四边形的问题，在添加辅助线的过程中，对于不同的添加辅助线的证法，需要建立目标和已知经验之间的关系，开阔学生的思维，发展学生的推理能力。在证明的表达阶段，需要清晰地运用几何语言、图形语言和文字语言表达推理过程。从应用价值上，三角形中位线定理与平行、全等、相似等知识具有紧密的联系，应用三角形中位线定理可以解决诸如面积分割等问题，因此三角形中位线定理具有重要的应用价值。

（3）教学内容的知识结构与重、难点分析。

通过分析可以发现在"三角形中位线定理"这节课中，定理的猜想与发现是这节课的重中之重，也是这节课的难点（图 1-12 红旗标识）。

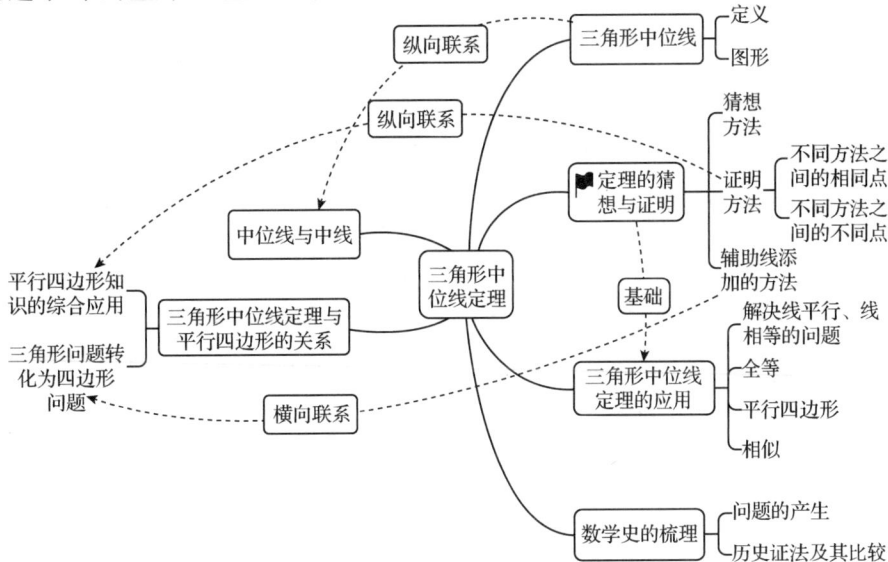

图 1-12　三角形中位线定理知识结构图

三、如何分析学生情况

确定了学生的起点在哪里，才能明确教学的终点在哪里。因此，在分析课程标准明确了教什么知识以后，就需要分析学生情况。学生情况分为知识基础、能力基础和心理年龄特点。作为新教师，搞清楚学生情况并非一件容易的事情，即便是对经验丰富的教师来说，也是如此。

案例 1-3

下面是一位教师对"相似三角形判定"这节课的学生情况分析：

学习者是八年级(7)班的学生，基础知识比较扎实，接受能力、理解能力强，学习热情较高，课堂参与比较积极，但逻辑推理能力较弱。

问题聚焦

Q1：上面的案例中对于学生情况教师分析了哪些方面？存在什么样的问题？

Q2：如何分析学生情况？

尽管现在的教科书是按照课程标准的理念去编写的，尽可能地引导学生建构知识，经历知识的形成过程，但由于数学多种语言的表征方式，以及教科书文本的限制，所呈现的过程总是会有思维上的不连续，有低于或高于学生认知水平的地方。因此在结合课程标准与教科书进行教学内容分析，确定了教学目标中的内容目标和重难点以后，接下来的工作是分析学生情况，即学情分析。分析学生情况主要围绕所学的知识确定学生的前经验、能力和风格，寻找学生的最近发展区和教学的生长点，所谓会的不教，大部分学生努力学也学不会的不教，教的是学生目前还不会，但经过课堂学习，学生能够学会的知识与方法。具体来说，主要分析以下三个方面。

（一）分析学生原有知识基础

在分析学生原有知识基础时，一定要围绕一节课将要学习的知识展开。

1. 分析学生的应然知识基础和实然知识基础

在分析学生原有知识基础时，要分析学生的应然知识基础和实然知识基础。所谓应然知识，就是在数学课程中，学生已经学习过的知识。比如，平面直角坐标系，小学六年级已经学习过了；学生能在方格纸上用数对（限于正整数）表示位置，知道数对与方格纸上点的对应，学生在七年级也学习过在数轴上确定点的位置的方法，了解了每一个有理数都可以用数轴上的点来表示。这是他们在八年级学习平面直角坐标系前应该知道的内容，但是教师面对的学生对于这些应该知道的是否都清楚呢？这就是他们的实然知识基础，即他们实际掌握的情况。比如，教师需要分析学生是否了解确定直线上、平面上点的位置的方法和生活经验，是否会在方格纸上根据点的位置确定有序数对（正整数），是否会根据有序数对在方格纸上描出点的位置。这样可以为教学目标的制订提供可靠的证据，提高教学的有效性。

再比如，高一年级学习不等式的性质、函数的单调性，这些内容中有些术语可能学生没有学习过，但就知识的内涵而言，学生在初中的时候就已经接触过了。比如，在七年级下册，学生已经通过归纳学习了不等式的基本性质，并应用它来解决一元一次不等式和不等式组的问题；在八年级和九年级学习过函数的概念，归纳过一次函数、二次函数、反比例函数的增减性。高一再学这些内容时起点在哪里？终点是什么？这就需要分析他们掌握的情况。那么，如何了解他们的掌握情况呢？

2. 分析学生原有知识基础的方法

对于应然知识基础，教师可以通过分析课程标准的内容要求和教科书中知识的前后联系来确定。对于实然知识基础，在教学前，教师可以采用的了解学情的方法有：作业分析、问卷测试、访谈、文献查阅等。具体而言，可以把这节课学习时将要用的知识布置到前面的作业中，或者单独设计一个小问卷测试，测试的题目设置 3～5 道即可，要兼顾到不同的知识类型。

（二）分析学生的能力基础

分析完学生原有知识基础后，还要分析学生的能力基础。所分析的能力是和这节课所要学习的知识和能力相关的。能力的分析是以知识为载体的，借助知识分析学生的能力，如运算能力、推理能力或者探究能力处于什么样的水平。以运算能力为例,《义教数学课标(2022 年版)》指出"运算能力主要是指能够根据法则和运算律正确地进行运算的能力,能够明晰运算的对象和意义,理解算法和算理之间的关系,能够理解运算的问题,选择合理简洁的运算策略解决问题;能够通过运算促进数学推理能力的发展",从这段话的表述中可以看出,运算能力分为三个层面:"理解运算对象;理解算法算理;选择合理简洁的运算策略解决问题"。《高中数学课标(2017 年版)》也对运算能力进行了描述,可以借鉴这些理论,将其作为工具设计自己的测试题目。比如,在学习二元一次方程组之前,新教师若要了解学生的运算能力基础,则可以从一元一次方程的合并同类项、移项、常规解法、灵活选择解法等几个方面,设计 3～5 道题检测学生目前处于什么样的水平。进一步来说,除了要检测学生对熟悉问题的解决能力以外,还可以设计一道题目,其考查的内容是新授课要学习的。仍然以二元一次方程组为例,教师可以在检测题中加入一道简单的二元一次方程组的题目,让学生尝试解决,以此分析他们在面对新的问题时的思考能力,分析他们的智慧或遇到的困难,为新授课提供有效支持。《高中数学课标(2017 年版)》对六大数学核心素养的内涵及水平进行了划分,除此以外,还有很多研究成果大家可以借鉴,这些都是了解学生能力基础的工具。比如,关于几何思维水平,比较经典的是范希尔几何思维水平理论,它把学生的几何思维划分为 5 个水平:直观(水平 0)、分析(水平 1)、非形式化演绎(水平 2)、形式化演绎(水平 3)、严密性(水平 4)。

🔖 | 理论书签 |

范希尔几何思维水平

荷兰学者范希尔夫妇经过理论与实践研究提出,学生的几何思维存在 5 个水平。

水平 0(直观):学生能通过整体轮廓辨认图形,并能操作其几何构图元素(如边、角);能画图或仿画图形,使用标准或不标准名称描述几何图形；能根据对形状的操作解决几何问题，但无法使用图形的特征或要素名称分析图形，也无法对图形做概括的论述。

水平1(分析)：学生能分析图形的组成要素及特征，并依此建立图形的特性，能利用这些特性解决几何问题，但无法解释性质间的关系，也无法了解图形的定义；能根据组成要素比较两个形体，利用某一性质做图形分类，但无法解释图形某些性质之间的关联，也无法导出公式和使用正式的定义。

水平2(非形式化演绎)：学生能建立图形及图形性质之间的关系，可以提出非形式化的推论，了解建构图形的要素，能进一步探求图形的内在属性和其包含关系，能使用公式与定义以及发现的性质做演绎推论；但不能了解证明与定理的重要性，不能由不熟悉的前提去证明结果成立，也不能掌握定理网络之间的内在关系。

水平3(形式化演绎)：学生可以了解证明的重要性，了解"不定义元素""定理"和"公理"的意义，确信几何定理是需要形式逻辑推演才能建立的，理解解决几何问题必须具备充分条件或必要条件；能猜测并尝试用演绎的方式证实其猜测，能够以逻辑推理解释几何学中的公理、定义、定理等，也能推出新的定理，建立定理间的关系网络。

水平4(严密性)：学生能在不同的公理系统下严谨地建立定理，以分析、比较不同的几何系统，如比较欧氏几何系统与非欧氏几何系统。

（三）分析学生的认知风格和年龄心理特点

学生的认知风格和年龄心理特点也是不容忽视的一个问题。认知风格是指，个体在认知过程中经常采用的、习惯化的方式，具体是指个体在感知、记忆、思维和问题解决过程中所倾向、偏爱的并且习惯化了的态度和方式。[①] 认知风格较经典的分类是场依存型和场独立型。比如，场独立型学

---

① 张健、韩玉昌、陈胜男：《认知风格对决策中框架效应影响的研究进展》，载《辽宁师范大学学报(社会科学版)》，2014(5)。

生"在镶嵌图形测试中更容易对复杂图形进行分解和重组，进而发现其中所包含的简单图形"[①]。不同认知风格的学生会采用不同的学习风格。比如，场独立型学生在自习时遇到不理解的问题，倾向于坚持自己思考并最终给出自己的答案，思考自己的学习步骤并找到自己感觉最合适的学习方法，在课堂上一遇到问题会立刻打断教师并提问；场依存型学生在自习时遇到不懂的问题倾向于向同伴求助，会注意教师说过的每一句话并按照教师要求的方法学习，严格遵守课堂纪律。因此教师需要通过课堂观察、作业或访谈了解学生的认知风格，采用有针对性的教学策略。

年龄心理特点也是教师必须要关注的。根据皮亚杰的认知发展阶段理论，中学生的思维逐渐由形象思维向抽象逻辑思维转变，他们不仅能对具体的问题进行推理，还可以对假设和抽象的可能性进行推理。教师要注意学生心理发展特点的差异性，有的学生可能抽象思维较好，但很多学生仍然需要借助直观来帮助他们理解、抽象和推理。比如，七年级下册学习不等式的性质时，采用了实例归纳的形式，而高一再次学习不等式的性质时，则是从两个实数的大小关系的基本事实出发进行推理论证的。再比如，在高二的等差数列学习中，教师使用了如下的问题情境：一条直线最多将平面分为两部分，两条直线最多将平面分为 4 部分，以此类推，10 条直线最多将平面分为多少部分？我们观察到在课堂中，很多学生采用了图 1-13 的方法，或者胡乱画一些直线相交，找不到思路，只有一名学生列了一个表格。分析学生的表现可以发现，画出图 1-13 中的图形的学生在学习时需要借助更多的具体例子，形象思维仍然是其主要的思维形式，对于概念或规则的理解需要借助活动和操作，因而这些学生需要发展逻辑推理和抽象思维。而画出表格、列出数列关系的学生抽象思维和逻辑推理思维更强一些，在学习时不需要借助外显的活动和操作，在进行数学抽象和逻辑推理的时候，即使不借助实例，也能理解得比较好。教师可以采取有针对性的教学策略帮助学生学习。

---

① 谷纳海：《高中生认知风格与数学学业表现的实证探究》，载《现代基础教育研究》，2019(4)。

直线	1	2	3	4	5	...	10	n
部分	2	4	7	11	16	...	56	?

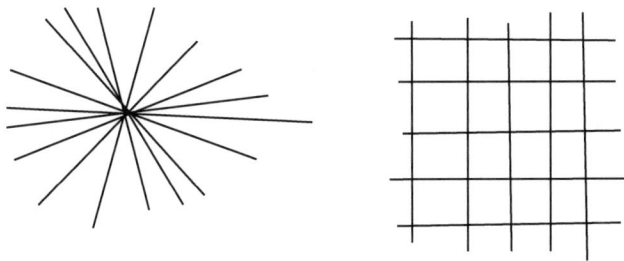

图 1-13　高二学生直线分平面问题的探索方法示例

📎 | 理论书签 |

皮亚杰认知发展阶段理论

瑞士心理学家皮亚杰把儿童的认知发展分成以下四个阶段。

1. 感知运动阶段（感觉—动作期，Sensorimotor Stage，0～2 岁）：这个阶段的儿童的主要认知结构是感知运动图式，儿童借助这种图式可以协调感知输入和动作反应，从而依靠动作去适应环境。通过这一阶段，儿童从一个仅仅具有反射行为的个体逐渐发展成为对其日常生活环境有初步了解的问题解决者。

2. 前运算阶段（前运算期，Preoperational Stage，2～7 岁）：儿童将感知动作内化为表象，建立了符号功能，可凭借心理符号（主要是表象）进行思维，从而使思维有了质的飞跃。

3. 具体运算阶段（具体运算期，Concrete Operations Stage，7～11 岁）：在这个阶段中，儿童的认知结构由前运算思维阶段的表象图式演化为运算图式。具体运算思维的特点：具有守恒性、脱中心性和可逆性。皮亚杰认为，该时期的心理操作着眼于抽象概念，是属于运算性（逻辑性）的，但思维活动需要具体内容的支持。

4. 形式运算阶段(形式运算期,Formal Operational Stage,从 11 岁开始一直发展):在这个阶段,儿童的思维快速发展达到抽象逻辑推理水平。其思维形式摆脱思维内容,形式运算阶段的儿童能够摆脱现实的影响,关注假设的命题,可以对假言命题做出逻辑的和富有创造性的反应。同时儿童可以进行假设—演绎推理。

(四)案例分析

在案例 1-3 中,教师只是对学生的基础知识和能力进行了泛泛的描述,至于学生的基础知识和能力是否能够支持他们进行相似三角形判定的探究,并没有给出有证据的支撑,学生推理能力较弱有哪些表现,也没有进行具体的刻画。因此,这样的学生情况分析并不能为教师教学目标的制订提供有力的支撑。针对这样的情况,下面给出学生情况分析的调研案例。

学生情况分析调研案例

在学习相似三角形的判定以前,张老师决定了解一下学生对相似三角形判定方法的认知情况,于是他设计了如下的前测题目。

自己制作一个三角形与已知三角形相似,并思考以下问题。

(1)你有什么想法?

(2)你是根据原三角形的哪些信息制作的?

(3)你怎么检验你制作的三角形与已知三角形相似呢?

(4)你会证明吗?如果会,请把证明过程写出来。

张老师在讲完判定三角形相似的预备定理以后,就把这个作业布置给学生完成,第二天收集学生的作业。经过调研,整理学生的作答表现如下。

题号	学生表现			
(1)(2)如何制作	把原三角形的三条边等比例缩小(10人)	利用与原三角形的三个角或者两角相等(7人)	利用与原三角形的一个角相等,夹这个角的两边等比例缩小(3人)	利用与原三角形的两条边等比例缩小,以及一个角相等(非夹角)(3人)

续表

题号	学生表现			
（3）如何检验	转化为相似三角形判定的预备定理（13人）	直接应用相似三角形的判定定理（5人）	利用相似的定义，描述两个三角形的边都是成比例的，角都相等（3人）	空白（2人）
（4）如何证明	形式逻辑推理正确①（10人）	关系推理（1人）：能够建立两个三角形对应边和角的关系，使用几何推理的符号语言，但推理过程借助了几何直观	描述推理（3人）：能够用语言结合图形描述推理的过程，没有使用几何推理的符号语言，推理过程存在逻辑不清楚的地方	●直观推理（8人）：叠合在一起，看着是相似的，其中2人在叠合后观察到一组对应边平行，认为是相似的 ●1人空白

调研结论：从前测调研来看，尽管教师还没有讲授相似三角形的判定条件，但23位学生中，有20位学生都能够利用相似三角形的判定条件作出相似三角形，这说明学生对于相似三角形的判定是有经验的。在如何检验方面，有13位学生利用了相似三角形判定的预备定理，有3位学生利用了相似三角形的定义，说明这16位学生具备把未知转化为已知的能力；有5位直接应用相似三角形的判定条件，说明他们提前学习并理解了这部分内容，有2位学生空白，可能没有思路。在如何证明方面，有10位学生能够进行完整的形式推理，并且能够找到推理的关键点；有3位学生看似能够用语言描述进行推理，但尚不能梳理清楚推理过程中的关键点，因此需要帮助他们找到推理的关键点，然后完成形式化推理；1位学生能够找到推理的关键关系，但推理过程不清晰，使用特例，因此，需要进一步厘清推理关键点，然后帮助他完成形式化论证过程；1位同学空白，有8位同学利用图形直观观察认为是相似的，其中2人在叠合以后想到一组对应边平行，认为是相似的，但都没有写推理的过程，可以借此启发，使其经历"直观感知—逐步抽象—语言描述—关系推理—形式化论证"的过程，帮助他们

---

① 李红婷：《初中生几何推理能力发展研究》，载《教育研究与实验》，2009(6)。

找到思路，逐步发展语言描述、关系描述、形式化推理能力。

学生的推理能力整体上差异较大，因此在教学中，有必要进行小组合作互助(组内异质，组间同质)，针对不同层次的学生采用有针对性的策略，对于完全明白证明过程的这些学生需要发展他们的横向发散思维，即还有没有别的做法和证明方法。教师需要指导推理能力强的学生发展数学元认知能力，即把自己如何想的过程讲清楚。一方面，这些学生在推理中的直观感知—语言描述阶段是内隐的，需要激发出来；另一方面，这样才能帮助推理能力稍弱的学生学会如何思考，防止出现推理能力强的学生直接将结论告诉给稍弱的学生的情况。

四、如何表述教学目标

课程标准的要求明确了在教学中教学的内容范围与能力、核心素养要求，读懂教科书确定了教什么知识以及知识的类型与层次，确定了教学重点和内容本身带来的难点，分析了学生的情况以后就需要进一步明确学生的起点，以确定终点教学目标。下一步需要做的是把教学目标表述为外显的行为表现目标。

📎 | 案例 1-4 |

"余弦函数的图像和性质"一课的教学目标

1. 知识与技能

(1)掌握正弦、余弦函数之间的关系；

(2)能利用五点作图法画出余弦函数在$[0，2\pi]$上的图像；

(3)能够根据余弦函数的图像推导出余弦函数的性质；

(4)余弦函数性质的简单应用。

2. 过程与方法

(1)从研究函数性质的两大切入点——解析式及图像，展开本节课；

(2)通过类比正弦函数图像和性质，自主探究出余弦函数图像和性质。

3. 情感态度价值观

（1）引导学生类比正弦函数的图像和性质来研究余弦函数的图像和性质，引导学生用联系的观点看问题，建立数形结合的思想，激发学生的学习兴趣；

（2）培养学生自主探究问题的能力；让学生体验自身探索成功的喜悦感，培养学生的自信心。

问题聚焦

Q1：在上面的案例中教学目标存在什么样的问题？

Q2：如何表述教学目标？

（一）明确教学目标的程序

根据前面的阐述，确定教学目标主要有三个步骤。第一，根据数学课程标准，在了解本学段课程的基本性质、基本理念和课程目标的基础上，针对教学内容主题，结合学业质量标准，明确内容主题在不同学段的要求以及本学段所要达成的目标。比如，不等式的性质，在初中是"探索"，这里的探索是借助实例进行归纳；在高中是类比等式的性质，掌握不等式的性质。平面直角坐标系，小学时是借助方格纸理解格点与非负整数对的一一对应关系；而在初中，则是要把数对扩展到整个有理数（实数），建立平面上的点与有序数对的一一对应关系。第二，具体的教学内容以教科书的分析为本，结合其他的参考资料（教学参考用书、论文等），细化教什么知识，怎么教和教到什么程度，确定教学的重点和难点。第三，对学生的知识基础、能力水平和学习风格进行分析，以确定教学中的难点以及突破难点的教学策略。

（二）明确教学目标的基本原则

明确教学目标有以下三个原则。

1. 明确教学目标的分类、分层与逻辑关系

一节课学生可能要掌握具体的知识与方法，需要发展观察、归纳与概括等能力，还可能需要发展探究能力或运算能力，因此需要达成的教学目

标有好几个，需要对这些目标进行分类、分层①。所谓分类是指对教学目标从知识技能、思维能力发展和情感态度维度进行划分。所谓分层，即在每一类目标上，学生要达成的水平层次并不一样，有的需要学生辨认、举例、描述，比如"了解乘方与开方互为逆运算"，学生能够说出乘方和开方之间的关系即可；有的需要学生解释、比较、说明、归纳，如"理解乘方的意义"，学生不仅要能辨认乘方并举例，还要能分析乘方与乘法的关系及其意义。

不同的教学目标之间是有着内在的逻辑关系的，这些教学目标是围绕核心知识与能力展开的一个有机整体，按照教学内容的展开顺序设计目标，让前一个目标成为后一个目标的基础，同时让这些教学目标按照能力水平层次提升的逻辑展开。比如，学生借助数轴和实例解释相反数的意义，会求一个数的相反数，这里的解释则属于"理解"水平，"会求"则属于"掌握"水平。

2. 教学目标要可观察、可评价

可观察是指在陈述具体的教学目标时不要使用"知道、理解、欣赏、掌握"这样描述心理过程的动词，而应该使用"说出、辨认、解释、选择、会画、能求"等描述外在行为表现的词语，这可使得教师通过观察就能够知道学生是否达成学习目标。可评价是指对达成的结果有明确的标准。比如，三分之二的学生能根据一元一次方程的特点，选择恰当的方法解方程或者10分钟之内解决5个简单的二元一次方程，正确率达到90%以上。

3. 教学目标要体现单元教学整体思想方法

教学目标中需要体现数学的基本思想方法，这些基本思想方法并非一节课就能涵盖，因此在每一节课中都要结合具体的内容有所体现，这是单元整体设计的思想方法。比如关于代数性质的研究，是要学生观察、归纳和概括出式子中对象之间的关系的不变规律；关于不等式的基本性质，是要观察不等号两边的数或式子在＋、－、×、÷运算下的不变规律。关于等式、不等式、分式、根式性质的归纳，基本上都是这个思路，只不过

---

① 关于教育目标的分类和分层比较有影响的理论有布卢姆的教育目标分类学和加涅的"学习条件"理论。布卢姆把教育目标分为认知、情感与技能三大类，每一类又分为若干层，认知类六层、情感类五层、技能类七层，比如认知目标，分为记忆、理解、应用、分析、评价和创造六个层次。加涅把学习结果分为言语信息、智慧信息、认知策略、动作技能和态度五类，每一类也分了层次。

观察、归纳的具体数学对象及其关系改变了。

（三）明确教学目标的表述方式

马杰(R. F. Mager)提出了三要素行为目标表述方法，为明确教学目标提供了有效工具。所谓行为目标包含行为动词、行为条件和行为标准。行为动词是指可观察的外显化的行为表现。行为条件是指行为动词发生的条件，如"在教师的指导下，或小组互助中""在所画的一次函数图像中"等，是教师根据教学内容和学生特点而设计的有针对性的学习过程。行为标准是指学习行为的结果可以达成的最低要求。

教学目标表达的是学生在什么条件下通过怎么样的学习，达成怎么样的目标，表述的规范是：行为主体(学生或哪种水平的学生)＋行为条件＋行为结果及其标准。比如，"学生观察不同类型的有理数加法算式，归纳出有理数加法法则"。有时候为了简便，也会省略行为主体，但要注意表述时行为主体的一致性，如"学生观察不同类型的有理数加法算式，归纳出有理数加法法则，培养概括能力"，前面的行为主体是学生，后面的行为主体是教师，前后不一致。

（四）案例分析

在案例1-4中，教学目标包含了知识技能目标、过程与方法目标、情感态度价值观目标，这些教学目标的各个要素也是分为三个部分表述的，存在如下几个问题。

第一，这节课需要学生能画出余弦函数的图像，这是结果性目标，这个知识属于程序性知识，但教学目标是探究余弦函数的性质，这是过程性目标，"能够根据余弦函数的图像推导出余弦函数的性质"，实际上是类比正弦函数的性质，观察图像归纳余弦函数的性质，这是元认知知识。因此教学目标没有基于教学内容分析来进行设置。

第二，各个目标之间是割裂的，缺乏有机整合，目标之间的逻辑关系混乱，水平层次不清晰。比如，知识技能目标"能利用五点作图法画出余弦函数在[0，2π]上的图像"，过程与方法目标"通过类比正弦函数的图像及性质，自主探究出余弦函数的图像和性质"，以及情感态度目标"培养学生自

主探究问题的能力"是在同一过程中完成的，需要有机整合起来。

第三，教学目标中没有涉及研究函数的图像和性质的一般方法，而这是指向单元教学目标的。

第四，过程与方法目标中的"从研究函数性质的两点——解析式及图像切入，展开本节课"并非教学目标，而是教学策略。经过以上分析，可以对该教学目标进行修改。

余弦函数的图像和性质教学目标案例(修正后)

1. 类比正弦函数图像的画法，借助正弦、余弦的关系，探索余弦函数图像的画法，用定义或平移法画出余弦函数的图像；能用五点法画出余弦函数在$[0，2\pi]$上的简图。

2. 运用研究函数性质的一般方法，根据余弦函数的图像和诱导公式归纳出余弦函数的性质。

3. 能用余弦函数的性质解决简单的余弦型函数的性质问题。

✎ | **实践操练** |

1. 对等腰三角形的性质这一教学内容进行课程标准分析、教学内容分析、学生情况分析，并写出教学目标及教学重点、难点。

2. 对函数的单调性这一教学内容进行课程标准分析、教学内容分析、学生情况分析，并写出教学目标及教学重点、难点。

▶第三讲
如何选择教学方法

数学教学方法是在数学教学活动中，根据一定的数学教学原则和理论，为了达到特定的教学目标而选择合适的载体，进而采取的教与学相互作用的步骤、方式、策略与技术的总称。

案例 1-5

被学生不断"打断"的教学进程[1]

有一次教师在作业中布置了这样的一道题（图 1-14）：给定两个长度为 1 的平面向量 $\overrightarrow{OA}$ 和 $\overrightarrow{OB}$，它们的夹角为 120°。如图 1-14 所示，点 C 在以 O 为圆心的圆弧 $\overset{\frown}{AB}$ 上变动。若 $\overrightarrow{OC} = x\overrightarrow{OA} + y\overrightarrow{OB}$，其中 x，$y \in \mathbf{R}$，则 $x + y$ 的最大值是_____。

图 1-14

课上教师讲解了此题，所用方法是通过向量的数量积运算将其化为三角函数，进而求得最大值。讲完后，本来教师打算讲下一个问题了，但爱"较真"的媛同学打断了教师："老师您为什么要一上来就用数量积运算呢？是怎么想到的啊？"

师：你看已知条件里数字和向量混合在一起，而所求的结果里只有数字，因此我们就得考虑怎么将数字分离出来，向量运算里哪个结果是数字呢？

媛：那只有数量积运算了？

师：另外本题涉及角，且向量的模也知道，也提示咱们可以用向量的数量积运算。

媛：明白了。

教师打算往下进行时，却又被关同学"叫停"了。

关：老师，把数字分离出来，非得用向量的数量积才行吗？

师（有点意外）：啊，那你说怎么办？

郑同学插话说："可以两边平方，但是我还没做出来。"教师说："那你先试试，两边平方是不是真能做出来。关同学你接着说。"

之后，关同学借助单位圆和参数方程的方法解决了问题，教师做了评论："这个方法不错，用到了向量的坐标表示，实际上是通过坐标表示，把

---

① 顿继安：《从"备学生"转向"研究学生"——基于学生研究的数学教学》，7 页，北京，教育科学出版社，2015。案例作者为北京工业大学附属中学屈雪松老师。

一个式子变成了两个式子，实现了向量向实数的转化，属于'题目说什么，我就写什么'，大家是不是觉得比我刚才讲的方法好？"

学生的反应比较积极，他们觉得这个方法确实比较好想，教师又想起了郑同学，就问道："郑同学，你的平方的方法怎么样了？"

郑：我做得差不多了，但是好像有点过不去似的。

师：你先说说做到哪里了？

郑：把 $\overrightarrow{OC}=x\overrightarrow{OA}+y\overrightarrow{OB}$ 两边平方，得 $\overrightarrow{OC}^2=x^2\overrightarrow{OA}^2+y^2\overrightarrow{OB}^2+2xy\overrightarrow{OA}\cdot\overrightarrow{OB}$，所以 $1=x^2+y^2-xy=(x+y)^2-3xy$。然后我也能得到 $x+y$ 的最大值是 2。虽然这里用了均值定理，但是不知道 x，y 是不是正数。

程：老师这个题说求 $x+y$ 的最大值，x，y 当然应该是正的。

黄：不对，两个负数的和也可以最大。

贾：应该结合图形，从图上可以看出来 x，y 是正数。

师：为什么？

贾：$\overrightarrow{OC}=x\overrightarrow{OA}+y\overrightarrow{OB}$ 表示的是把 $\overrightarrow{OC}$ 分解到 $\overrightarrow{OA}$，$\overrightarrow{OB}$ 两个方向上，由图可以知道分解的向量分别和 $\overrightarrow{OA}$，$\overrightarrow{OB}$ 是同向的，所以 x，y 都是正数。

师：好，那郑同学的方法就没有问题了。太好了，同学们能想出自己的方法，谢谢大家又给我机会"抄作业"了。（教师以前经常跟学生说，当教师的成就感之一就是"抄学生的作业"。为了激励学生超过教师，教师总是大张旗鼓地"抄作业"，而且抄作业要留名，以后在讲到某个问题时会告诉学生，这是你们×届的师哥或师姐××想出来的好方法。）

问题聚焦

Q1：这个教学片段都体现了哪些教学模式？

Q2：不同的教学模式是怎样产生的？

实际上，在数学教学中，对教学方法需要在两个方面做出选择：一是一堂课的总体结构与程序的安排，也就是教学模式；二是在每个教学环节采用何种具体的处理方式、技术手段与策略等，也就是微观的教学方法。

本讲将对这两个方面进行探讨。

一、如何理解教学模式和教学方法

（一）教学模式

1. 教学模式的定义与意义

教学模式是"试图系统地探讨教育目的、教学策略、课程设计和教材，以及社会和心理理论之间的相互影响的、以设法考察一系列可以使教师行为模式化的各种可供选择的类型"①。数学教学模式是在一定数学教学思想或教学理论指导下建立起来的较为稳定的教学活动结构框架和活动程序。教学模式规定了教学活动的组织程序，也就是指出了教学活动中应该先做什么、后做什么，学生做什么以及师生怎样互动起来，体现了特定的教育理论对教学活动整体及各要素之间内部的关系和功能的认识，是沟通教育理论与教学实践的桥梁。

2. 常见的数学教学模式

当今数学教育的理论研究与实践探索积极活跃，这使得数学教学模式呈现出"百花齐放、百家争鸣"的繁荣局面。比如，"五段式"教学模式、探究教学模式、自学辅导教学模式、"问题解决"教学模式、学案导学教学模式。还有一些来自实践的以时间分配命名的教学模式，如"10＋35"教学模式、"2-7-1"教学模式等。需要注意的是，在学习任何一种数学教学模式时，既要关注其操作程序的特点，也要关注产生这一模式的理论基础。

操作程序是一个教学模式最显著的特点。在数学课堂上，提出一个新的问题后，到底是教师先分析、讲解，还是学生先探索、研究，不同的教学模式对此有着不同的规定。许多教学模式的名称中也直接表达了其操作程序的特点。

当前有很多广为流行的教学模式，名称繁多，但是许多教学模式的名称只是突出了该模式强调的某一方面。例如，基于信息技术的教学模式突出了教学中信息技术的使用，但实际上信息技术只是数学课堂中的一个辅

---

① 本定义来自乔伊斯（Joyce）和韦尔（Weil）。转引自陈琦、刘儒德主编：《教育心理学》第 3 版，386 页，北京，高等教育出版社，2020。

助教师讲解或者学生探究的手段，并不能决定性地改变教学目标与师生关系。

本书根据学生获得知识的主要渠道对课堂教学模式进行分类：第一类，学生获得知识的渠道是教师，对应的课堂教学模式是"传授—演练"教学模式；第二类，学生获得知识的渠道是自主阅读教科书，对应的课堂教学模式是"自学—辅导"教学模式；第三类，学生获得知识的渠道是自主探究，对应的课堂教学模式是"探究—发现"教学模式（图1-15）。

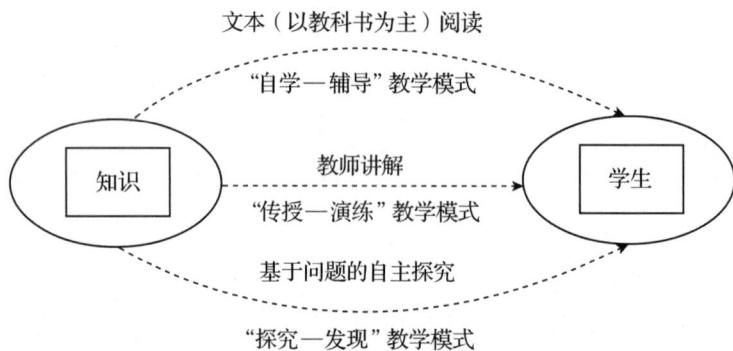

图1-15　基于知识获得途径的中学数学教学模式类型

⬤ | **理论书签**

接受学习与发现学习 VS 机械学习与有意义学习

从获得知识的方式来看，可以将学习分为接受学习和发现学习。在接受学习中，学习的主要内容基本上是以定论的形式传授给学生的。对学生来说，学习不包括任何发现，他们只要把教学内容加以内化（把它融入自己的认知结构之内）即可，以便将来能够再现或派作他用。发现学习的基本特征是，学习的主要内容不是现成的，可以直接给学生的，在学习内化之前，学生必须自己去发现这些内容。换言之，学习的首要任务是发现，然后便同接受学习一样，把发现的内容加以内化，以便以后在一定的场合予以运用。

机械学习是与有意义学习相对应的。机械学习通俗地讲就是死记硬背，是一种单纯依靠记忆来学习材料，进而避免去理解其复杂的内部关系和主题推论的学习方法。有意义学习指的是学生能够通过学习掌握新知识与已有知识间的实质性的、非人为的联系。

奥苏伯尔认为，接受学习不等于机械学习，发现学习也未必一定是有意义学习，他提出有意义学习的两个先决条件：①学生表现出一种意义学习的心向，即表现出一种在新学的内容与自己已有的知识之间建立联系的倾向；②学习内容对学生而言具有潜在意义，即能够与学生已有的知识结构联系起来。这个联系一定是非任意性的联系，它是实质性的联系。

有意义学习与机械学习并不是绝对的，而是一个连续体的两端，学校中的许多学习，往往处于这两端之间的某一点上。

（二）教学方法

1. 教学方法的定义

在特定的教学模式下，课堂中为了实现教学目标而组织的各种教学活动中所采用的具体的教学方式、手段和策略也会对教学效果产生影响。这些具体的方式、手段与策略就是微观层面的教学方法。例如，呈现信息，可以借助教师的口头表达，也可以借助多媒体，还可以借助书面文本材料；学生遇到困难时，教师可以通过讲授、讲解和演示来帮助学生，也可以组织学生小组讨论，还可以通过启发法，即先展示学生的进展、困难，之后通过追问等方式给予学生启发；课堂总结，可以由教师来完成，也可以由学生来完成；等等。

2. 常用的中学数学教学方法的类型

在数学教学活动中，教师可以采取的教学方式、手段和策略有很多，教学方法的种类较多。但是，教师的教是为了促进学生的学，而从学的角度来看，学生的学习活动主要包括：获得与加工信息；对直接经验进行体验与反思；与他人互动；等等。由此，本书在微观层面对中学数学教学方法进行了分类，如图 1-16 所示。

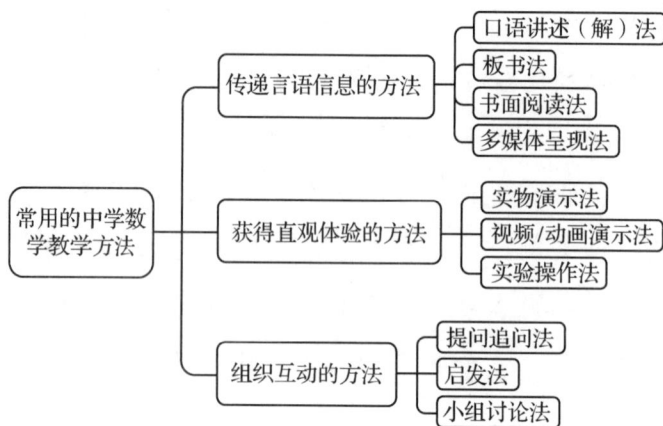

图 1-16　常用的中学数学教学方法

（三）教学模式与教学方法的使用原则

1. 综合性与灵活性

任何一种教学模式与教学方法都不是万能的，学生数学应用意识和创新意识的形成需要其亲历研究过程和探究发现过程，而娴熟技能的形成又离不开必要的训练，数学教学多维目标的实现必然需要综合运用多种教学模式，不可迷信某一种单一的教学模式和教学方法，要为学生提供多样而丰富的学习方式。

确定教学模式与教学方法的依据是课程标准、学生情况、特定环境和教师的风格，在使用中还要遵循针对性、灵活性、综合性等原则。

实际上，在真实的课堂环境中，没有一位教师在他的课堂中会永远只选用一种模式，甚至也很难有一位教师的某一节课可以绝对地认定为属于某一种模式。例如，有些教师原本选用以自己控制为主的"传授—演练"模式，却可能会在某些问题处或主动或被动地因学生的质疑、追问而增加"探究—发现"的成分。

2. 科学性与艺术性

教学方法的科学性，指的是特定的教学目标的实现与具体的教学方法的选择之间具有内在相关性。比如，一位教师在二元一次方程组的教学中，以班级期中考试奖励为素材创设了问题情境，他的处理方式如下。

口头叙述：

同学们，你们知道吗？于老师为期中考试成绩突出的和有进步的同学准备奖品了！本来期中考试前于老师就买好了文件夹和圆珠笔作为奖品，不过考完试后，他发现自己买少了，咱们班同学考得特别好，先前买的奖品不够用，于是于老师又购买了一次。我觉得于老师给咱班同学买的文件夹、圆珠笔都挺漂亮的，就问他每个多少钱，于老师说他不记得单价了，只记得每次购买文具的总花费。

口头叙述＋PPT 展示：

于老师的奖品购买清单：

第一次：5 个文件夹、12 支圆珠笔，共用 50 元。

第二次：2 个文件夹、6 支圆珠笔，共用 23 元。

你们能帮于老师算算文件夹、圆珠笔的单价各是多少元吗？

这节课学生非常积极地投入对这个问题的探究活动中，下课后马上将于老师围住问："老师，于老师真的要发奖吗？""什么时候发啊？"在得到于老师"下午班会于老师一定发"的回答后学生越发兴奋了。第二天听于老师反馈，班会前有的学生缠着于老师问："老师，老师，您是要发奖吗？"得到肯定的答复后，还不甘心，继续说："您是不是把价钱忘啦？我帮您算出来啦！""呵，你真棒！"这里，于老师选择来自学生真实生活的题材，采用的"拉家常"的方式又增加了代入感，引发了学生情感、认知和行为的高水平投入。

教学方法在具有科学性的同时，也具有艺术性。教学方法的艺术性，指的是一种教学方法要使用得当，除了要遵照教学规律外，还要满足一些美学尺度方面的要求。例如，同样是运用口头语言呈现信息，教师的表达时机，所用的语气、表情、动作等一些难以言明的内容往往会起到非常重要的作用，带来的教学效果也会有差异。教学方法的艺术性是教师的教学活动具有创造性特征的重要标志。教师需要根据自身的风格与水平不断完善自己的教学方法。

📎 | **理论书签** |

中学数学经典教学方法

中学数学教学方法种类繁多，有学者整理出了若干种中学数学经典的教学方法，包括：讲授教学法、发现教学法、探究教学法、自学辅导法、讨论教学法、启发式教学法、生成性教学法、问题教学法、数学阅读教学法、学案导学教学法、数学实验教学法、数学变式教学法、"读读，讲讲，议议"六字教学法、"尝试指导，效果回馈"教学法、尝试教学法、情境教学法、"再创造"教学法、"MM"教学法、单元教学法、基于手持技术的教学法。

分析这些教学方法，可以看出，不同的教学方法的名称凸显的只是该方法某一个层面或角度的特点，并未完整地解释教学过程中各个要素的关系。例如，讲授教学法和启发式教学法突出的是教师的作用，生成性教学法强调的是课堂中应尽可能为学生提供思考的机会，让重要的数学结论由学生自己来发现。"MM"教学法突出的是数学思想方法对教学过程的指导作用。而基于技术的教学法强调的是数学探索的技术支持手段。任何教学方法都是由教师、学生、知识和知识的载体四个要素构成的，因此，单纯突出某个方面容易使我们在使用某种教学方法时"顾此失彼"。实际上，关注一个教学方法需要从其教学模式和采用的具体手段两个方面着手。

（四）案例分析

在案例 1-5 的教学片段中，教师本来的计划是，如果学生有困难，就按照"传授—演练"教学模式处理试题，课堂也是这样实施的。然而在讲解了题目的解法后，学生对教师解题方法产生的渊源进行了追问，这种追问源于学生对有意义学习的追求。而当教师解释了解题方法的思想渊源后，又引发了学生的持续追问和自主探究，并得到了新的方法，课堂又呈现了"探究—发现"教学模式的样态。

二、如何恰当地使用"传授—演练"教学模式与讲授法

案例 1-6

讲授法案例[①]

师：我们来研究到两个定点的距离之积等于定值的点的轨迹，你们想象一下它长什么样子？谁有什么想法？

师（观察学生，发现他们有困难，于是表现出沉思的状态）：研究椭圆都干什么了？翻翻书，回想一下，先画出来了。但这个有难度，画不出来。

师：我们该怎样做呢？如果直接用几何的方法想不太清楚，就可以考虑借助代数，但怎么借助呢？解析几何就是把图形"扔"到坐标系中。

我们不妨设这两个定点为 $(-1, 0)$，$(1, 0)$，定值取多少？取 1？$\frac{1}{2}$？取 $\frac{1}{2}$ 吧，定值为 1 的你们自己做。设动点为 (x, y)，要把方程写出来：

$$\sqrt{(x+1)^2 + y^2}\sqrt{(x-1)^2 + y^2} = \frac{1}{2}。$$

这就是方程，只是没化简，看出图形是什么样的了吗？（生答：没有）那对图形的性质有些什么感觉？想一想，我们都研究了椭圆的什么性质？（生答：对称）对，用方程还研究椭圆的对称性了。

记得有一次听课，边上一个学生睡着了，我把他叫醒了，跟他说："你看老师讲的，这是关于 x 轴对称的。"你们知道这个学生说了什么吗？这个学生说："老师，椭圆当然关于 x 轴对称，这不是当然的吗？"

是，椭圆的对称性有图，其实我们一看就看出来了，根本不需要方程，

[①] 案例执教教师为北京市第八中学王春辉老师。

但是老师肯定是讲了，椭圆关于 x 轴对称看什么？（有学生回应）对，要看如果 $(a，b)$ 在图形上，$(a，-b)$ 是否也在图形上，看出来了是吧？对了，y 带着平方呢。同样它也关于 y 轴对称，于是我们也非常有把握地说它关于原点对称。现在尽管我不知道它长什么样，但是我敢说，只要把第一象限的图画清楚了，其他象限的也就清楚了。所以我们只需要做一点事：把第一象限的图画清楚……

问题聚焦

Q1：这个教学案例中教师的讲授定位，即所讲内容是什么？

Q2：教师的讲授有何特点？

Q3：教师怎样才能做到用这样的方式讲授？

（一）"传授—演练"教学模式

"传授—演练"教学模式也被称为"讲解—练习"教学模式、"讲授"教学模式，这种教学模式下的数学课堂通常能够被清晰地划分出两个主要阶段。

第一个阶段是知识传授阶段，以教师的讲解、示范或者引导为主要活动形式，包括的活动主要有引出课题、新知传授与例题示范。通过这些活动，新知识的内涵得以揭示，其用于解决问题（主要是习题）的主要步骤也得以展示。

第二个阶段是学生演练阶段，以学生在知识指导下的解题活动为主，包括模仿性练习、变式性练习和做作业，主要目的在于让学生理解、掌握和灵活运用知识。

综合起来，"传授—演练"教学模式下的数学课堂的基本流程为引出课题—新知传授—例题示范—模仿练习—变式练习—布置作业。

不同教师在实践中会对"传授—演练"教学模式进行改造或者调整。例如，增加"复习"环节，以避免遗忘对新知识学习的影响；巧妙地将旧知识的复习与新课题的引入结合起来，将引出课题环节改造为"复习引入"；在布置作业前增加"小结"或者"回顾反思"活动，以促进学生对知识、方法等的及时整理与强化。

不同的教师在"传授"活动中会采用不同的处理方式。比如，有的教师主要通过自己的讲解和示范完成知识的传授；有的教师则选用"问答"法，也就是通过教师提问、学生回答的方式来进行传授，注重对学生的启发；还有的教师会在新知得出后通过对新知进行多角度分析，尽可能地帮助学生建立新知与已有知识的联系，从而帮助学生形成有意义理解。

"传授—演练"教学模式的本质特征是教师对学生的数学学习过程进行了较高程度的控制，教师或者直接通过讲述自己的思考过程来替代知识的形成过程，或者将一个复杂的、学生解答起来可能会比较曲折、可能会使用多种方法的问题分解为若干个简单的、方法比较单一的问题。这样，数学课堂的进程就能够比较顺利地朝着教师预想的方向、按照教师设计的节奏进行，这有利于比较高效地让学生获得知识，进而通过演练让学生形成基本技能。据调查，当前我国约有 63.7％ 的数学教师在日常教学活动中主要使用这种教学模式，所以这种教学模式也被称为"常规数学教学模式"。由于这种教学模式是由教育史上第一个教学模式——"四段式"教学模式演变而来的，因此，它也被称为传统教学模式。

"传授—演练"教学模式中的"演练"活动通常分为模仿性练习和变式练习两个阶段。模仿性练习与例题相比只是表面形式发生了变化，没有改变例题的结构，对应的问题也称为水平变式问题，其主要目的在于让学生形成对知识的本质认识，通过解题实践，体会知识的要点，熟悉解题的步骤、规范。变式练习通常会由浅入深地改变例题的结构，对应的问题也称为垂直变式问题。垂直变式的方法有对称式和链接式两种。对称式是将例题的条件与结论互换。链接式是将例题中事关知识本质又可变的条件与其他知识链接起来。例如，将例题"解一元二次方程 $x^2+2x+1=0$"变为"解方程 $\left(\dfrac{1}{x-1}\right)^2+\dfrac{2}{x-1}+1=0$"，这样就将解分式方程的知识与解一元二次方程链接了起来。变式练习是"双基"教学最为显著的特点，变式题的意义在于通过使用不同形式的直观材料或者事例说明事物的本质属性，或变换同类事物的非本质特征以突出事物的本质特征，这样有利于学生辨别哪些是事物的本质特征，哪些是非本质特征，从而有利于学生形成科学概念，建立新知识与已有知识的联系，并形成灵活的解题方法与策略。

（二）讲授法及其利弊

在"传授—演练"教学模式中，讲授法占据中心地位。讲授法是指教师通过自己讲述、学生聆听的方式开展教学的方法。当然，通常教师在说的时候也会板书，用教具、多媒体演示等，学生在听的时候也会有观察、记笔记以及回应教师等活动，其核心特点是学生借助来自教师的信息进行学习活动。

讲授法对应接受学习。通过讲授法，教师希望的是将学习内容直接传授给学生，其好处在于教学进程容易被教师掌控，因而容易带来较大的课堂容量。这种方法被奥苏伯尔认为"是传授大量知识唯一可行和有效的方法"。

讲授法的特点使得其在使用中存在着风险，即"课堂中有一种顺利叫教师认为的顺利"。教师"传授"出去的教学内容有时可能没有被学生完整甚至正确地"接受"，教师自己感觉很顺利的"教的过程"与学生反馈的"学的结果"不一致，这是应用讲授法时需要警惕的。事实上，任何教学方法都有利有弊，关键在于应用这个方法时是否能发挥其优势，避免其弊端。正如第斯多惠所指出的：如果使学生习惯于简单地接受或被动地工作，任何方法都是坏的，如果能激发学生的主动性，任何方法都是好的。

讲授法引发的是接受学习，但未必是被动的机械学习。奥苏伯尔对此做出了进一步说明：认为接受学习必然是机械的，发现学习必然是有意义的，这是毫无根据的。无论是接受学习还是发现学习，都有可能是机械的，也都有可能是有意义的。如果教师讲授得法，并不一定会导致机械学习；同样，发现学习也并不一定是保证学生有意义学习的灵丹妙药。

问题的关键不在于讲授法自身，而在于怎样用好讲授法并充分发挥其优势。实际上，数学教师的言说活动有多种类型、多种功能，包括：描述情境、解释概念、论证原理、说明步骤、阐明规律、表达观点等。它让教师在充分准备的条件下，将自己对数学内容的理解可以完整地表达出来，对学生理解知识内容的本质和内容间的深层联系起到了其他方法难以替代的作用。同时，讲授中教师自己的思维方法、态度、观念等会以或直接或间接的方式展现出来，从而对学生产生有时候教师自己都意识不到的但却可能很重要的影响。

（三）如何讲授得法

讲授得法既包括讲授内容得法，也包括讲授形式得法。讲授内容得法主要依赖于教师对教学内容的分析和理解，在此不做讨论，下面重点分析如何在讲授形式上得法。

首先，要明确讲授定位，并根据讲授定位选择合适的讲授方式。课堂中教师所讲的内容包括"是什么""怎么做""怎么想"和"怎么看"，不同的内容需要采用与其对应的措辞和表达方式。例如，对于解题方法的构建，教师的讲解有时候具有个性化特征，与其自身的解题经验，甚至一些即兴产生的灵感有直接关系，对应的表达方式适合于用"看到这道题的……条件，我就想到了……，觉得可能应该用……方法做，于是……""这道题，我是这样想的……"等，而不宜直接讲解解题方法。对于不同方法的比较的教师讲授，其定位是"评论"，也就是评论不同方法的意义，这种功能定位意味着所言内容具有主观性，是"一家之言"，不同的人甚至是不同的学者有不同的观点，所以不宜用"绝对性"的语言和语气来表达，可以用"我是这样看的""我认为"，甚至是"许多人认为"等方式来表述，让数学课堂具有学术研讨的味道，这样有利于帮助学生形成独立思考、辩证思维的观念。合适的讲授方式会使得课堂变得有效而生动：既可以是一气呵成的独白，又可以是对话式的讲授（自问自答式对话）；可用比喻的方法，也可以结合例子讲解；可以采用正叙法跟学生介绍自己面对问题的思考、探究过程，也可以用倒叙法，先讲怎么做，再讲怎么想到的，等等。教师需要根据具体情况做出灵活的选择。

其次，要选择合适的讲授时机，切忌"一步到位""一讲到底"。许多老教师都有过以下这样的经历。在通过集体讲授和个别指导多次讲了某个内容后，某位学生对您说："老师，我终于明白了。"有时还会补充一句："您要是早这样讲我早就明白了。"实际上，教师的讲授一直未变，但是学生变了，学生的认知结构使得同样的讲授产生了不同的效果。这就是讲授时机的意义。有的教师会在讲完一个概念或定理后，讲许多"注意事项"，这些注意事项是教师基于多年教学针对看到的学生应用知识时的易错点总结而成的，但是对于一个刚刚接触新知识的学生来说，由于其对新知识还处于"懵懂"的状态，所以，此时的多条提醒可能难以引起其"注意"，不如将一些注意事项放在学生应用新知识解决了一些具体问题、对新知识产生了一些感性认识，乃至展现出了一些认识上的困难或错误后再总结。

在讲授的过程中，要注意来自学生的反馈。讲授反馈指的是教师在讲的时候要看学生的反应，学生的表情、动作等都能反映出其听的状态，遇到学生有疑问时及时停下来询问学生，对教学及时做出调整。

（四）案例分析

案例 1-6 中的教师在讲解一道具有挑战性的题目的解答过程，他将其定位为"怎么想"，采用了自问自答的形式，示范了面对一个新问题如何将其与已经解决的问题建立联系，其间借助自己曾经与一位学生的对话表达自己对于"为什么椭圆要借助方程研究对称性"的不屑和不满，这种不屑与不满与其说是学生的质疑，不如说是教师自己对教科书和普遍采用的教学方法的质疑。

研究也表明，展示思维过程是数学家的重要教学方式。例如，数学家希尔伯特在回忆他的成功之处时指出，在德国格尼斯堡大学城里，他的导师的讲课过程使他受益匪浅，他说他的导师与众不同，习惯于在讲课时把自己置于危险境地，对要讲的内容总是在黑板上边讲边推边擦，给人的印象好像是没备课，但这样一来就使得希尔伯特和他的同学有机会看一看数学家的思维过程是怎样进行的，既有成功，又有失败，并不总是一帆风顺的。[1]

---

[1] 傅佑珊、段云鑫：《从数学家的教学片段得到的启示》，载《数学通报》，2014(8)。

三、如何使用"探究—发现"教学模式与启发法

📎 | **案例 1-7** |

函数单调性的定义[①]

教师出示问题：请同学们讨论函数 $f(x) = \dfrac{x}{x+1}(x > 0)$ 的单调性。

学生交头接耳：不好画图像；函数是陌生的函数，不知道图像。

教师组织学生将自己的想法表达出来，下面是学生的报告。

生 1：取大于 0 的两个数，随便取，如取 $x=1$ 和 $x=2$，比较相应的 y 的值，我认为函数是增函数。

生 2：函数的变化可能会比较多，x 是任意的，不能说对 1 和 2 行就行。

生 3：这个不是一次函数，不能用两个点就画草图。

生 4：还得取比 1 小的，如取 1/2，1/3，求函数值……

生 5：我觉得应该推广一下，设 x_1，x_2，再设 $x_1 < x_2$，带进去，计算，分类讨论，因为带数太特殊了，你不知道怎么变化，得推广。

生 6：我考虑这个式子能不能化简，化简了就能判断了……（教师追问：它的单调性你了解吗?）肯定比前边那个好判断。

生 7（接着生 6）：这个函数随着 x 的增大，分母增大，分数变小……

学生们都表示认可。

师：好像说得过去，下面我们一起来整理一下这两种方法吧。

……

问题聚焦

Q1：找出案例中不断往前推动的形成函数单调性定义的学生的话。

Q2：除了给出函数定义法外，学生还通过将其转化为已知单调性的函数的方法来判断函数的单调性，学生是一个人完成这一工作的吗?

[①] 案例作者为北京市第十二中学教师周瑾。

（一）"探究—发现"教学模式

"探究—发现"教学模式源于布鲁纳的"发现学习"，布鲁纳总结发现学习的要素是"探索新情境的态度""学习的可迁移性""运用自己的头脑""使知识成为自己的""胜任力是自我奖励""通过假说进行问题解决"等，其操作程序为创设情境提出问题—自主探究解决问题—引导归纳形成知识—应用知识解决问题。

发现学习首先是希望学生在问题解决中获得知识，使知识成为自己的，并由此而发展智力。布鲁纳非常关注在发现的过程中学生形成的"态度"，布鲁纳说："发现教学所包含的，与其说是引导学生去发现'那里发生'的事情的过程，不如说是他们发现他们自己头脑里的想法的过程。它包含鼓励他们去说，'让我停一停再考虑那个''让我运用自己的头脑想想看''让我设身处地试试'。"[①]也就是说，发现学习的意义不仅在于学生可以发现那些事情或者知识，更重要的是学生发现自己能够独立思考、能够解决问题。

发现学习的思想在数学教育界得到了许多共鸣，最著名的是弗赖登塔尔的"再创造"数学教育理论，它对我国的数学课程改革和数学教学实践有广泛影响。

与"传授—演练"教学模式中教师的高度控制不同，"探究—发现"教学模式下的数学课堂中学生"站在舞台中央"，他们用自己的已有经验、知识、方法、价值取向做出选择、进行探究，可能会表现出极具个性的、可创造性解决问题的能力。

（二）"探究—发现"教学模式中的指导策略

在"探究—发现"教学模式中，理想的情形是学生能够顺利完成探究任务，但这种理想经常与现实不一致。因为学生是发展中的人，并非所有的有挑战性的任务都能顺利完成，在学生遇到困难时给予指导是必要的。对学生的指导可以采用教师自身示范，即讲授法，而更好的选择则是采用启发法和讨论交流法。

---

① ［美］布鲁纳：《布鲁纳教育论著选》，邵瑞珍等译，342 页，北京，人民教育出版社，1989。

1. 启发法

"不愤不启，不悱不发。"宋代朱熹的解释是："愤者，心求通而未得之状也；悱者，口欲言而未能之貌也。启，谓开其意；发，谓达其辞。"在数学教学中提出现代启发法的美国数学教育家波利亚其观点与此观点类似。波利亚指出，"学生应当获得尽可能多的独立工作经验""教师应当帮助学生，但不能太多，也不能太少，这样才能使学生有合理的工作量"。由此可以看出，启发法的运用前提是：学生通过探究和独立思考陷入了困惑与迷茫的状态，那种在学生思考之前就做了明确而具体指导的做法并非启发法。

运用启发法的教师也必然需要先去努力了解学生心里正在想什么，然后"提出一个问题或者指出一个步骤，而这正是学生自己原本应该想到的，从而对学生进行不露痕迹的帮助，让学生产生独立工作的感觉"。启发法的运用前提是学生陷入了困惑与迷茫的状态，"启发"的本质是促进学生的自我觉醒，其背后的假设是：知识和方法本已在学生头脑中，教师的作用就是唤醒。

例如，在二次根式的教学中，面对"比较 $\dfrac{\sqrt{5}+1}{2}$ 与 $\dfrac{3}{2}$ 的大小"的任务，一些学生思考了一会儿后说："老师，我不会。"下面是一位教师的指导过程。

师：那题目改成什么样你们就会了？

生1：没有根号，就会了！

生2：没有"+1"就会了！

师：那好，怎样才能没有根号呢？

生1：把5换成4或者9？

师：行啊，咱们换一个试试？

学生顺利地应用放缩法得到了正确结论，而且总结道：换4行，换9不行！

师：怎样才能没有"+1"？

生：（两边）都减 $\dfrac{1}{2}$？

师：行啊，咱们试试。

学生顺利地得到了正确答案。

在这个教学活动中，教师设计的活动本来希望学生独立完成，但遇到了困难，教师通过"那题目改成什么样你们就会了""怎样才能没有根号呢""怎样才能没有'＋1'"三个问题，引导学生主动建立新问题与自己能够解决的问题的联系，教师积极面对学生的响应。

2. 讨论交流法

小组讨论是突破难点的一个有效方法，"你有一个思想，我有一个思想，交换后每人就有了两个思想"。小组讨论为学生提供了充分展示自己的不同想法的机会，可以使得学生互为学习资源。不同思想的展示对彼此会起到启发或者提醒的作用，一些原本都感到困难的问题在互相启发、推动中就可能得以解决，一些原本含糊的概念也会通过不断质疑而得以澄清，一些原本看来平淡无奇的问题也会焕发出夺目的光彩。

课堂中的交流活动既有全班的集体交流，也有小组间的交流，两种交流形式互为补充。无论何种形式的交流，都要以每个学生都进行了独立思考为前提，还要注意保证不同的学生充分地表达自己的观点。为此，教师需要有意识地营造一个学生敢于把自己不成熟的想法表达出来的小组氛围和课堂氛围。比如，不急着表明自己的观点、不急着做是非判断等。

在应用讨论交流法时，要避免"蜻蜓点水"般地掠过，否则当堂的任务好像是完成了，但是仅仅在表面上走了一遭留下了痕迹，课后就会为"没落实"而懊悔不已。教师的理性设计很重要，在学生讨论交流时，要聚精会神地倾听，寻找一些冲突点或者关键点，发现或者制造问题、矛盾，当然最好让学生来发现或者创造情境，使情感和思维走向深入。教师要积极参与，包括对一些学生的发言进行复述以确保全班同学能够真正理解其意思，必要时请学生借助板书、多媒体表达自己的想法，同时也要引导其他学生倾听、发起更深入的讨论，及时进行总结等。

（三）案例分析

在案例 1-7 所示的高中"函数单调性的定义"一课中，教师一般都会让学生用严谨的数学符号语言将图像所表达的 y 随着 x 的增大而增大的含义表达出来，用这种方式直接得到函数单调性的定义，下定义的过程也会有些曲折。然而，本案例中，函数 $f(x)=\dfrac{x}{x+1}(x>0)$ 的单调性问题对于学生来说是一个新问题。在教师未做任何干涉的情况下，我们看到，学生的潜能得以显现，他们"千方百计"要解决问题。但是，显然，每个个体独立解决这个问题都是有困难的，但是交流的力量使得难点被突破了。

第一组互相推动是从生 1 开始的，通过生 2、生 3 的质疑，生 4 的补充，生 5 的升华，最终定义得以完善。并非只有生 1 用了特殊值法，甚至马上质疑的生 2 最初可能也是这样想的，但他感觉到了这样做不对，然而又想不出更好的办法。但是，生 1 的思想展示至关重要，这使得大家有了一个可以分析、批判的靶子，为前进提供了一个起点，通过举反例反驳、寻求更好的方法解决，终于，从取整数点，到取更多的点，再到任意一点，思想的"接力棒"促进了问题的解决，新的方法（定义法）在教师随后推动的整理概括活动中诞生了。

再看生 6 的方法，是"转化与化归"思想在这一问题上的反映。尽管其他学生没有想到，但是一经提出，就引发了共鸣。生 7 是其中一个代表，使得这一思想火花成为"燎原之火"。从数学角度看，其实质是利用了函数单调性在运算下的保持性，这一方法超越了教师最初的设计，实际上，在以后关于函数单调性的讨论中，这种方法也是一种常用方法。

四、如何使用"自学—辅导"教学模式

✎ | 案例 1-8 |

"因式分解的概念"的自学指导

"因式分解的概念"一课，教师设计了让学生通过阅读教科书学习概念的方式，他为学生布置的任务是：

> 阅读教科书第 145 页和第 146 页，完成教科书第 147 页上面的练习，并思考下列问题：

问题1：通过阅读和练习，你觉得哪些是本节的重点？请画出来，哪些不太明白，在旁边画上"?"。

问题2：什么是因式分解？请举例说明。可以自己举例，也可以举书上的例子。

问题3：式子 $x^2-x-6=(x+3)(x-2)$，从左到右的变形是因式分解吗？为什么？

问题4：关于因式分解，你可以提出哪些问题？还有哪些困惑？

课堂观察发现，学生表面上阅读很顺利，但是对教科书中4道直接可以用概念判断的练习做得却非常不理想，全部做正确的学生全班不超过20%。于是教师组织全体同学进行交流。

师：我看到多数同学都做完了第147页的练习。请大家想一想，你在做练习的时候，是根据什么进行判断的？

生：根据定义。

师：说得非常好！定义在哪里？

生：定义在第146页的倒数第二段。

师：好！大家再认真看一遍什么叫"因式分解"。

生：把一个多项式分解成几个整式的乘积的形式，叫作把这个多项式因式分解。

师：我们来看看定义中有哪些关键词？

生1：有"多项式"，还有"整式的乘积"。

师：说得非常好！老师还想问问大家，书上有没有例子？

生2：有，在第146页。

师：大家再读书上的例子，认真观察书上的例子有什么特点。

生：……（沉默）

师：多项式在哪儿？

生3：多项式在等式左边。

师：整式的乘积在哪边？

生 4：在等式的右边。

师：请大家结合我们刚刚的分析，重新再做第 147 页的练习。

问题聚焦

Q1：教师给学生提的问题中，哪些起到了对学生的学习策略进行指导的作用？

Q2：怎样能够让学生认识到那些对自己有益的策略，并养成积累这些策略的意识？

（一）"自学—辅导"教学模式

俗话说"授人以鱼，不如授人以渔"，也就是说与其教会学生掌握具体的知识，不如教会学生掌握获得知识的方法。随着知识爆炸时代的到来，人们需要不断补充新的知识，因此，学生自学能力的培养变得至关重要，"自学—辅导"教学模式就是基于这种认识而形成的。

"自学—辅导"教学模式最重要的意义在于让学生学会独立自主地学习，因此，特别强调要保证给学生充足的自学时间，教师尽量减少干预。开创我国"自学—辅导"教学模式先河的是中国科学院心理所的卢仲衡先生，他所提出的"自学—辅导"教学模式包括"启—读—练—知—结"五个环节，课堂实施的具体步骤如下。

第一步，启发，即由旧知识引入新问题，激发学生的求知欲望使他们有阅读课本和解决问题的需求。

第二步，阅读，即学生在课堂上，在教师的督促和指导下的独立阅读和思考。

第三步，练习，即学生按照要求自己做练习。

第四步，知彼知己，也就是学生做完练习就检查答案是否正确，学生当下就能知道自己做得是否正确。

第五步，小结，即概括全貌，纠正学生的错误，使学生做题更加规范化，解决疑难问题，促使知识系统化。

基于培养学生的自学能力的目标，采用"自学—辅导"教学模式教学时，要求以教师为主的启发和小结活动不宜过长（卢仲衡先生提出不超过 15 分钟，且分布在课的开始和快结束时进行，中间的 30 分钟不打断学生思路），让学生按照教师的布置和教科书中的指令学习，读、练、知交替进行，指令是以文本形式出现在教科书中的指导学生学习的语言，如"翻开练习本做练习"等。

当前我国许多学校采用的"学案导学"教学模式与"自学—辅导"教学模式大体类似，教师对学生学习过程的指导和要求通过学案文本来呈现。在具体的学案使用中，一些教师要求学生在课前完成学案，有的则要求学生在课堂中完成。还有的教师特别重视学生的展示、交流活动，甚至有的课堂完全是学生展示、交流的课堂，教师只是在旁观察，根据需要进行点拨。

理论书签

基于阅读任务水平设计学案

在"自学—辅导"教学模式中，学生主要通过独立阅读文本材料理解知识、领会思想方法，基于阅读材料的学习任务的设计至关重要。可以借鉴 PISA 阅读素养理论对阅读任务水平的划分设计学习任务。PISA 阅读素养理论将阅读任务分为三个水平：访问与检索、整合与解释、反思与评价。下表是各个水平的释义和示例，在学案的任务设计中，可以以此为参考来设计任务。

水平	访问与检索	整合与解释	反思与评价
定义	阅读材料，查找一条或多条信息	解释意义以及做出推论	把文本与个人经验、知识和观点结合起来
示例	什么是勾股定理？怎样证明勾股定理？	勾股定理有什么用？用勾股定理解决问题的步骤是什么？	书中给出的证明勾股定理的各种方法有何共性？为什么有这种共性？ 必须知道直角三角形的两条边长才能求另外一条边长吗？ 勾股定理只能用于解决直角三角形的问题吗？

（二）学习策略的指导

关于学习能力的原理告诉我们：即使教科书上的概念、定理写得清清楚楚、明明白白，配举的例题直观、贴切，但是学生仍然有可能不能通过自主阅读文本材料而理解知识，学生通过自主阅读教科书而理解知识的能力需要在教师的指导下才能充分发展，教师对学生的学习策略进行指导是必要的。

学习策略指的是学习者在学习活动中有效学习的程序、规则、方法技巧及调控方式。客观上，用以导学的"学案"起的就是对学生的学习进行指导的作用，通过学案，学生明确了学习进程、学习任务。在学案中，一些简单的检索性任务能起到让学生找重点的作用，一些教师在课上专门安排时间请学生讲解学案中的重点问题，意在推动学生主动整理，以促进其形成更深刻的理解。

自学的核心是阅读。教师需要针对学生数学阅读中可能遇到的困难而给予指导。学生的困难可能体现在多个方面。例如，对某个词汇理解起来比较困难，不能看懂一句话中的逻辑关系，对语句间的关系理解起来比较困难等，教师需要给出相关的突破策略。华罗庚先生关于读书说要"先从薄到厚，再从厚到薄"，严士健做了进一步解释："要精读一本数学书，总是要先把定义、定理等具体内容的细节弄清楚，做一批习题，等等，这就把书读'厚'了；所谓读薄，就要在这个基础上提纲挈领地分析书中的问题是怎样提出和解决的，其中有哪些解决的方法、要点、结构等，还要看一看哪些是真正新学到的，这就把书读薄了。"

指导学生阅读时可以采用教师示范法。例如，卢仲衡就提出教师一开始需要有一个领读阶段，也就是教师先教会学生阅读，并在书中提出了具体要求，在领读阶段，希望教师把主要段落概括段意的方法教给学生，之后，让学生在读、练、知的过程中自己或者以互相交流的方式进行概括，这有利于培养学生的概括思维能力。还可以采用针对学生表现出的困难给予指导的方法，参照案例 1-8。

📎 | **理论书签** |

自学—辅导教学中的自学常规

卢仲衡先生在其主编的数学自学辅导教材学生用书中设计了"自学方法指导"栏目，包括自学教学中的自学常规、学会读书、怎样细读等。该教材在"有理数"一章的开篇提出了"自学辅导教学中的自学常规"。

①细读课文，理解课文内容。

②按课文的要求做练习，做完一道大题后核对答案，对了画勾，错了找原因重做一遍，做对为止，再做下一道大题。

③做完 A 组题后，根据课堂要求，再读下面的课文。

④还有余力，再做 B 组题和选做题或者学习课外参考书。

自学重在独立思考，这种教学突出体现了对学生独立思考的引导，还对学生如何进行数学思考给予了方法上的指导。比如，也许你会提出如下问题：是不是所有的有理数都可以用数轴上的点表示？有人回答可以，但也有人回答不可以，你自己想一想再往下学习（当遇到新问题不能解决时，请从一个有代表性的具体例子想起）。

（三）案例分析

在案例 1-8 中，教师在发现学生练习没做好后，并没有直接指导学生解题，而是对学生的学习策略进行了指导，具体包括的策略如下。

建立问题与知识的关联（你在做练习的时候，是根据什么进行判断的？）。

重读（定义在哪里？）。

提取关键词解析（定义中有哪些关键词？）。

结合例子理解（书上有没有例子？多项式在哪里？整式的乘积在哪里？）。

为了让学生认识到学习策略的意义，处理完练习后，可以请学生反思：自己读书后练习没做对，教师带着你们读后就做对了，说明知道概念是什么意思了，你觉得教师做的哪些事帮助你理解了？是认识到用定义解题，还是再次读定义，还是例子有帮助？这既有益于学生积累具体策略，也有利于学生反思，形成收集对自己有益的学习策略的意识。

🔗 | **实践操练** |

请根据本讲内容，选择中学数学某一课时的特定教学内容进行教学法的优化改进设计。并与原设计进行比较，说明改进教学方法的过程中都运用了本讲所介绍的哪些方法和策略。

在完成上述任务的过程中，建议选定某一特定的教学方法进行刻意练习，并请同步思考以下问题：

1. 看一看。观察一节使用所选定的教学方法的优质课，思考该教学方法的使用情况。

2. 想一想。中学数学教学中有哪些主要的教学方法？您所选择的教学方法是依据什么进行选择的？是根据什么进行设计的？

3. 做一做。自己设计并实施一次使用该方法的数学课。结合本讲的学习内容，结合这次实践做一次系统的教学反思，构想出下一次使用该教学方法进行数学教学时的调整计划。

▶ 第四讲
如何进行教学过程设计

教学过程是教师指导下的学生学习过程。教学过程设计就是对教师指导下的学生学习过程进行设计。[①] 教学过程设计需要遵循以下基本要求：①符合学生的认知规律；②有助于学生积极主动地探究问题；③有助于学

---

① 李森、陈晓端主编：《课程与教学论》，113页，北京，北京师范大学出版社，2015。

生的自主学习与合作学习。

该如何进行教学过程设计呢？本讲内容主要围绕以下几个方面进行阐述：如何创设教学情境，如何确定教学流程，如何安排教学活动，如何构思教学板书。

一、如何创设教学情境

🔖 | **案例 1-9** |

频数直方图

活动 1：创设情境、提出问题。

情境：表 1-2 是某校七年级(1)班学生的入学信息表。

表 1-2

学号	性别	身高/cm	入学成绩			学号	性别	身高/cm	入学成绩		
			语文	数学	英语				语文	数学	英语
1	女	167	81	88	优	16	女	162	83	85	优
2	男	162	78	85	良	17	女	157	86	80	优
3	女	165	86	90	优	18	女	160	92	93	优
4	男	160	81	99	中	19	男	164	83	89	优
5	女	165	94	86	优	20	女	161	75	77	良
6	女	167	83	75	良	21	男	162	86	97	优
7	女	165	88	94	优	22	男	164	91	91	优
8	男	166	79	98	优	23	男	163	87	82	优
9	女	159	72	65	中	24	男	154	82	88	优
10	男	159	86	97	优	25	男	172	68	70	中
11	男	168	91	96	优	26	男	153	88	95	优
12	男	158	80	93	良	27	男	156	80	87	优
13	男	160	85	89	优	28	男	163	82	81	优
14	女	159	90	84	优	29	男	164	78	75	良
15	女	162	91	89	优	30	女	161	89	87	优

问题 1：你能用恰当的统计图表表示这个班学生入学时的英语成绩吗？从你的图表中能看出大部分学生处于哪个等级吗？成绩的整体分布情况怎样？

学生独立解决。学生采用的统计图表有表格、条形统计图、扇形统计图，其中条形统计图如图 1-17 所示。

全班交流，教师对学生所绘制的图表予以评价。

活动 2：学习新知。

问题 2：你能用恰当的统计图表表示这个班学生入学时的语文成绩吗？从你的图表中能看出大部分学生处于哪个分数段吗？成绩的整体分布情况怎样？

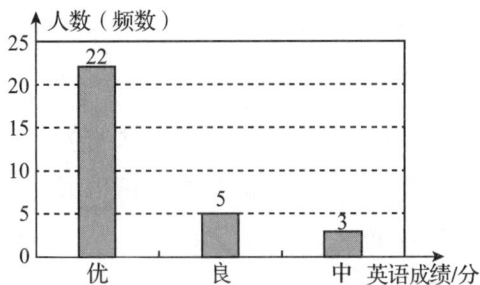

图 1-17

学生独立解决问题，采用的方法如下。

使用表格，如表 1-3 所示。

表 1-3

语文成绩/分	68	72	75	78	79	80	81	82	83
人数（频数）	1	1	1	2	1	2	2	2	3
语文成绩/分	85	86	87	88	89	90	91	92	94
人数（频数）	1	4	1	2	1	1	3	1	1

使用条形统计图，如图 1-18 所示。

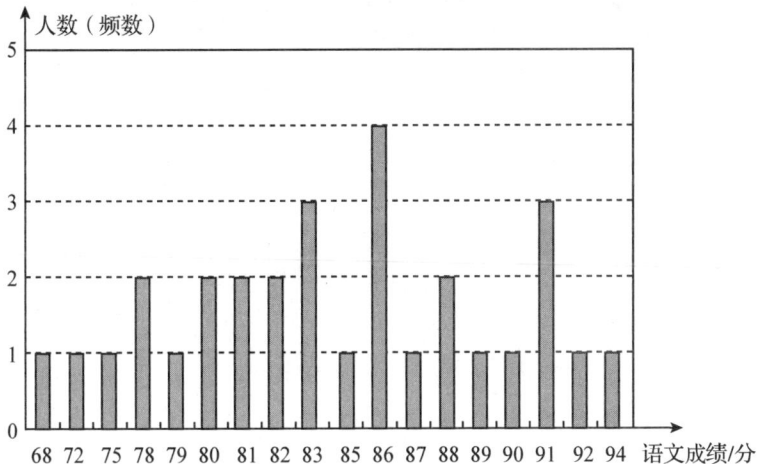

图 1-18

使用扇形统计图(具体统计图略)。

全班交流,教师对学生所做的图表予以评价,并追问:从上述三种统计图表中我们能看出语文成绩的整体分布情况吗?

生:不能。

师:那如何表示才能看出语文成绩的整体分布情况呢?

生:可以借鉴英语成绩的表示,将语文成绩按 10 分的距离分段,统计每个分数段的学生人数,列出表格,见表 1-4,再画出相应的条形统计图,如图 1-19 所示。

表 1-4

成绩/分	$[60, 70)$	$[70, 80)$	$[80, 90)$	$[90, 100)$
人数	1	5	18	6

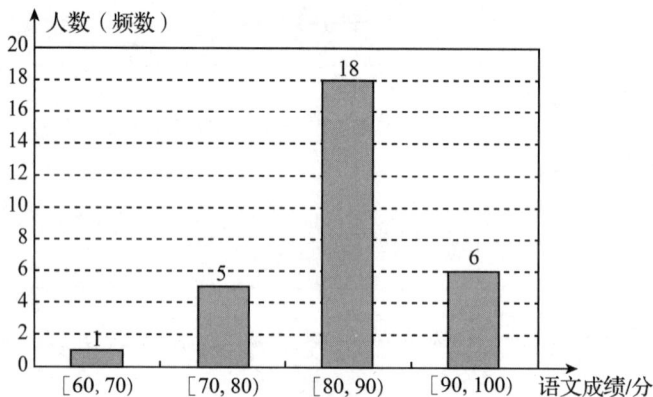

图 1-19

师:大家能明白他的做法吗?

生:明白。

师:我把图 1-19 的横轴略作调整,得到图 1-20。

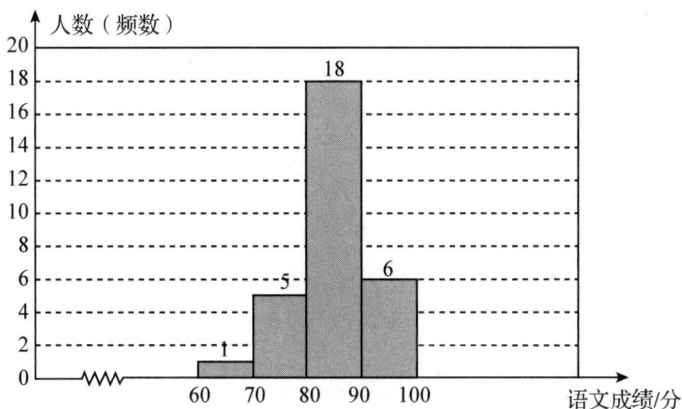

图 1-20

像这样的统计图称为频数直方图。频数直方图是一种特殊的条形统计图，它将统计对象的数据进行了分组，画在横轴上，纵轴表示各组数据的频数。

问题 3：我们现在来回顾一下图 1-18，同学们能说说图 1-18 和图 1-20 各自的特点吗？

生 1：图 1-20 中各个矩形是挨着的，而图 1-18 中各个矩形是分开的。

生 2：图 1-20 将数据进行了分组，而图 1-18 没有，所以感觉图 1-20 比较简洁，而图 1-18 则比较零碎。

生 3：从图 1-20 中比较容易看出这个班语文成绩的整体情况，但看不出每个分数的具体情况；而图 1-18 则刚好相反，从图 1-18 中不太容易看出整个班的情况，但却能够看出每个分数的具体情况，根据图 1-18 我还能把这个班的语文成绩全都列出来。

活动 3：巩固练习。

请用恰当的统计图表表示这个班学生入学时的数学成绩。

活动 4：小结(略)。

问题聚焦

Q：这个案例创设了什么样的教学情境？你觉得上述教学情境"好"吗？如何创设恰当的教学情境？

（一）教学情境的内涵

情境是一种信息载体。数学教学情境是含有相关数学知识和数学思想方法的情境，是数学知识产生的背景，它不仅能激发学生提出数学问题，也能为数学问题的提出和解决提供相应的信息和依据。[①]

教学情境包括现实情境、数学情境、科学情境。每种情境可以分为熟悉的、关联的、综合的。

（二）教学情境创设的基本原则

请阅读下述案例并思考：下述案例中的教学情境恰当吗？为什么？

案例 1-10

平行四边形和特殊的平行四边形（八年级）

用计算机或图形计算器画一个平行四边形 $ABCD$，拖动点 A，使其在线段 AD 所在的直线上运动，度量 $\angle DAB$ 的大小，你发现平行四边形 $ABCD$ 的形状有什么变化？

观察图 1-21，可以发现，随着点 A 的运动，它仍然保持平行四边形的形状，但 $\angle DAB$ 的大小却在不断地改变，它的变化范围是 $0° \sim 180°$。当 $\angle DAB$ 是直角时，就得到了一种特殊的平行四边形——矩形。有一个角是直角的平行四边形叫作矩形。

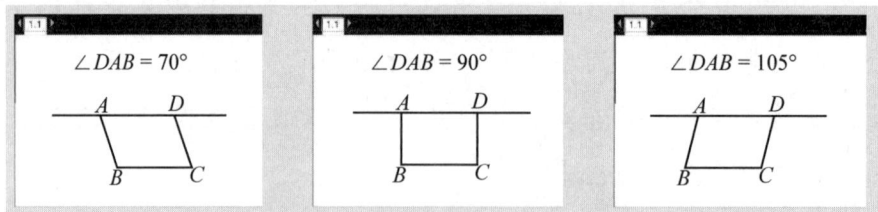

图 1-21

---

① 夏小刚、汪秉彝：《数学情境的创设与数学问题的提出》，载《数学教育学报》，2003(1)。

📎 | **案例 1-11** |

锐角三角函数（九年级）

师：如图 1-22 所示，轮船在 A 处时，灯塔 B 位于它北偏东 $35°$ 的方向上，轮船向东航行 $5 \, \mathrm{km}$ 到达 C 处，灯塔在轮船的正北方，此时轮船距灯塔多少千米？

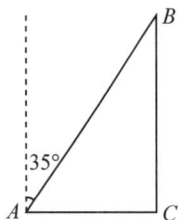

图 1-22

📎 | **案例 1-12** |

函数的奇偶性（高一）

师：在大自然和我们的生活中存在着许多对称的现象——翩翩起舞的蝴蝶、晶莹剔透的雪花、惟妙惟肖的剪纸、美不胜收的风景，如图 1-23 所示，你能说出它们分别是什么对称图形吗？

图 1-23

对于一节课来说，好的教学情境非常重要。好的教学情境应符合以下基本原则。

1. 能有效地支持、服务于核心素养的培养

《义教数学课标（2022 年版）》确立了核心素养导向的课程目标，指出，义教数学课程应使学生通过数学的学习，形成和发展面向未来社会和个人发展所需要的核心素养。

《高中数学课标（2017 年版）》在实施建议中提到，在教学活动中，应结合教学任务及其蕴含的数学学科核心素养设计合适的情境和问题，引导学生用数学的眼光观察现象、发现问题，使用恰当的数学语言描述问题，用数学的思想、方法解决问题。在问题解决的过程中，理解数学内容的本质，促进数学学科核心素养的形成和发展。这就要求教师在创设情境时，要充分考虑所创设的情境是否能够有效地促进数学学科核心素养的落实。

案例 1-10 是一位教师为引出矩形而创设的情境，该情境通过动态演示，揭示了平行四边形与矩形之间的关系，从而得到矩形的定义：有一个角是直角的平行四边形叫作矩形。用该情境引出矩形的定义有如下不足：第一，没有基于学生已有的认知基础，学生小学已经学过矩形，不仅知道矩形的特征，而且了解平行四边形和矩形之间的关系；第二，动态演示指向性过于明显。从发展学生核心素养的角度，这样的情境不利于对学生抽象能力的培养。

2. 有助于呈现和运用数学学科的核心概念和思想方法

教师所创设的情境要蕴含相关数学知识和数学思想方法，学生在解决相应问题的过程中，会自觉或不自觉地运用有关数学知识和数学思想方法，进一步通过交流与教师的讲解，提炼并形成新知。

案例 1-11 是九年级"锐角三角函数"一课引入环节一位教师创设的情境。由于学生还没有学习锐角三角函数，上述问题根本无法解决。教师出示该情境仅仅是想告诉学生：这个问题暂时解决不了，但只要学完这节课就能解决了，以此让学生认识到新课学习的必要性。但由于这样的情境学生根本无从下手，因而不可能激发学生对所学内容的数学本质的思考，从而对数学新的概念、新的数学公式等的产生也无法形成积极的促进作用，因此不是一个合适的情境。

3. 符合学生的心理特点和认知规律

教学情境的创设需要充分考虑学生的心理特点和认知规律。低年级的情境创设要突出现实性和趣味性，而高年级则应关注抽象性和综合性。

案例 1-12 是高一"函数的奇偶性"一课引入环节一位教师创设的情境。我们知道，学生在小学就已经学习过轴对称，在初中又进一步学习了轴对称、中心对称的概念及性质。而在小学和初中大部分教师在讲轴对称和中心对称时应用的就是类似这样的情境。如果高中还采取这样生活化的情境，就不太符合高中学生的年龄特点了。高中"函数的奇偶性"的主要教学目的是要让学生学会用数学符号语言表达奇偶性的定义，而上述情境的创设无助于该目标的达成。

（三）教学情境创设的方法

教学情境创设的方法有很多，下面介绍几种常见的方法。

1. 利用现实生活创设情境

案例 1-13

随机事件的概率[①]

展示生活实例 1：麦蒂的 35 秒奇迹。

在火箭队与马刺队的篮球比赛中，麦蒂在最后几十秒已经连续投进了 3 个三分球，并且在最后关头抢断成功，推进到前场，在距离比赛结束还有 17 秒时再次投出三分球！为什么在那个时刻，所有人都紧张地注视着麦蒂和他投出的篮球？你能确定麦蒂的下一个三分球投进了吗？

展示生活实例 2：杨倩奥运会夺金。

我们都非常关注 2021 年东京奥运会，大家知道这名中国射击运动员的名字吗？为什么射击比赛中每一枪都如此扣人心弦呢？

展示生活实例 3：石头、剪刀、布。

再看发生在我们身边的实例，甲、乙两位学生想看同一本好书，于是采用"石头、剪刀、布"的方式决定谁先看，那么能够预先确定甲和乙谁获胜吗？

提出问题：从结果能否预知的角度看，能够发现以上事件的共同点吗？

案例 1-13 的情境来源于现实生活，3 个情境的创设不仅能够激发学生的学习兴趣、引导学生用数学的眼光认识我们生活的世界、体会本节课学习的必要性，而且为后续概念的形成提供了认识基础。

---

① 李秋生、梁丽平：《随机事件的概率》，载《数学通报》，2008(12)。

📎 | **案例 1-14** |

极差、方差①

甲、乙两名射击选手在相同条件下打靶，射中的环数见表 1-5。

表 1-5

次数	1	2	3	4	5	6	7	8	9	10
甲	8	7	9	8	7	9	7	8	9	9
乙	8	6	10	7	9	5	9	8	9	10

如果你是教练，挑选一名选手参加比赛，你会如何挑选？

案例 1-14 的情境来源于现实生活，该情境的设计一方面能够让学生体会学习极差、方差的必要性；另一方面，如果问题提出后放手让学生讨论，鼓励学生自己寻找刻画数据离散程度的量，同时精心设计后续问题，那么学生就能够在解决问题的过程中经历极差、方差公式的形成过程，理解极差、方差的作用和意义，体会极差、平均差、方差在反映信息时的优劣。

2. 利用数学实验、游戏等创设情境

📎 | **案例 1-15** |

用频率估计概率（第 1 课时）②

师：老师手中有一个不透明的袋子，里面有 10 个乒乓球，这些乒乓球有黄、白两种颜色，它们的形状、大小、材质完全相同。剩下的每个袋子里的球和这个袋子里的球完全一样，也就是说它们的数量、颜色、形状、大小、材质完全一样。接下来，我们就一起来玩一个猜球游戏。

游戏的规则是：每次取出一个球，记录它的颜色，然后放回去，摇匀后再次重复前面的步骤，重复 20 次之后请你猜猜这个口袋里面究竟有几个黄球？

教师发放试验器材和结果记录单，每组学生拿到相同的试验器材，之

---

① 杨小丽、刘轶：《基于学生需要和认知基础设计与实施教学》，载《数学通报》，2015(3)。
② 刘燕：《"用频率估计概率"教学设计》，载《中小学数学（初中版）》，2014(10)。

后开始合作进行试验。每个小组完成 20 次摸球试验，填写好结果记录单，猜测出袋子里黄球的个数。

案例 1-15 所创设的情境是一个游戏，这样的情境不仅能够激发学生的学习兴趣，同时可为后续教学奠定基础。

3. 运用数学史创设情境

📎 | 案例 1-16 |

全等三角形的应用①

师：数学是源于生活并为生活服务的。那么，怎样运用全等三角形的知识解决现实生活中的问题呢？这节课，我们就从实际问题出发，体会全等三角形在现实中的作用。

大家一定听说过拿破仑，这位法国著名的军事家曾在战场上指挥千军万马，可谓叱咤风云。拿破仑下达过这样的一个命令：让学者走在队伍中间。这句话就成了拿破仑爱护学者的一句名言。他这么爱护学者是有原因的。原来，拿破仑军队在一次行军途中被一条湍急的河流所阻。逢山开路，遇河架桥。但架桥需要材料，这些材料不可能随身携带，要去找，而找多少，则需要知道河的大致宽度，这位首领急得团团转，怎样测河宽呢？他自己不知道，你能帮他想想办法吗？

上课伊始，教师通过讲述拿破仑的故事提出了本节课要解决的问题。学生自主思考。若学生没有任何思路，教师则提示：能否运用全等三角形的知识解决。结合学生提出的方法，教师指出，学生的某种方法正好是古希腊数学家泰勒斯的方法。而一名随军工程师正是运用泰勒斯的方法，迅速测得河流的宽度，因而受到了拿破仑的嘉奖和重视。随后教师介绍并演示泰勒斯的测量方法。

案例 1-16 通过历史上拿破仑的故事创设情境、提出问题，不仅激发了学生的学习兴趣，而且让学生了解了古希腊数学家泰勒斯对数学的贡献，

① 汪晓勤：《HPM：数学史与数学教育》，516～517 页，北京，科学出版社，2017。

揭示了数学知识的发生过程，同时也为培养学生的创造性思维和发散性思维创造了契机。

案例 1-17

"等差数列的前 n 项和"（第 1 课时）[1]

师：在中国古代文物或文献中，有关等差数列的内容十分丰富。许多著名算书，如《周髀算经》《九章算术》《孙子算经》《张丘建算经》等，都载有许多有趣的数列问题。其中，《张丘建算经》中有下面这样一道题：今有女不善织，日减功迟。初日织五尺，末日织一尺，今三十日织讫。问织几何？

案例 1-17 利用古籍《张丘建算经》中一道较为基础的等差数列求和题目作为教学情境。利用该情境不仅可以激发学生的学习兴趣、拓宽学生的视野，让学生体会数学的悠久历史，而且很自然地引出了本节课的学习内容。

4. 直接提出数学问题创设情境

教学情境不仅可以来源于现实生活和其他学科中的素材，也可以来源于数学自身。而且在许多情况下，数学情境才是更好的选择。

案例 1-18

平行线[2]

师：前面研究了相交线，探究了相交线所成角之间的各种位置关系、大小关系。你能回顾一下我们是如何展开研究的吗？

案例 1-19

三角形内角和定理[3]

师：前几天大家做了一份问卷，老师发现大家都知道"三角形的内角和

---

[1] 吴茹、曹峰：《数学史在教学实践中的价值分析与思考——以"等差数列的前 n 项和"（第 1 课时）的教学为例》，载《中国数学教育》，2020(C1)。

[2] 章建跃：《研究平行线的数学思维方式》，载《数学通报》，2019(3)。

[3] 杨小丽：《关注证明思路的获得还要关注对证明的理解①——以"三角形内角和定理"的教学为例》，载《数学通报》，2018(9)。

等于 180°"。而且大家用这个结论解决了下面这个问题：在 $\triangle ABC$ 中，$\angle A = 30°$，$\angle B = 40°$，$\angle C = $ ____。我们知道正确的结论才能作为推理的依据，你们的依据都是"三角形的内角和等于 180°"，是不是你们都认为这个结论是正确的？你们能告诉老师为什么这个结论是正确的吗？

📎 | 案例 1-20 |

二项式定理[①]

师：在教科书第 10 页有这样一个问题，乘积 $(a_1 + a_2 + a_3)(b_1 + b_2 + b_3)(c_1 + c_2 + c_3 + c_4)$ 展开后共有多少项？你认为该如何解决这一问题？

上述 3 个案例都是开门见山、直接提出数学问题创设情境。案例 1-18 通过让学生回顾相交线的研究过程，强化"定义—性质—特例"的研究路径，进一步明确"几何图形的性质就是其组成要素之间的相互关系"。案例 1-19 通过提问可以让学生充分展示各种理由。教师通过追问等方式针对学生展示的方法逐一讨论、交流，发现上述方法都不能说明"所有三角形的内角和都等于 180°"，需要进行证明，由此让学生体会证明的必要性，并初步感受验证与证明的区别和联系。案例 1-20 通过一道课后练习，让学生经历了利用多项式法则结合计数原理分析特殊的多项式乘积展开问题的研究过程，既分散了教学重、难点，又能通过问题的进一步特殊化和一般化层层推进教学。

（四）案例分析

案例 1-9 展示的是"频数直方图"第一课时的内容，该课时的主要任务是：探寻频数直方图与条形统计图的关系，以及在已经给出分组的情况下绘制频数直方图。重点是让学生体会学习频数直方图的必要性，经历频数直方图的形成过程。

案例 1-9 所创设的教学情境是一个非常好的教学情境，理由如下。

第一，该课时的教学情境学生非常熟悉，能够让学生感受到统计与现

---

① 刘志诚：《"二项式定理"教学设计》，载《中国数学教育（高中版）》，2019(5)。

实生活的紧密联系，从而激发学生的学习兴趣。

第二，该课时的教学情境贯穿了本节课的始终，利用它不仅可以进行复习回顾、学习新内容，还可以进行练习巩固，使本节课脉络清晰、浑然一体、一气呵成。

通过问题"你能用恰当的统计图表表示这个班学生入学时的英语成绩吗"，学生可以回顾以前学习过的数据整理和描述的方法：表格和条形统计图。

随着对问题"你能用恰当的统计图表表示这个班学生入学时的语文成绩吗"的解答，学生完成了本节课新内容的学习。

余下的数学成绩为学生画频数直方图提供了练习的素材。

第三，教学情境及问题的设计能够让学生体会学习频数直方图的必要性。

学生在第二学段已经学习了条形统计图、折线统计图、扇形统计图。本节课要学习一种新的统计图：频数直方图。

对于这样一节课，学生首先感到困惑的问题是：前面已经学习了三种统计图，为什么还要学习频数直方图？

教师并没有直接回答这个问题，而是让学生解决两个问题：第一个问题是让学生用恰当的统计图表表示英语成绩，学生用以前学过的表格、条形统计图就可以很容易地解决；第二个问题是让学生用恰当的统计图表表示语文成绩，学生仍用已经学过的方法，结果发现不仅画图的过程很麻烦，而且画出来的图（图1-18）"不那么直观和清晰"。那有没有更"合适"的图用来表示呢？此时，学习新的统计图的必要性就自然产生了：用学过的统计图表来表示这些数据已经不够"好"了，因此我们要学习新的统计图。频数直方图的引入顺理成章，同时有助于调动学生的积极性，提高学习兴趣。

第四，教学情境及问题的设计能够让学生经历频数直方图的形成过程，体会条形统计图与频数直方图在提供信息方面的优劣。

在教学过程中，学生解决问题2（你能用恰当的统计图表表示这个班学生入学时的语文成绩吗？从你的图表中能看出大部分同学处于哪个分数段吗？成绩的整体分布情况怎样？）的思维过程体现了频数直方图的形成过程。

在此过程中，学生对条形统计图与频数直方图的特点会有所体会。在教学中，教师还通过问题 3（我们现在来回顾一下图 1-18，同学们能说说图 1-18 和图 1-20 各自的特点吗？），让学生从两个统计图中获取尽可能多的信息，观察归纳条形统计图与频数直方图在提供信息方面的优劣，使学生进一步明晰条形统计图与频数直方图的特点以及相互之间的关系。

二、如何确定教学流程

| 案例 1-21 |

函数①

这是一个两课时的微单元教学设计，教学目标是：①探索简单实例中的数量关系和变化规律，经历函数概念的抽象过程；②了解常量、变量、函数的概念；③能够判断两个变量之间的关系是否为函数关系；④了解函数概念的演变史，建立自信心。

教学主要过程如下：

活动 1　观察共性、抽象概括(1)

教师出示前测中的 3 个情境。

情境 1　图 1-24 是某地一天内温度的变化情况。

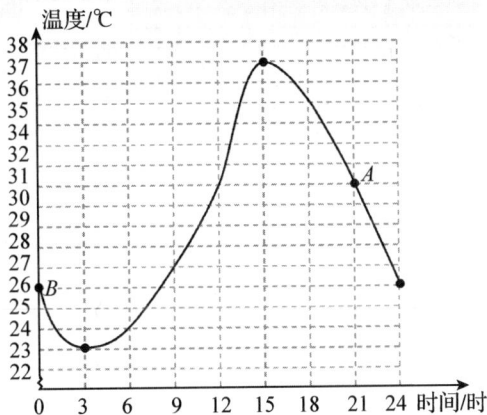

图 1-24

---

① 北京市通州区牛堡屯学校张雅丽设计，北京教育学院杨小丽指导。

情境 2　在高海拔(1 500～3 500 m 为高海拔，3 501～5 500 m 为超高海拔，5 500 m 以上为极高海拔)地区的人可能出现缺氧的感觉，表 1-6 是有关海拔高度与空气含氧量的一组数据。

表 1-6

海拔高度/m	0	1 000	2 000	3 000	4 000	5 000	6 000	7 000	8 000
空气含氧量/(g/m³)	299.3	265.5	234.8	209.63	182.08	159.71	141.69	123.16	105.97

情境 3　每张电影票的售价为 50 元，设一场电影售出票 x 张，票房收入为 y 元。

问题 1　上述情境中有哪些量？分别是什么？这些量有什么特点？

问题 2　变量之间有关系吗？如果有，它们之间有什么关系？

问题 3　上述几个具体情境的共同特点是什么？

活动 2　观察共性、抽象概括(2)

教师出示另一组情境。

情境 4　小红一天中的体温变化情况如图 1-25 所示。

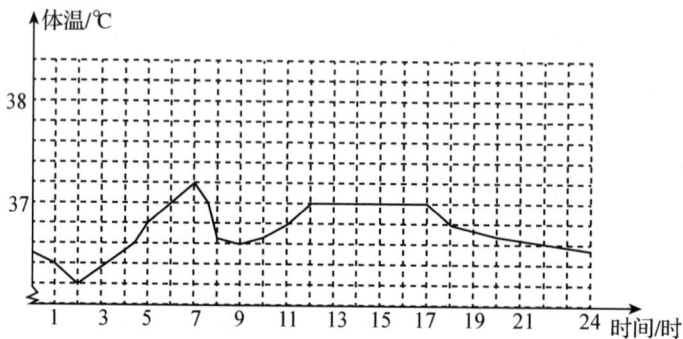

图 1-25

情境 5　某通信公司的畅想 10 套餐(国内流量安心用)收费标准见表 1-7。

表 1-7

通话时长/分钟	0~50(含50)	50 以上
通话费用/元	78	0.19 元/分钟

情境 6　某地出租车 5:00~23:00 收费标准如下:

3 千米以内收费 13 元;超出(含)3 千米的部分每千米 2.3 元;燃油附加费 1 元/次。设车费为 y 元,行驶里程为 x 千米。

问题 4　上述情境中有哪些量? 分别是什么? 哪些是变量?

问题 5　变量之间有什么关系?

生 1:(情境 4)体温随着时间的变化而变化。

生 2:(情境 4)12 时至 17 时,体温没有变化。

追问 1　如何描述(平的)这段图像中两个变量之间的关系呢?

生 3:(情境 4)给时间一个量(值)就能找到一个对应的体温值。12 时的体温是 37 ℃,12 时至 17 时的体温都是 37 ℃。

追问 2　那再加上其他部分呢? 两个变量之间的关系如何描述?

生 4:给一个量的固定值,就能找到另一个量的固定值。

问题 6　这组情境与第一组情境相比变量之间的关系有区别吗? 如果有,是什么?

生 5:有区别,第一组情境中变量之间的关系都是一个变量随另一个变量的变化而变化;第二组情境中存在某一阶段,一个变量变化而另一个变量的值不变。

问题 7　这 6 个具体情境中变量之间的关系都是函数关系,你能给函数下个定义吗?

生 6:一个变量的值固定,另一个变量的值也随之固定。

活动 3　给函数下定义及对定义进行解析

在该环节,教师给出教科书中函数的定义,并对定义进行解析。然后结合定义,对前述 6 个具体情境进行逐一剖析,以促进学生对函数概念的理解。

接下来，教师介绍函数定义的演变史，并将其与前两个环节的学习建立起联系。教师指出：数学家用将近100年的时间才抽象概括出来的函数定义，你们用不到两节课的时间就能表达出大致意思了，真的很棒，所以大家一定要对数学学习充满信心。此外，上述函数定义的演变过程也说明，函数概念的形成不是一蹴而就的，是一个逐渐调整和完善的过程。咱们今天的学习过程也一样，我们也经历了历史上类似的过程，到高中我们还要继续学习函数的概念。

活动4　概念应用

下面各个情境中分别有几个变量？你能将其中某个变量看成另一个变量的函数吗？如果能，请指出自变量和因变量。

具体问题略。

活动5　小结（概念组织）

问题聚焦

Q1：案例1-21的教学流程是什么？

Q2：什么是教学流程？如何确定教学流程？

（一）教学流程的内涵

教学流程指的是在教学中，按照时间先后顺序，教师教和学生学的步骤。它主要由条目式或表格式文字表述和教学流程图组成。

1. 条目式或表格式文字表述的主要内容[①]

条目式文字表述首先以"阶段目标＋学习活动"的方式预设教学过程的具体步骤，然后对每一个步骤中师生的具体活动加以描述，其中融入教学方法和教学内容的组合。表格式文字表述分别以教学目标、任务内容、教师活动和学生活动为表格项目制作表格，然后按教学过程展开的时间顺序对上述项目内容加以描述。这两种表述方式的主要内容基本一致，即教学活动的时间序列、教学目标、教师活动、学生活动、教学内容与教学方法运用等基本一致。

---

① 李森、陈晓端主编：《课程与教学论》，117页，北京，北京师范大学出版社，2015。

2. 教学流程图

教学流程图是利用一定的图形，简明扼要地勾勒教学流程的具体展开情况的图示。一般教学流程图的图示符号有以下 5 种。

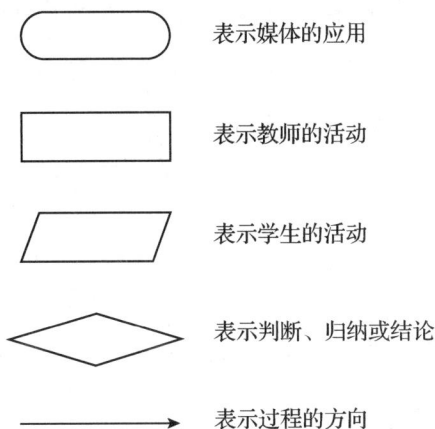

（圆角矩形）　表示媒体的应用

（矩形）　表示教师的活动

（平行四边形）　表示学生的活动

（菱形）　表示判断、归纳或结论

（箭头）　表示过程的方向

上述符号可以根据教学过程的展开情况进行灵活组合。

（二）确定教学流程的方法

1. 根据教学模式确定教学流程

教学模式在前面章节中已有论述，下面以"传授—演练""探究—发现""自学—辅导"教学模式为例，阐述如何根据教学模式确定教学流程。

（1）"传授—演练"教学模式及相应的教学流程。

"传授—演练"教学模式源于苏联凯洛夫的《教育学》，在我国经过实践和改变，成为我国课堂教学常规的五环节教学模式，即复习→导入→讲解→巩固→小结。相应的教学流程为：复习旧知→导入新课→讲解新知→练习巩固→小结→作业。

（2）"探究—发现"教学模式及相应的教学流程。

"探究—发现"教学模式是指在教师的引导下，学生经历观察、探索、推理等实践活动，通过独立思考、合作交流等方式，发现问题、获取新知的模式。相应的教学流程为：教师创设情境、提出问题→学生分析和解决问题、教师指导→师生概括、提炼并形成知识方法→练习巩固→小结→作业。

（3）"自学—辅导"教学模式及相应的教学流程。

"自学—辅导"教学模式是指教师给出自学提纲、提供阅读材料和思考问题，学生开展自学，教师进行有针对性的个别辅导的模式。具体的自学—辅导的基本程序有所差异，如第三节介绍的卢仲衡提出的自学—辅导的基本程序是启—读—练—知—结。该教学模式的基本程序是：自学—讨论—启发—总结—练习巩固。相应的教学流程为：教师提供自学材料、明确学习要求→学生开展自学阅读→交流讨论→教师点拨、启发、小结→练习巩固→总结。

2. 根据课型确定教学流程

下面以概念课和命题课为例，阐述如何根据课型确定教学流程。

（1）概念课及相应的教学流程。

数学概念教学主要有 3 种模式：概念形成模式、概念同化模式及问题引申模式。[①] 下面分别针对这 3 种模式阐述相应的教学流程。

第一，概念形成模式及相应的教学流程。

概念形成模式包括 7 个阶段。

阶段 1：问题情境。教师提供一组概念的正例供学生观察和分析。

阶段 2：观察共性。学生观察教师所提供的若干例子。

阶段 3：概念抽象。教师引导学生抽象概括出这些例子的共同本质属性。

阶段 4：形成定义。教师给出概念的定义或者由学生自己给出概念的定义，并用数学符号进行表示，教师给予评判和修正。

阶段 5：概念辨析。以具体实例（正例、反例）为载体分析概念关键词的含义，更准确地把握概念的内涵。

阶段 6：概念应用。通过解决简单的问题，形成用概念做判断的具体步骤。

阶段 7：概念组织。通过建立与相关概念的联系，形成"概念网络"。

---

① 喻平编著：《数学教学心理学》，238～241 页，北京，北京师范大学出版社，2010。

其相应的教学流程为：教师呈现情境、提出问题→观察共性→概念抽象→形成定义→概念辨析→概念应用→概念组织。

第二，概念同化模式及相应的教学流程。

概念同化模式包括 6 个阶段。

阶段 1：教师呈现"先行组织者"。"先行组织者"与所要学习的概念之间可以是上位、下位或并列关系，它们是学生已经习得的知识。

阶段 2：教师给出概念的定义。

阶段 3：教师引导学生分析概念与已学概念的异同，揭示概念的内涵和外延，充分利用已有概念同化新概念。

阶段 4：采用正例和反例，进一步强化对概念的理解。

阶段 5：概念应用。通过解决简单问题，形成用概念做判断的具体步骤。

阶段 6：概念组织。通过建立与相关概念的联系，形成"概念网络"。

其相应的教学流程为：先行组织者→定义概念→概念同化→强化概念→概念应用→概念组织。

第三，问题引申模式及相应的教学流程。

问题引申模式包括 6 个阶段。

阶段 1：教师创设一个问题情境，把待学习的概念置于问题之中。

阶段 2：教师引导学生解决问题。

阶段 3：在解决问题的过程中引入概念。

后面的阶段与上一个模式中的相应阶段相同。

其相应的教学流程为：问题情境→问题解决→引入概念→强化概念→概念应用→概念组织。

(2)命题课及相应的教学流程。

命题教学主要有 3 种模式：发生型模式、结果型模式及问题解决模式。[①] 下面分别针对这 3 种模式阐述相应的教学流程。

---

① 喻平编著：《数学教学心理学》，271～273 页，北京，北京师范大学出版社，2010。

第一，发生型模式及相应的教学流程。

发生型模式包括 5 个阶段。

阶段 1：教师创设问题情境。

阶段 2：教师引导学生感知、体验、概括、抽象，从而归纳出命题。

阶段 3：分析证明思路，写出证明过程。

阶段 4：命题应用，即进入解题教学阶段。

阶段 5：在命题应用的基础上，逐步使学生形成命题网络。

其相应的教学流程为：问题情境→命题归纳→命题证明→命题应用→命题组织。

第二，结果型模式及相应的教学流程。

结果型模式包括 4 个阶段。

阶段 1：教师直接展示命题。

阶段 2：分析证明思路，写出证明过程。

阶段 3：命题应用。

阶段 4：在命题应用的基础上，逐步使学生形成命题网络。

其相应的教学流程为：命题展示→命题证明→命题应用→命题组织。

第三，问题解决模式及相应的教学流程。

问题解决模式包括 6 个阶段。

阶段 1：教师创设一个问题情境，把待学习的命题置于问题之中。

阶段 2：教师引导学生解决问题。

阶段 3：在解决问题的过程中引入命题。

后面的阶段与上一个模式中的相应阶段相同。

其相应的教学流程为：问题情境→问题解决→命题引入→命题证明→命题应用→命题组织。

（三）案例分析

案例 1-9 采用的是"探索—发现"教学模式。

案例 1-21 是函数概念教学，采用的是概念形成模式。其教学流程图如图 1-26 所示。

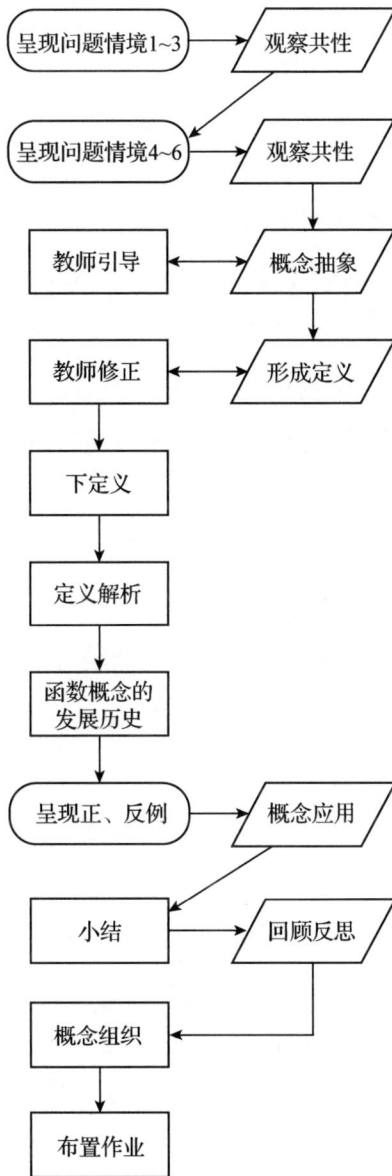

```
呈现问题情境1~3  →  观察共性

呈现问题情境4~6  →  观察共性
                        ↓
教师引导  ←→  概念抽象
                        ↓
教师修正  ←→  形成定义
    ↓
下定义
    ↓
定义解析
    ↓
函数概念的
发展历史
    ↓
呈现正、反例  →  概念应用

小结  →  回顾反思

概念组织  ←
    ↓
布置作业
```

图 1-26

三、如何安排教学活动

📎 | 案例 1-22 |

"平行四边形的判定"教学活动设计方案

对于"平行四边形的判定",《义教数学课标(2022 年版)》的要求如下。探索并证明平行四边形的判定定理:一组对边平行且相等的四边形是平行四边形;两组对边分别相等的四边形是平行四边形;对角线互相平分的四边形是平行四边形。为了得到平行四边形的 3 个判定定理,不同的教师设计了不同的教学活动方案,以下呈现有代表性的几个。

方案一:

活动 1 探索和证明判定定理 1

问题 1 取四根细木条,其中两根长度相等,另两根长度也相等,能否在平面内将这四根细木条首尾顺次相接搭成一个四边形? 说说你的理由,并与同伴交流。

学生动手操作、观察、猜想:两组对边分别相等的四边形是平行四边形。证明后得到判定定理 1。

活动 2 探索和证明判定定理 2

问题 2 取两根长度相等的细木条,你能将它们摆放在一张纸上,使得这两根细木条的四个端点恰好是一个平行四边形的四个顶点吗?

学生动手操作、观察、猜想:一组对边平行且相等的四边形是平行四边形。证明后得到判定定理 2。

活动 3 探索和证明判定定理 3

问题 3 如图 1-27,将两根木条 AC,BD 的中点重叠,并用钉子固定,四边形 $ABCD$ 是平行四边形吗?

学生动手操作、观察、猜想:对角线互相平分的四边形是平行四边形。证明后得到判定定理 3。

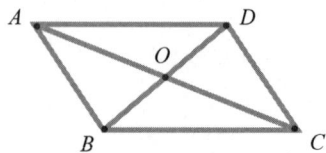

图 1-27

方案二：

活动 请同学们画一个平行四边形

问题 1 你是怎么画的？

问题 2 怎么判断你画的四边形是平行四边形呢？

学生先各自动手画平行四边形，思考问题 1 和 2；然后全班就问题 1 和问题 2 进行展示交流。在交流的过程中得到平行四边形的 3 个判定定理。

方案三：

活动 1 学生对平行四边形的性质定理的逆命题进行研究

问题 1 通过前面的学习，我们知道，平行四边形的对边相等、对角相等、对角线互相平分，反过来，对边相等，或对角相等，或对角线互相平分的四边形是平行四边形吗？也就是说，平行四边形的性质定理的逆命题成立吗？

学生首先独立对平行四边形的性质定理的逆命题进行研究，经历作图、观察、猜想、推理等活动；然后全班展示交流，经过质疑、讨论、推理，发现这些逆命题都成立，于是得到平行四边形的 3 个判定定理：两组对边分别相等的四边形是平行四边形；两组对角分别相等的四边形是平行四边形；对角线互相平分的四边形是平行四边形。

活动 2 学生对教师提出的问题进行探究

问题 2 我们知道，两组对边分别平行或相等的四边形是平行四边形，如果只考虑四边形的一组对边，它们满足什么条件时这个四边形能称为平行四边形呢？

学生先独立思考，有需要的学生求助同学或教师，然后全班展示、交流，得到判定定理：一组对边平行且相等的四边形是平行四边形，证明后得到另一个判定定理。

方案四：

问题 1 如图 1-28 所示，已知平行四边形 $ABCD$，对角线 AC，BD 交于点 O，试用简洁的符号语言，一一写出该平行四边形的性质。

学生回忆、回答，教师追问依据，整理写出如下 8 条结论：①AB//

CD；② $AD//BC$；③ $AB=CD$；④ $AD=BC$；⑤$\angle BAD=\angle DCB$；⑥ $\angle ABC=\angle ADC$；⑦$AO=CO$；⑧$BO=DO$。

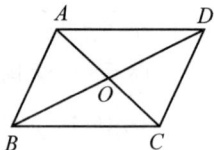

图 1-28

问题 2　问题 1 告诉我们，如果已知一个四边形是平行四边形，它就具备上述 8 个性质，那么，反过来思考，上述 8 个性质中，具备几个就可以判断此四边形是平行四边形了？试说明你的发现。

学生独立思考、合作探究后全班交流结果。

方案五：

问题 1　我们有学过什么方法可以证明一个四边形是平行四边形吗？

问题 2　除定义外，还有别的方法可以判定一个四边形是平行四边形吗？你是如何寻找的？

问题 3　这些命题都正确吗？如何证明？

问题 4　我们是如何研究平行四边形的判定的？

在解决上述 4 个问题的过程中，学生经历了类比、猜测、验证、推理与交流、反思与建构等数学活动。

问题聚焦

Q1：什么是教学活动？

Q2：对于"平行四边形的判定"的定理，你比较认同上述哪个教学活动设计方案？为什么？

Q3：如何设计教学活动？

（一）教学活动的内涵

教学活动是指为了实现教学目标，由教师的教和学生的学组成的双边活动。数学教学活动有如下本质特征。①它是师生积极参与、交往互动、共同发展的过程。②有效的教学活动是学生学与教师教的统一。它是在"教"和"学"这两种基本行为中展开的，这两种行为有共同的目的指向——教学目标，而这两种行为的对象即数学教学内容。③在数学教学活动中，学生是学习的主体，教师是学习的组织者、引导者与合作者。

一节课由一个或多个教学活动构成。一个教学活动中可以采用不同的教学方法；同一种教学方法也可以出现在不同的教学活动中。

📎 | 理论书签 |

活动理论

活动理论起源于苏联心理学的文化历史学派，后经维果茨基、列昂节夫、恩格斯托姆发展，现已经成为当代教育心理学、社会心理学、商业心理学等领域中非常重要的理论框架。

活动理论认为，人们所有的心理现象都是在某种特定的活动中表现出来的。活动是一个完整的系统模型，包含有多个组成要素与子系统，包括活动的主体、活动的对象以及中介工具，随着第二、第三代活动理论的发展，系统中加入了共同体、规则、分工、网络等元素。

活动理论视角下的学习活动以促进学习者发展为主要目的，以"活动"为表现形式(具体如图 1-29 所示)。学习者通过活动参与，借助工具中介，改进"原态"(参与活动前学习者的知识、技能和态度状态)，生成"新态"(参与活动后学习者的知识、技能和态度状态)。因此，理想的学习活动不仅关注一个活动操作的完成，还关注学习者与学习环境的交互过程，这里的学习环境既包括正式与非正式的活动情境，也包括多样化的学习资源以及活动共同体等。[1]

---

[1] 郑晓蕙、张诗田：《活动理论视域下课程学习活动设计与实践——以"中学生物学教学设计"课程为例》，载《课程·教材·教法》，2016(4)。

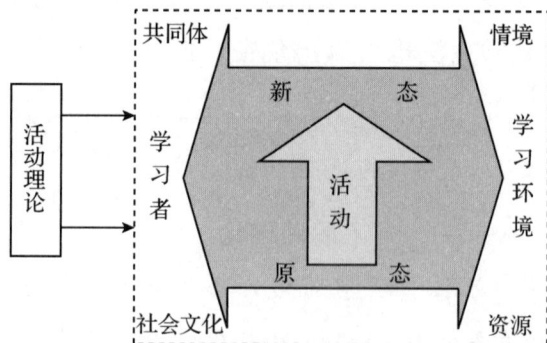

图 1-29　活动理论视角下的学习活动概念模型

同时，活动理论视角下的学习活动应包含丰富的活动内容，活动个体与共同体和谐融合，活动中应能够听到师生以及不同声音之间的对话，学习者能够在活动中获得直接和间接的经验，完成实践性知识的构建，并且分享、交流与反思，获得成长。

在活动理论视角下，理想的学习活动应该是"以任务为导向、凸显学习者主体地位、具备多元工具中介、能促进个体与群体融合"的动态过程。学习者在参与活动的过程中，获得多方位的感知、多重的体验，形成知识结构，获得发展。

（二）教学活动的分类[①]

教学活动可分为以下 8 类：直接教学活动、合作学习教学活动、基于任务的教学活动、思维训练教学活动、探究及研究性教学活动、自主学习教学活动、基于艺术的教学活动、基于技术（媒体）应用的教学活动。

这 8 类教学活动既有区别又有联系。它们的区别在于各自强调的侧重点不同。直接教学活动强调以教师的讲授为主，学生有意义地进行学习；合作学习教学活动强调以小组为单位，成员间通过互助合作来进行学习；基于任务的教学活动强调以完成真实的任务为主题，学生力图完成这一任

---

① 孙亚玲主编：《有效教学（中学版）》，175～183 页，北京，高等教育出版社，2015。

务而进行学习；思维训练教学活动强调教学的重点是锻炼学生的逻辑能力、创新能力，鼓励学生打破以往思维的定式进行学习；探究及研究性教学活动强调以问题为依托，以探究、发现的方式学习知识和技能；自主学习教学活动强调学生的独立、自觉、自我负责的学习；基于艺术的教学活动强调教学活动的表现方式以及教学内容和学习结果的艺术化表达；基于技术（媒体）应用的教学活动强调灵活运用计算机多媒体技术，使学生多感官参与学习，实现信息获取、加工、存储、传播、利用的多媒体化。这 8 类教学活动有内在的联系。例如，在自主学习教学活动中有探究及研究性教学活动与合作学习教学活动，在合作学习教学活动中有直接教学活动等。

（三）教学活动选择和设计的策略

1. 充分挖掘教学内容的教育价值，制订恰当的教学目标

教学活动的选择和设计要有利于教学目标的达成。但事实上，对于同一教学内容，之所以出现若干不同的教学活动设计，其本质原因是教学目标不同。在制订教学目标时，有些教师只考虑了数学课程标准中的课程内容目标，而有些教师则将课程总目标融入课时和单元教学目标中。

例如，对于"平行四边形的判定"，《义教数学课标（2022 年版）》的要求为探索并证明平行四边形的判定定理：一组对边平行且相等的四边形是平行四边形；两组对边分别相等的四边形是平行四边形；对角线互相平分的四边形是平行四边形。如果教师在制订教学目标时仅依据以上内容，那教学活动设计则倾向于前述方案一，设计 3 个不同的活动逐个探索和证明平行四边形的 3 个判定定理。

但是义教阶段的数学课程总目标包括：学生通过学习，能够获得适应社会生活和进一步发展所必要的数学的基础知识、基本技能、基本思想和基本活动经验。而其中的基本思想和基本活动经验有助于学生将所学知识技能迁移应用到新的情境中。如果教师在制订教学目标时，将"积累研究图形判定的活动经验"纳入其中，教学活动设计则可能倾向于前述方案三、方案四和方案五。

因此，要设计出恰当的教学活动，首要的任务是充分挖掘教学内容的教学价值，制订恰当的教学目标，然后再根据教学目标选择或设计适宜的教学活动。

2. 充分了解学生情况，基于学生已有基础设计教学活动

学生带着有关世界如何运作的前概念来到课堂中①，他们的已有知识会促进或阻碍其学习。因此，数学教学活动的设计应该以学生的认知发展水平和已有经验为基础。

对于同样的教学目标，由于学生的情况不同，设计的教学活动也应该不同。还是以"平行四边形的判定"为例，前述方案四和方案五都希望学生经历探究平行四边形的判定方法的过程，积累研究图形判定的经验，以迁移至陌生图形判定的研究中去。但方案四对学生的要求比较高，并不适合所有的学生，而方案五基于学生的已有基础，无论什么水平的学生，都能够参与到活动当中。

3. 突出学生的主体地位和教师的主导作用

好的教学活动应是学生的主体地位和教师的主导作用和谐统一的。一方面，学生主体地位的真正落实，依赖于教师主导性的有效发挥；另一方面，有效发挥教师的主导作用，使学生能够真正成为学习的主体，得到全面的发展。因此，教学活动的设计要突出学生的主体地位和教师的主导作用。

学生成为学习主体的重要标志是他们积极参与各种教学活动，包括观察、操作、实验、画图、分析、比较、归纳、类比、猜想、计算、推理、验证、质疑、反思、讨论、交流、应用等。

要激发学生积极参与各种教学活动，首先需要在情境创设和问题设计上下功夫。情境的创设和问题的设计要有利于学生积极参与教学活动、实现教学目标。其次，在活动过程的组织上，要给学生足够的时间独立思考、

① ［美］约翰·D. 布兰思福特等编著：《人是如何学习的——大脑、心理、经验及学校》，程可拉等译，13页，上海，华东师范大学出版社，2013。

自主探索、合作交流等，使学生成为学习的主体，逐步学会学习。教师作为教学活动的组织者、引导者、合作者，要合理选择教具、信息技术等各种中介，选择适当的教学方式，促进生生、师生之间的对话，开展有效的学习活动。

（四）案例分析

案例 1-22 中的五种数学活动设计方案都能够达成课标中的教学目标。那这五种方案的不同之处在哪里，优劣又分别是什么呢？

方案一对判定定理逐个进行了探究证明，学生能够比较好地掌握单个判定定理的内容和证明方法。但是这样的活动设计在教学中有以下不足：以问题形式呈现的三个探究活动指向性很强，学生只需要按题目要求操作即可，思维的空间不大，探究的意味不足。此外，三个问题之间缺少关联，学生体会不到它们之间的内在联系。这样的设计不利于学生掌握研究几何图形判定的一般方法。面对一个未知的新图形，如果没有了教师预先设计好的情境，学生将无法展开研究。

方案二建立在学生原有的基础之上，能够充分利用学生的生成资源。但也存在不足：其一，教学效果取决于学生的表现，是否能得到判定定理、得到几个判定定理完全依赖于学生有几种画图方法，如果没有出现教师期望的画法，教师只能"告诉"学生，这就使得探究活动的效果大打折扣。其二，教学效果取决于教师对学生思维的挖掘深度，学生能否获得研究几何图形判定的方法依赖于教师是否能够将学生模糊、零散的想法追问出来，并归纳形成较为系统的研究方法。如果教师的教学只是停留在单个定理的结论和证明上，则学生获得的也仅仅只是单个定理的结论和证明，这样的教学处理同样不利于学生掌握研究几何图形判定的一般方法，面对一个未知的新图形，学生可能也无法展开研究。

方案三给出了研究平行四边形判定的一种方法：构造学过的平行四边形的性质定理的逆命题，然后对这些逆命题进行证明，如若正确，则得到平行四边形的判定定理。这种方法可以迁移到对新图形判定的研究中。但不足之处在于：①研究方法是"给出"的；②判定定理"一组对边平行且相等的四边形是平行四边形"并不能由上述方法得到。因此，在学习该定理的时候，只能比较突兀地抛出问题：我们知道，两组对边分别平行或相等的四边形是平行四边形，如果只考虑四边形的一组对边，它们满足什么条件时这个四边形能称为平行四边形呢？由该问题得到猜想：一组对边平行且相等的四边形是平行四边形。证明后得到判定定理。这样的处理方式使得定理4的出现显得非常不自然，似乎凭空而降。

方案四给出了研究平行四边形判定的另一种方法：分别按照边、角、对角线罗列平行四边形的所有性质(一共8条)，然后将这些性质两两进行组合，构造命题(一共28个)，再对命题进行证真或证伪，由此得到平行四边形的判定定理。这种方法可以迁移到对新图形判定的研究中。但该方法工作量比较大，对学生的能力要求比较高，不适合所有的学生。

方案五通过问题2，首先给学生足够的时间调动自己已有的知识经验，对平行四边形的判定方法进行自主研究，然后通过生生交流、师生交流，更重要的是教师通过对学生解决问题的过程的追问和挖掘，逐步将学生模糊的根据性质构造命题的想法清晰化、结构化，从而提炼出平行四边形判定的研究方法。也就是说，研究平行四边形判定的方法是在师生交流的过程中自然"生长"出来的，而不是教师事先给定的。学生在解决问题的过程中，经历了类比、猜测、验证、推理与交流、反思与建构等数学活动，不仅获得了平行四边形判定定理的结论，更重要的是积累了研究几何图形判定的活动经验。

综上，方案五不仅制订了恰当的教学目标，考虑了学生的已有基础，而且突出了学生的主体地位和教师的主导作用，是一个比较好的教学活动设计。

四、如何构思教学板书

曾几何时，一手漂亮的粉笔字、精美的板书是衡量一位教师教学基本功的重要指标。随着现代信息技术的飞速发展，大量多媒体运用于数学课堂教学中，漂亮的板书尤其显得难能可贵。在现在的公开课、示范课、研讨课上，鼠标渐渐代替了粉笔，屏幕代替了黑板，课件代替了板书，多媒体课件的使用使传统的板书受到了冷落。有一些公开课程，教师所有的内容都用课件展示，黑板上不再有任何板书，一节课下来，甚至一个粉笔字都没有写。诚然，多媒体教学在激发学生学习兴趣、调动学生的学习积极性、提高课堂教学效率等方面有较大的优势，但频繁的页面切换，留给学生和教师互动交流的时间就自然而然地变少了。在课堂教学尤其是数学课堂教学中，我们要让传统板书与现代多媒体完美结合，相互补充，相得益彰，在继承中发展，在发展中继承，实现简洁明了与生动形象的相互交融，最大限度地发挥各自优势，从而提高教学效果，更好地为学生的全面发展服务。

无论数学课采用何种教学方法和教学模式，都不能离开板书，板书是课堂教学的有机组成部分和重要手段之一。在教学准备过程中，我们没有办法完全预料学生的想法，事先设计好的课件在课堂上难以及时调整，而板书能够随着学生的思路进行调整，体现了因材施教。再者，教师书写板书的过程本身就是很好的示范过程，数学教师一步一步地书写解题思路，对于学生的思维而言是很好的引导，能够给学生以深刻印象。教师书写适当的板书，给学生预留了思考的时间，不会因为课件展示给学生的思维带来跳跃感。

板书是教师在教学过程中运用黑板以凝练的文字和图表来传递教学信息的教学行为方式。教师根据教学的需要，在黑板上用文字、图形、线条、符号等呈现和突出教学重要内容。板书作为一种有效的教学手段，对于增强教学效果，提高课堂教学质量都起着重要的作用，板书技能是教师必备的一项基本教学技能。

板书是课堂教学内容和教学过程的缩影，是教学过程中不可或缺的环节，是教师上好课的重要辅助手段。好的板书不仅能呈现知识的形成过程，显示知识间的联系，而且还能突出教学的重点，激发学生的思维，板书设计技能是教师的教学基本功之一。那么在数学教学中如何合理地设计板书呢？板书包含哪些内容？所设计的板书是什么类型的？板书的作用是什么？……这些都是我们在设计教学板书时需考虑的问题。

（一）板书的内容及作用

1. 板书的内容

板书一般分为主板书和副板书。主板书反映教学过程的基本结构或课堂教学的主要内容，往往写在黑板左侧，且整节课会一直保留在黑板上。副板书包括计算、推导的过程，引导学生思考的草图，学生的板演等，一般写在黑板的右侧，且在整节课中会随时擦去。

比如，图 1-30 为"有理数的乘法"第二节课的板书，左边部分就是这节课的主板书，呈现了这节课的三大要点：一是复习两个有理数相乘结果的符号特征，为学习多个有理数相乘的符号特征做好铺垫；二是总结得出多个有理数相乘的符号特征，强调负因数个数对乘积符号的主要影响；三是介绍乘法的相关运算律在有理数范围内仍然适用，并用符号表示三种运算律。板书的右边部分是副板书，呈现例题，教师示范多个数相乘的计算过程，强调计算中先确定符号，总结方法和步骤。

图 1-30

2. 板书的作用

板书主要有这样几个方面的作用：揭示内容主线和知识框架，以及思想方法的内在联系；突出教学重点，解决教学难点；提升学生的思维能力；呈现书写规范。

(1)揭示内容主线和知识框架，以及思想方法的内在联系。

数学知识具有极强的系统性，讲究思维的连贯性和延续性。现行各种版本的数学教材都非常注重知识的形成过程，希望呈现给学生的不仅是独立的知识，更重要的是通过介绍数学知识的来龙去脉让学生认识数学的本质。为此，编者在编写教科书时，通常按照一定的主线层层推进，或注意知识的衔接，前后呼应，使其螺旋上升。教师在教学时，如能准确把握知识框架与主线，简练地将它以板书的形式呈现给学生，这对学生的整体认知而言有很大的帮助。恰当的板书能清晰地展现知识的形成和应用过程，它就像教师的"微型教案"，也是学生进行课堂小结的一个知识框架，可以展示知识结构。

比如，"等腰三角形"的板书，首先复习学生的已有知识——等腰三角形的两个性质，然后展开新知识的学习——等腰三角形的判定，并且呈现二者之间的关系，展现了知识的形成过程。（图 1-31）

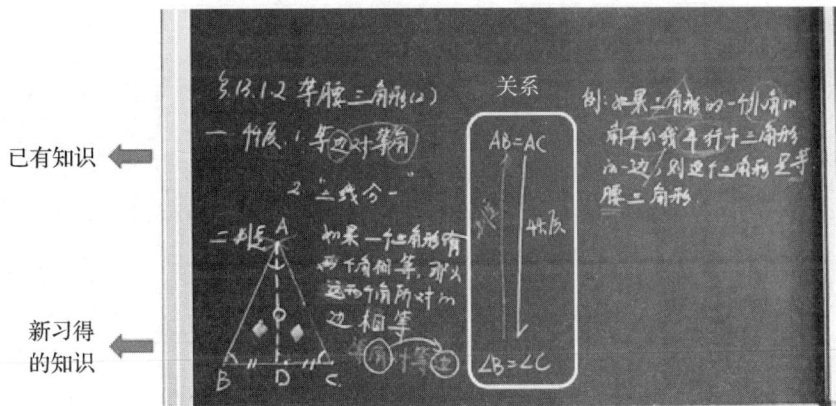

图 1-31

再如，学习平行四边形的性质，首先学习平行四边形的定义，然后研究平行四边形的性质，包括边、角、对角线、对称性等方面的性质。板书还体现了文字语言、图形语言、符号语言之间的转化。所呈现的研究平行四边形的过程，也成为这节课小结的知识框架。（图 1-32）

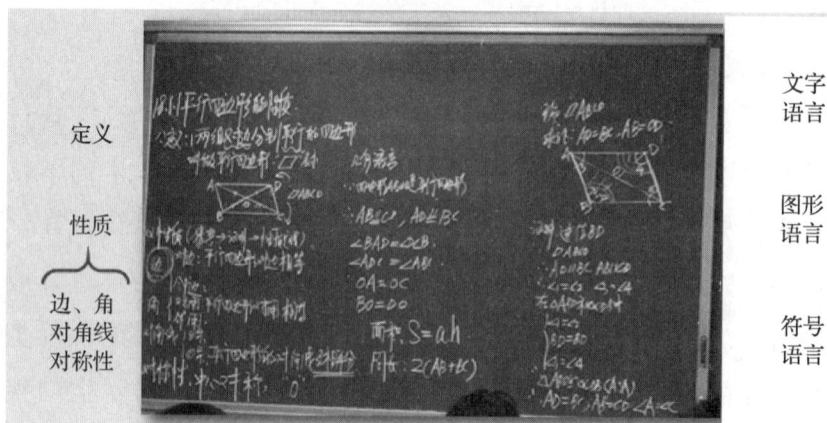

图 1-32

还可以利用板书展现知识的应用过程。比如，讲解减法法则时，要引导学生关注法则的要点。比如，在用式子表示的法则中标出关键点，并对照关键点展开分析。然后比照标注的关键点进行举例讲解，促使学生掌握法则，并正确使用法则进行计算。（图 1-33）

图 1-33

再如，"平方差公式的运用"的板书设计，教师可以一边讲解，一边板书。将 3 看作公式中的 a，将 $2x$ 看作公式中的 b，由于符合公式，则可以直接套用公式，得到 3 的平方减去 $2x$ 的平方。关键是正确确定谁可看作公

式中的 a，b。（图 1-34）

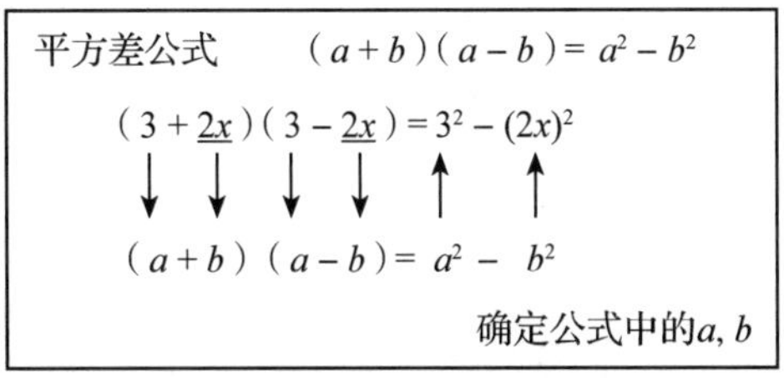

图 1-34

另外，观察下面板书中的第一个式子，可以发现 $2y$ 相当于公式中的 a，x 相当于公式中的 b，将式子先改写为 $(2y+x)(2y-x)$，则更为清晰。第二个式子中，$-2y$ 相当于公式中的 a，x 相当于公式中的 b，将式子改写为 $(-2y-x)(-2y+x)$。像这样稍有变化的两个例子，需要观察式子的特点，判断是否符合公式，如果符合，将之改写为符合公式的一般形式，有利于学生正确使用公式。（图 1-35）

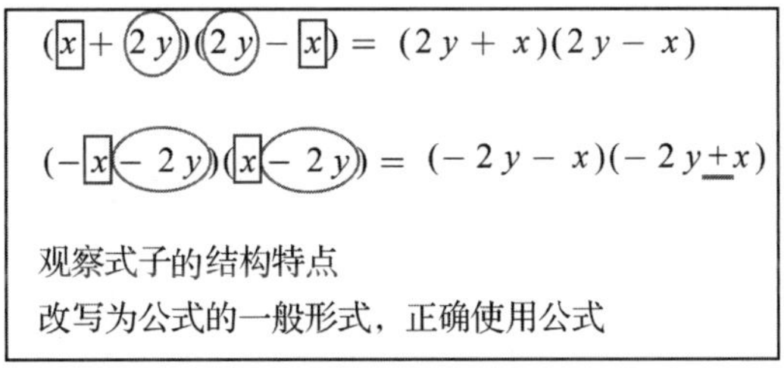

图 1-35

这样边讲解边板书，圈画观察要点，标注相互对应关系，书写学习要点的板书设计，能有效地促进学生主动养成先观察式子的特点，判断是否能直接使用公式，之后再正确使用公式解决问题的习惯。

(2)突出教学重点，解决教学难点。

板书不是语言的实录或缩写，应当围绕一节课要解决的问题，抓住问题实质，将教学内容删繁就简，把教学重点、难点简明扼要地表现出来，这是在板书设计时应遵循的一个基本原则。这种"画龙点睛"，要求用精练的文字、关键的词句、简明的符号、形象的形式来组合板书的内容，让学生从板书中抓住学习的重点和难点内容。

比如，利用提纲式的板书设计将数学学习中的定义、定理、规律、方法等教学的重要知识点在板书中表现出来。在讲解知识难点时，教师要将解题过程一步一步地书写在黑板上，学生边听边推敲，实现知识的内化。（图 1-36）

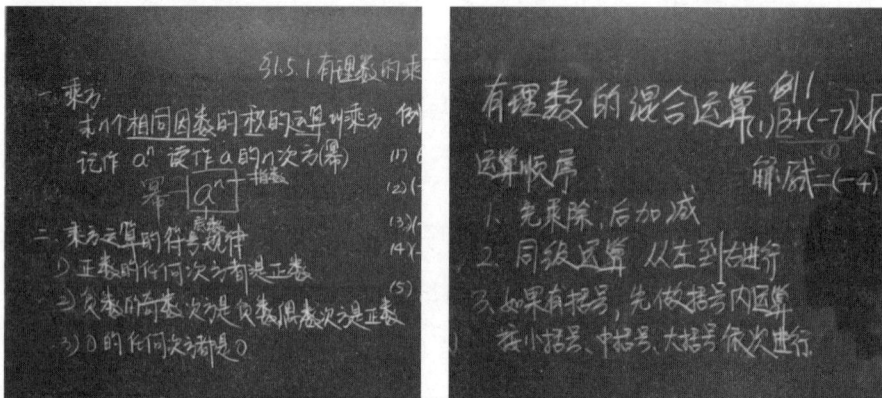

图 1-36

比如，"不等式的性质"一课的板书设计，可以用表格式的板书列出"不等式的性质"的文字语言、符号语言，突出这节课的知识重点，并且利用彩色粉笔对关键点加以对比和强调。（图 1-37）

	不等式的性质1	不等式的性质2	不等式的性质3
文字语言	不等式两边加（或减）同一个数（或式子），不等号的方向不变	不等式两边乘（或除以）同一个正数，不等号的方向不变	不等式两边乘（或除以）同一个负数，不等号的方向改变
符号语言	如果$a > b$，那么$a+c > b+c$，$a-c > b-c$	如果$a > b$，$c > 0$，那么$ac > bc$，$\dfrac{a}{c} > \dfrac{b}{c}$	如果$a > b$，$c < 0$，那么$ac < bc$，$\dfrac{a}{c} < \dfrac{b}{c}$

图 1-37

（3）提升学生的思维能力。

板书具有较强的交互性，数学教师一步一步地书写解题步骤，必然不会太快，能够给学生留下充分的思考时间。学生边记录边演算，理清解题思路。学生遇到不明白的地方，可以随时提问，教师通过与学生的互动，了解学生的掌握情况，随着学生的思路进行调整，突出了学生的主体地位，这是事先设计好的课件难以做到的。

比如，探究平行四边形的判定方法时，从一个条件出发，再研究两个条件的情况。而对一个条件的研究，依照边、角、对角线的顺序有序地展开。（图1-38）

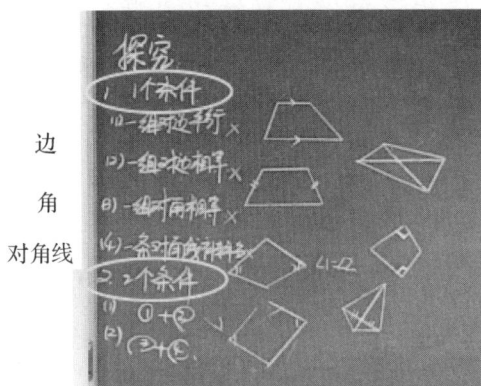

图 1-38

再如，讲解图形找规律时，和学生一起列出观察图形的角度，分析关注和研究哪些相关的量，即确定观察的对象。利用列表的形式，有序地表示出图形的变化过程，体现数量之间的变化与对应关系，教会学生有序地进行观察与思考。（图1-39）

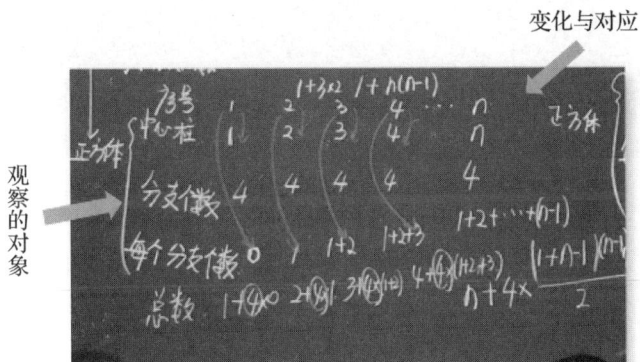

图 1-39

（4）呈现书写规范。

在传统的数学教学中，板书设计是教师备课时依据教学内容"冥思苦想"、反复推敲得来的，是教师按照课程标准，根据自己对教材的理解预先设计的。教师的板书不仅要有利于教学内容的学习，也要有利于学生良好书写习惯的养成。板书书写最好用楷书，要写得整齐、干净，字体大小要服从全局需要。作图要用三角板、直尺和圆规等作图工具，要画得基本符合实际，或者按照比例缩放，以免让学生产生错觉影响思维。标点符号、数学符号都要书写得规范、清晰。教师通过正确、美观、整洁、规范的板书能有效传递"美的数学"，从而实现数学"美的教育"。

板书是一种教学示范，利用板书向学生呈现常见的书写习惯及解题规范。教师书写板书的过程本身就是很好的示范过程。比如，在习题课中对解答问题过程的示范，有利于学生模仿，明确步骤，并养成良好的书写习惯。

比如，计算题的书写。（图 1-40）

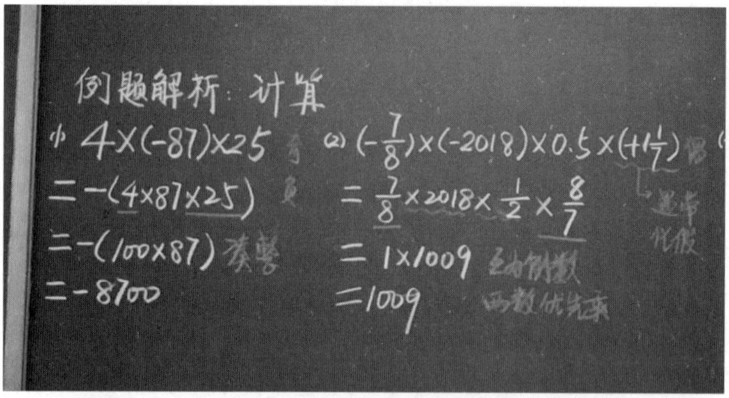

图 1-40

分式方程的解法格式。（图 1-41）

分式方程的解法

解方程 $\dfrac{x}{x-1} - 1 = \dfrac{3}{(x-1)(x+2)}$.

解：方程两边同乘 $(x-1)(x+2)$，得

$$x(x+2) - (x-1)(x+2) = 3$$

解得

$$x = 1$$

检验：当 $x = 1$ 时，$(x-1)(x+2) = 0$，

因此 $x = 1$ 不是原分式方程的解.

所以，原分式方程无解.

图 1-41

画函数的图像。（图 1-42）

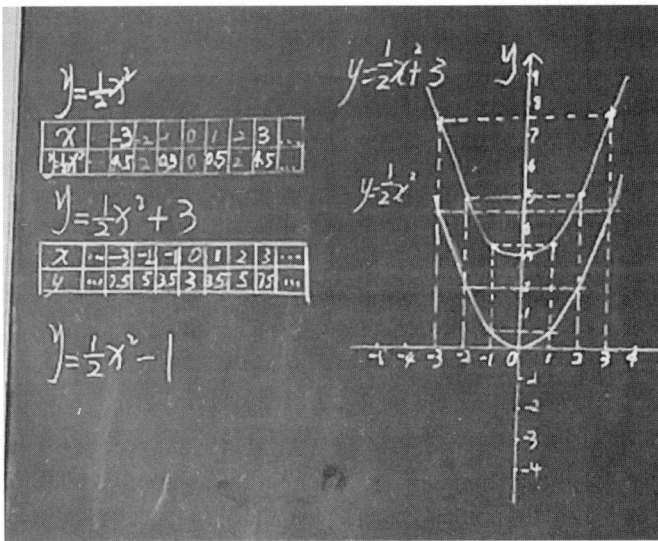

图 1-42

几何题推理计算的书写。（图 1-43）

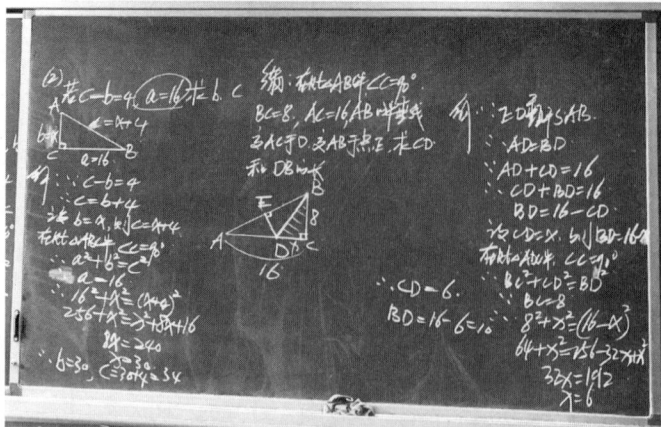

图 1-43

（二）板书的类型

根据板书的内容特点，板书一般分为三类，提纲式、表格式和图文式。

1. 提纲式

提纲式是以文字表述为主的，将教科书内容按照一定的顺序用标题的方式列出要点，提纲挈领地展现知识的主要内容和顺序。

比如，"弧、弦、圆心角"一课的部分板书呈现了这节课的主要内容和讲解顺序。教师先讲圆的旋转不变性，在此基础上得到弧、弦、圆心角的相关性质。学习内容条理清楚，层次分明。（图 1-44）

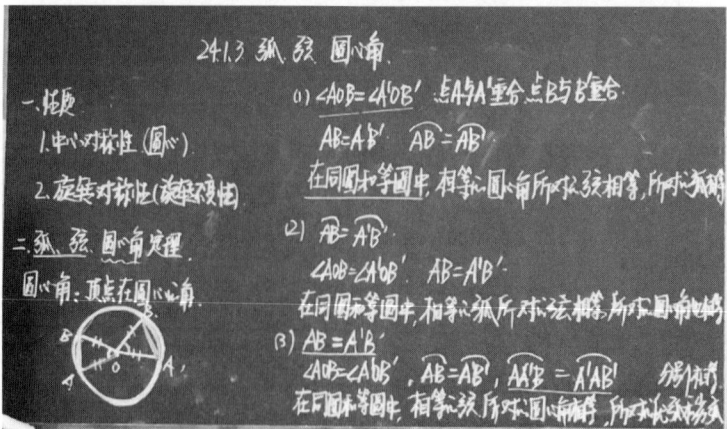

图 1-44

再如，"算数平方根"这节课，教师设计了如下的主板书。（图 1-45）

算术平方根

1. 算术平方根的概念

　　一般地，如果一个正数 x 的平方等于 a，即 $x^2=a$，那么这个正数 x 叫作 a 的算术平方根.

　　0 的算术平方根是 0.

2. 用符号语言表示一个数的算术平方根

　　a 的算术平方根记为 $\sqrt{a}$，读作"根号 a"，a 叫作被开方数.

3. 算术平方根的性质

　　$\sqrt{a}$ 具有双重非负性：$\sqrt{a} \geq 0 \,(a \geq 0)$

4. 算术平方根比较大小

　　被开方数越大，对应的算术平方根也越大.

5. 逼近法估计 $\sqrt{2}$ 的大小

　　$\sqrt{2} = 1.414\ 213\ 562\ 373\ ... \approx 1.414$

图 1-45

这样的板书提纲挈领地梳理了这节课的重点知识，条理清楚，简洁概括，有利于学生抓住要点，掌握学习内容的层次，增强学生的概括能力。

2. 表格式

表格式在文字归纳的基础上，以表格的方式展现知识内容的要点或与相似内容的联系，这种方式能将多个要点清晰展现，便于比较相似知识的异同点。

比如，学习正比例函数的图像和性质时，利用表格将正比例函数的相关性质呈现出来，除了能集中、清晰地展现出正比例函数图像和性质的多个要点，如形状、示意图、位置、趋势、增减性等，还便于比较 $k>0$ 和 $k<0$ 时，其图像和性质的区别。（图 1-46）

解析式	$y = kx$（k 为常数，且$k \neq 0$）	
自变量取值范围	全体实数	
图象 形状	过原点和点（1，k）的一条直线	
k 的取值	$k > 0$	$k < 0$
示意图		
位置	经过第一、三象限	经过第二、四象限
趋势	从左向右上升	从左向右下降
函数变化规律	y 随 x 的增大而增大	y 随 x 的增大而减小

图 1-46

又如，教师在讲解用一元一次方程解决实际问题时，对于比较复杂的问题背景，可引领学生利用表格的形式梳理实际问题中的相关信息，表示相关的数量并简单直观地呈现出来，这样便于学生分析问题，寻找等量关系，建立适当的模型，明确解决问题的思路。（图 1-47）

假期中，大学生志愿者到图书馆协助整理图书。在整理科技书籍时，若一个人做需要 40 小时才能完成。现在计划，有一部分人先做 4 小时，再增加 2 人和他们一起做 8 小时，刚好可以完成这项工作。如果他们的工作效率相同，你是图书管理员的话，会先安排几名志愿者工作呢？

每人的工作效率是 $\frac{1}{40}$　　　　x 名

	工效	工时	工作量
第一阶段 x 名	$\frac{x}{40}$	4	$\frac{4x}{40}$
第二阶段 （$x+2$）名	$\frac{x+2}{40}$	8	$\frac{8(x+2)}{40}$

和为1

图 1-47

利用表格式的板书可以促进学生学会有条理地提取信息，梳理问题中的相关数量，明确数量之间的关系，掌握分析问题的方法，帮助学生积累解决问题的经验。

表格式的板书对比性强，类目清楚，便于学生比较、抽象、概括、归纳、分类等，可使学生更好地理解所学知识，有条理地进行梳理，培养学生良好的思维习惯。

3. 图文式

图文式是以文字、图形和线条等结合的方式来展现知识内容的。这种方式图文并茂，直观性强，容易体现知识和方法间的关联，既能帮助学生思考和理解，又能给学生留下深刻印象，让学生回忆起来总是历历在目，久而不忘。

比如，利用图文式呈现知识结构，通过结构图的方式，呈现几类二次函数之间的联系，它们相互之间具有怎样的平移关系。前几种都是顶点式的特殊形式，突出了用顶点对于二次函数图像的重要性，以及参数 h，k 对函数图像的影响。同时还重点呈现了用顶点式表示的二次函数及其图像的性质。（图 1-48）

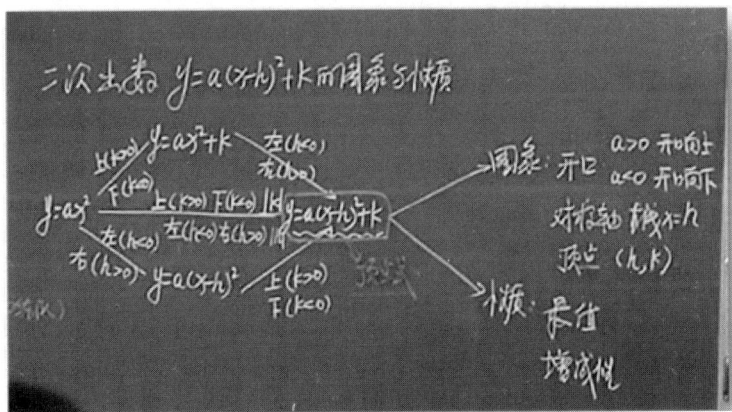

图 1-48

还可以用图文式板书表示方法间的关联。比如，在几何复习中，总结思考和解决线段间数量关系问题的基本方法时，教师用图文式板书呈现了探究线段间的数量关系的方法，指出要重视画图、识图环节，以及猜想线段间的数量关系的方向，它们可能是相等的，也可能是其他常见的特殊倍数关系，并对这两种结论可能出现的图形、角度的特殊条件做了一定的归

纳。教师用简洁的文字和线条呈现了思考这类问题的基本方法。（图 1-49）

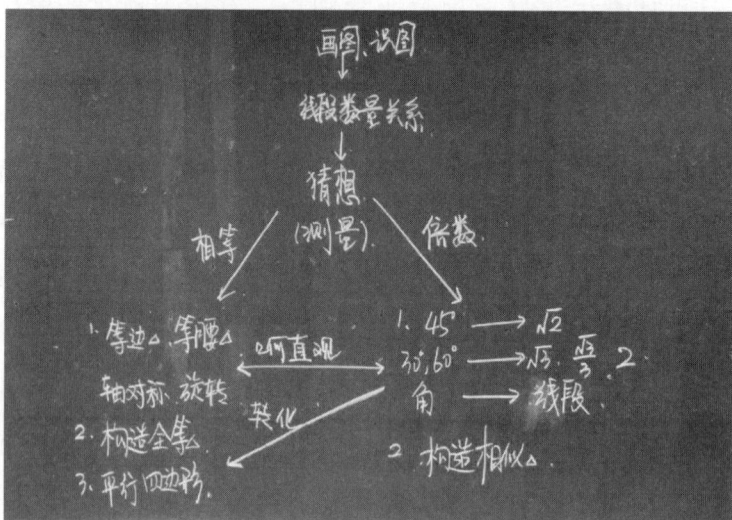

图 1-49

　　另外，还可以用图文式板书展示解决问题的方法和流程。比如，分式
方程的解法流程图。分式方程通过去分母转化为整式方程，之后可以得到
整式方程的解，然后需要将之代入最简公分母进行检验，判断它是否为原
分式方程的解。（图 1-50）

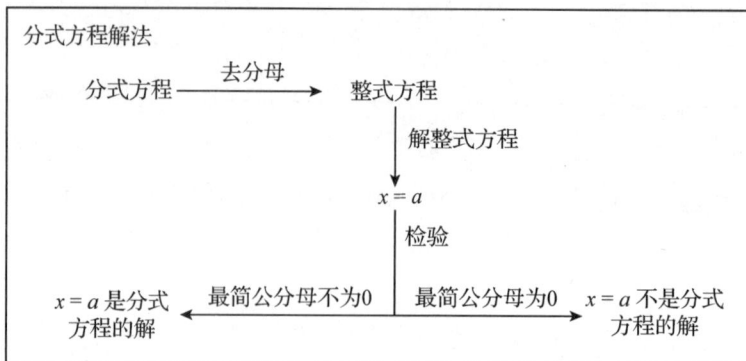

图 1-50

　　图文式板书可以使教学中的重点和难点形象化，把数学知识的发生、
发展过程以及知识间的关系简明、清晰地表现出来，便于学生理解知识内

容，把握知识间的关系。

（三）板书的原则

1. 板书应具有简约性

数学板书首先要简单明了，让学生一目了然。每一节课教学的时间是有限的，黑板的面积也是有限的，即使教师将整个黑板写满也不会容纳太多的教学内容。从这个角度讲，在多媒体辅助教学背景下的数学课堂板书一定要遵循简约性的原则，要突出知识结构和教学内容的重、难点。板书设计简洁明了，思路清晰，用高度概括的文字和符号将整节课的知识点一一呈现，要有条理，这样能够帮助学生整理和记忆，为后续的学习打下坚实的基础。

比如，讲解减法法则时，呈现文字表达和符号表达，利用图式分析法则，加深学生对法则的理解，强调关键的步骤和方法。（图 1-51）

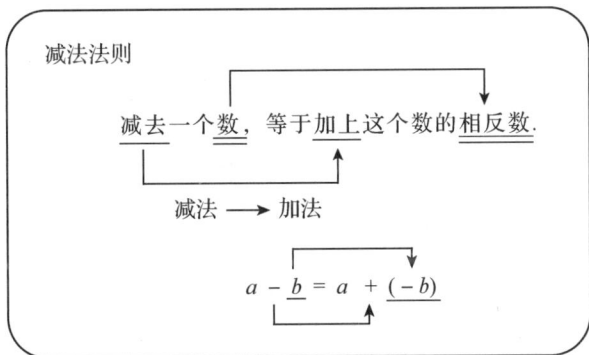

图 1-51

2. 板书要有启发性

"不愤不启，不悱不发，举一隅不以三隅反，则不复也。"数学板书的设计安排也应该具有生成性。教师不是为了让学生抄下来完成任务，而是要给学生一些思考的线索和引导，给学生留下学习的空间，使其成为打开他们思维大门的钥匙，引导学生走进数学学习的广阔天地，从而发现数学的无限魅力。科学合理的板书设计可以引导学生思考，帮助学生养成良好的思维习惯。教师运用不同颜色的粉笔书写，突出要点；讲解公式、法则、定理时，如果及时将相关内容整理成板书进行对比观察，可使学生在对比中分清正误，在对比中辨析，让知识在对比中得以深化。

比如，讲解几何问题时，在图中标注出重点条件，或重点图形，有利于学生观察图形，探寻解决问题的思路。（图 1-52）

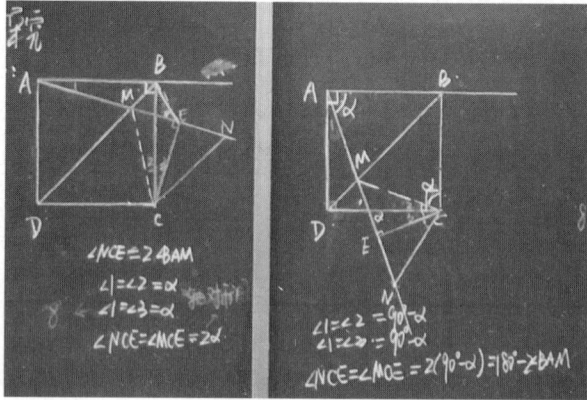

图 1-52

对于能够一题多解的问题，要引导学生从多方面进行思考。不同方法的解题过程不一定都能在课上书写完成，这就需要在板书中呈现重点的方法，以及思路的要点。（图 1-53）

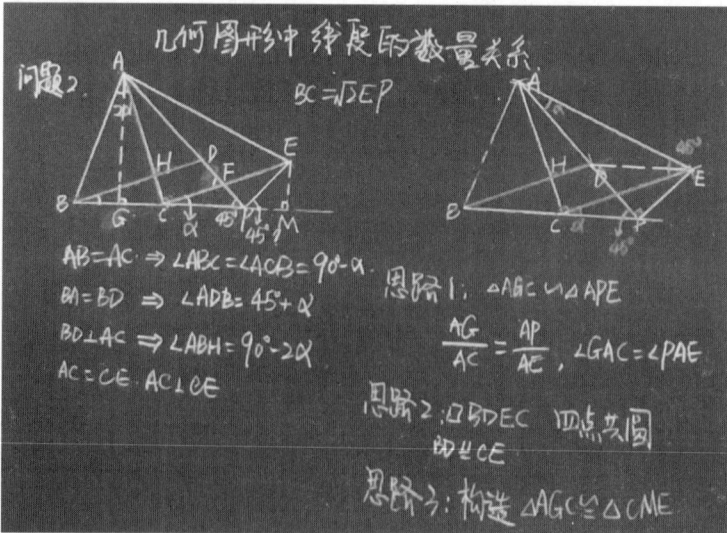

图 1-53

讲解相似的性质时，教师可带领学生研究两个相似三角形的周长比、对应高的比、面积比等，利用结构化的呈现方式，体现出知识间的联系。（图1-54）

启发研究思路　　　　　　　概括重点知识　　　　　　体现知识联系

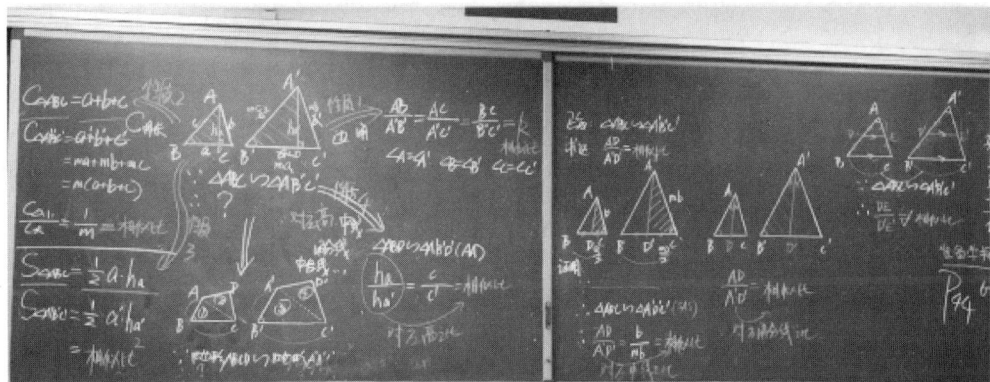

图 1-54

3. 板书要体现学生的参与性

教师作为课堂教学的主导者和组织者，可以在与学生的互动过程中，把学生引向问题的关键处、疑难处。因此，在数学课堂教学中，教师要让学生参与主板书的规划，可在副板书中演示学生自己的解题思路，这样可以很好地锻炼学生的数学能力，也可以激发学生积极思维的活力，这也是信息输出与反馈的桥梁。教师在板书设计中，应合理利用每一个有意义的板书设计，预留板书空间，让学生进行板书演示，充分发挥课堂中学生与教师的互动性，提高学生的参与度，实现知识学习的有效反馈。

比如，计算类问题的板书，可让学生板演计算过程，教师在点评反馈时，可以在计算过程的旁边标注关键步骤或强调注意事项。

例如，有理数计算先确定符号。（图1-55）

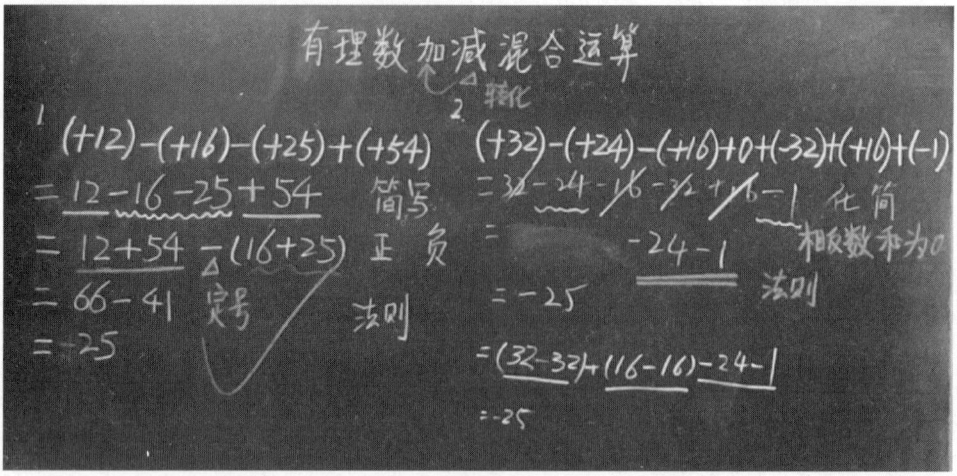

图 1-55

解方程去分母时，不要漏乘不含分母的项。（图 1-56）

图 1-56

📎 | **案例 1-23** |

教师在讲完不等式的解集的概念之后，设计了如图 1-57 所示的板书。

$$x > 75 \quad \Longleftrightarrow \quad x \text{ 大于 } 75$$

在数轴上表示为

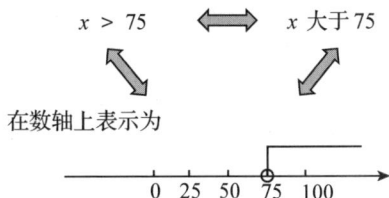

图 1-57

问题聚焦

Q1：结合上面的板书，分析板书的作用是什么。

Q2：它属于哪一种基本板书类型？体现了板书什么样的设计原则？

（四）案例分析

在前面所给的案例 1-23 中，教师先带领学生探讨出不等式 $\frac{2}{3}x > 50$ 的解集是 $x > 75$，然后告诉学生可以将这个解集在数轴上表示出来，边讲解在数轴上表示解集的方法，边在解集的下方为学生做出示范，画出了相应的图形。在画图过程中，教师标出了重要部分，向学生强调空心圆圈、方向和图中所表示的数的集合。教师指出，学会了在数轴上表示不等式的解集，如果我们知道了不等式解集的表达式，就可以在数轴上将解集表示出来（同时教师在黑板上画出相应的箭头）；反之，看到数轴上表示的不等式的解集，我们也可以写出相应解集的表达式（教师在黑板上将箭头的另一个方向补全），也就是说二者可以相互转化。接着教师提出在此之前，同学们已经学习了不等式 $x > 75$ 用文字语言可以表示为 x 大于 75，它们之间也可以相互转化（教师在黑板上写出文字语言并标出双向箭头）。之后，教师进一步提出，读到 x 大于 75，就可以在数轴上表示出满足条件的点的集合，反之亦然（教师在黑板上画出相应的双向箭头）。学生要掌握不等式的解集的符号语言、文字语言和图形语言之间的转化方法。

教师为不等式的解集及其表示方法设计了这样的板书，边板书边讲解，并对重要部分加以强调，以简洁的图文式板书表明了不等式的解集的符号语言、文字语言和图形语言三者之间相互转化的关系。教师通过板书辅助讲解，既突出了重点内容，落实了画图方法，又利用板书设计简洁直观地表明了三者之间的关系。

实践操练

请为"平行四边形的性质"或"指数函数的图像与性质"设计恰当的教学流程，安排有效的教学活动，创设合适的教学情境和板书。

单元小结 ……▶

中学数学教学设计是教师对课堂教学进行系统的整体规划的过程。新教师需要对教科书的内容进行深入分析，建立知识结构图，分析学生情况结合数学课程标准的解析，制订可操作和可评价的教学目标，明确重、难点。根据教学内容的特点，选择合适的教学方法，设计能够达成教学目标的教学活动和教学流程，设计体现数学知识结构、基本思想方法和基本活动经验的板书。本单元借助大量案例阐释了教学设计各个要素的分析方法，需要新教师在教学实践中反复琢磨，不断优化，最终提升教学设计能力。

单元练习 ……▶

1. 下表是"合并同类项"这节课完整的教学设计，请对此教学设计做出评价。

教学课题	合并同类项①				
学科	数学	年级	七年级	教学时间	1 课时
教学背景分析	一、教学内容分析 　　本节内容选自北京版《义务教育教科书　数学　七年级上册》第二章第二节。在之前学生已经认识了单项式、多项式的概念，因此可以将同类项看作具有某些共同特征的单项式，使得学生可以将章节中零散的知识点系统化。合并同类项是本章节学习一元一次方程的基础，也为后续学习解不等式做了铺垫。 　　从数学本质上看，合并同类项是整式的加减，是由数的运算过渡到整式的运算的开始。 　　教学重点：辨析同类项及合并同类项。 二、学情分析 　　本班共有学生 32 名，学习都比较积极。根据作业情况分析，90.6% 的学生能熟练地进行有理数的运算。但由于刚刚学习用字母表示数，学生对于含有字母的式子接受起来比较慢，有 31.3% 的学生对于用字母表示数的题目易出错。 　　学生初步具有合并同类项的意识，且有 78.1% 的学生能进行简单的同类项化简，只是没有形成同类项概念，没有清晰的化简依据。因此，设计了由具体的化简题目引入的方式，以及让学生进一步说明化简依据的环节，让学生在解决问题中体会概念引入的必要性与合理性，提高学生学习数学的兴趣和自信心。 　　本班学生思维活跃，但从之前学习有理数四则运算法则时的归纳情况来看，学生的归纳能力和语言表达能力仍需进一步锻炼。 　　教学难点：同类项概念及对合并同类项方法的归纳。				
教学目标	《义教数学课标(2022 年版)》的要求： 　　掌握合并同类项和去括号的法则，能进行简单的整式加法和减法运算。 　　教学目标： 　　1. 能够辨识同类项，会运用合并同类项的方法进行化简计算； 　　2. 经历同类项概念的形成过程和合并同类项方法的探究过程，培养观察、总结、归纳能力； 　　3. 在解决问题的过程中，感受概念引入的必要性与合理性，提升学习数学的兴趣和自信心。				

---

①　本教学设计案例由北京市昌平区天通苑中学时洪怡老师设计。

续表

教学方式与策略	归纳式、探究式 创设问题情境→解决问题→发现规律→归纳概念和方法→强化应用		
核心问题及问题链	核心问题：什么样的两个单项式相加可以化简成一个单项式？ （什么是同类项？） 问题链： 问题1：哪些式子可以化简成一个单项式？哪些不可以？为什么？ 问题2：什么样的两个单项式相加可以化简成一个单项式？ 问题3：如何合并同类项？		
教学活动设计	活动内容	活动意图	时间分配
	【活动1】将下列各式化简成一个单项式 (1)$4m+6m$； (2)$3ab+5ab$； (3)$-8xy+6yx$； (4)$4xy^2-2xy^2$； (5)$3a+2b$； (6)$3a^2b+5ab^2$ 思考：哪些式子可以化简成一个单项式？哪些不可以？为什么？ 学生活动：独立完成并思考问题 教师活动：巡视学生的完成情况 预测：大部分学生认同前四个可以化简成一个单项式，并能说出依据为乘法分配律 观察分析特点，归纳概念 （根据课堂情况设置讨论环节，突破难点）	学生对简单的式子已经有了合并意识，通过解决问题引出同类项的概念更加自然，让学生在解决问题的过程中，归纳、总结概念，锻炼学生的归纳能力 从解决问题出发，让学生在观察、思考、归纳的过程中，体会同类项概念引入的必要性与合理性	3分钟 5分钟

	活动内容	活动意图	时间分配
教学活动设计	特点： 1. 六个式子都是单项式加减运算 2. 可以化简成一个单项式的两个单项式满足： ①所含字母相同； ②相同字母的指数也分别相同 3. 与系数和字母顺序无关 满足这些特点的单项式称为同类项 所含字母相同，并且相同字母的指数也分别相同的单项式叫作同类项 ★与系数和字母的顺序无关		
	学生独立思考例1，师生共同找出同类项 【例1】观察下列各单项式，找出同类项 $8x^2y$；$3nm^2$；2；$-x^2y$；$9ab^3c$； -1；$\frac{1}{4}m^2n$；$5ab^3$ 试着再说出任意一组同类项 所有常数项也都是同类项，	学生刚刚接触同类项的概念，且对含有字母的式子接受起来比较慢，因此需要一步一步按照同类项的概念去辨析 特别利用例1来明确指出：所有常数项也都是同类项。让学生感受规定的合理性	10分钟
	学生独立思考例2，分析思路，教师板书，规范书写 【例2】已知$-x^ay^2$与$3x^5y^{b-1}$是同类项，求$a+b$的值 学生独立完成练习1，教师找学生展示 【练习1】$-\frac{1}{2}x^{a+2}y^3$与$10x^5y^3$是同类项，求a的值	例题的讲解可让学生对同类项的概念进一步熟悉 例题讲解后的及时练习可让学生更好地掌握类似题目的解题方法，也是对同类项的概念的进一步巩固	5分钟

续表

	活动内容	活动意图	时间分配
教学活动设计	活动1中的前四个小题是对同类项进行加减运算，我们把这种运算叫作合并同类项 问题：你能概括出合并同类项的方法吗？ 教师活动：引导学生对合并同类项的方法进行归纳 合并同类项的方法：合并同类项时，把同类项的系数相加，所得的结果作为系数，字母和字母的指数不变	通过观察、总结、归纳合并同类项的方法，锻炼学生的归纳能力	5分钟
	师生共同完成例3 【例3】化简 $(1)2a^2b-3a^2b$; $(2)a^3-a^2b+ab^2+a^2b-ab^2+b^3$ 【例4】求代数式的值，$-x+3x-5x$，其中 $x=-\dfrac{2}{3}$ 学生活动：独立完成后同桌交流 教师活动：巡视学生讨论情况，对学生易错点进行点拨 预测：例4会有学生直接把数代入原式进行计算，也会有学生选择先化简（合并同类项）之后再代入求值，可以让学生通过对比两种方法，体会先化简再求值在计算上更省力	通过板书，示范合并同类项化简的过程 通过学生讨论，发现方法不一致引发矛盾，再引导学生总结先合并同类项再代入求值更简便	10分钟
	【练习2】化简下列各式 $(1)(2x-3y)+(5x+4y)$; $(2)a-(2a+b)+2(a-2b)$ 教师活动：巡视学生的完成情况，对于有较多问题的题目重点讲解	巩固练习，有针对性地进行指导或者讲解	4分钟

续表

	活动内容	活动意图	时间分配
教学活动设计	回顾同类项的概念及合并同类项的方法，并指出：合并同类项本质上是对单项式进行加减运算，其运算结果仍为单项式 数的加减运算中的运算律在整式加减运算中同样适用	梳理本节所学，让学生体会数学知识之间的联系	3分钟
板书设计	合并同类项 同类项：①所含字母相同 ②相同字母的指数分别相同 　　常数项也都是同类项 ★同类项与系数无关； 　　同类项与字母顺序无关 合并同类项： 把同类项的系数相加，所得的结果作为系数，字母和字母的指数不变	例2 例3	
教学特色与反思	本教学设计通过了解学生的认知发展水平，着眼于学生的最近发展区，设计以解决问题的方式引入，激发学生的学习兴趣；以学生为主体，设计自主探究活动，让学生更好地感受概念引入的必要性与合理性。 　　本节课还注重培养学生的总结归纳能力。无论是同类项的概念，还是合并同类项的方法，都不只是单纯地给出概念进行应用，而是让学生在实践中尝试自我归纳总结，锻炼了学生的归纳总结能力。 　　本教学设计更加强调数学思考，教师提出问题，留时间给学生思考，然后小组交流讨论，通过讨论，学生之间沟通想法，再思考自己的想法与同学的异同，从而进一步完善自己的思路。让学生经历了解决问题→发现规律→思考交流→归纳概念→总结方法→实际应用这样完整的探究问题的过程，锻炼了学生数学思维的严谨性，同时也提高了学生的理解、交流、归纳和表达能力。 　　本教学设计在内容上为后续学习方程、不等式做了铺垫，同时在研究方法上也为后续学习二次根式等类似问题奠定了基础。		

2. 任选所教学段中的一个教学内容，独立撰写该内容的教学设计，并进行自我评价。

阅读链接 ⋯⋯▶

1. R. M. 加涅，W. W. 韦杰，K. C. 戈勒斯，等．教学设计原理（第五版修订本）[M]．王小明、庞维国、陈保华等译．上海：华东师范大学出版社，2018.

2. 皮连生主编．教学设计——心理学的理论与技术[M]．北京：高等教育出版社，2000.

3. [美]莫里森、罗斯、肯普．设计有效教学[M]．严玉萍译．北京：中国轻工业出版社，2007.

4. [美]加里·D. 鲍里奇．有效教学方法（第四版）[M]．易东平译．南京：江苏教育出版社，2002.

5. [美]安德森等编著．布卢姆教育目标分类学：分类学视野下的学与教及其测评（完整版）[M]．蒋小平等译．北京：外语教学与研究出版社，2009.

第二单元 教学实施

1. 说出教学实施过程中运用的课堂管理与调控的方法。

2. 运用教学策略营造课堂教学氛围。

3. 组织互动的课堂交流活动，通过倾听和观察对课堂进行诊断，尝试调控课堂教学。

4. 针对不同认知层次的学生组织有效的教学语言，设计恰当的问题。

5. 对课堂教学做出及时且准确的概括和总结。

6. 利用多媒体技术提升课堂教学技能水平。

教学设计更多的是教师备课时的一种教学预设。教学实施是教师将备课时的预设转变为上课时的现实。这中间有许多变量会产生影响，如一个个鲜活的学生个体、有限的教学时间、班级的教学环境、团队的学习氛围、课堂教学中的即时生成等。这些不确定的、复杂的因素，使教学实施变得远比教学设计要更复杂，也给教师的教学带来了很大的风险，甚至是失败的可能性。为此，本单元将要帮助新教师学习如何营造课堂学习氛围，如何组织交流互动，如何进行有效的课堂倾听和观察，如何根据学生的反馈进行及时有效的教学调控，如何借助导入、讲解、提问、总结等关键环节有效组织和呈现教学内容，如何将信息技术与数学教学有机融合，等等。通过多项教学基本功的训练，帮助新教师更好地把握中学数学课堂教学。

```
                                              ┌─ 如何营造学习氛围
                        ┌─ 第五讲 如何进行课堂 ─┤─ 如何组织交流互动
                        │     管理与调控       │─ 如何倾听与观察
                        │                     └─ 如何进行课堂事件调控
  第二单元 教学实施 ─────┤
                        │                     ┌─ 如何在教学中做到语言规范与讲解清晰
                        └─ 第六讲 如何组织  ───┤─ 如何有效提问与恰当理答
                              与呈现教学内容    │─ 如何进行课堂总结
                                              └─ 如何将信息技术与数学教学深度融合
```

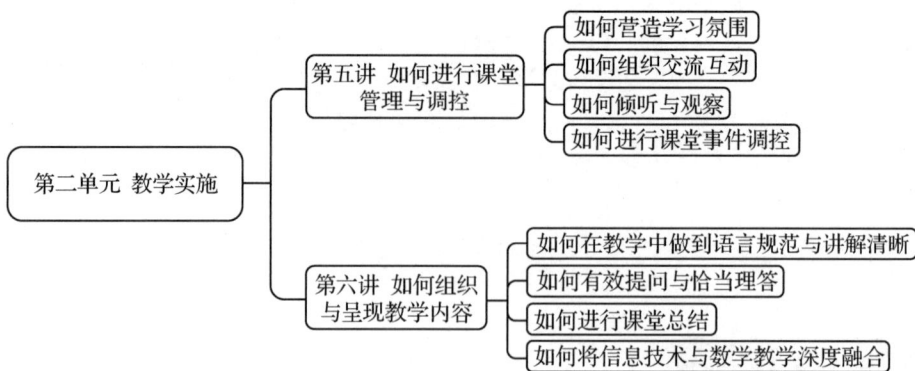

教学是艺术，也是科学；它要求教师具备智慧、技巧和热情。

——玛丽亚·蒙特梭利

　　课堂教学中的收放自如都是深思熟虑的结果，同时也只有在课堂教学中才能真正地检验教学设计的精妙与否，因此课堂教学是思考与行动的艺术，是教师把设计的脚本徐徐展开，与学生共同演绎的思想迸发、碰撞、交融的情境剧。新教师需要抓住课堂教学中的关键技能反复锤炼，才能保证精巧的设计在实践中精彩纷呈，而课堂教学的情境性为新教师教学技能的打磨带来一定的挑战，使得基本教学技能更具个性化，更见教学功底。

▶第五讲
如何进行课堂管理与调控

　　教学实施过程是对学生的学习活动进行组织和引导的动态过程。教师不仅要遵循教学设计对教学节奏进行把握，更重要的是要对学生的学习行为进行实时调控，保障教学过程顺利完成。课堂管理和调控体现了教师对课堂节奏的把握程度，在组织和管理课堂中教师需要：①以教学目标的实际达成为目的，按照教学设计节奏去组织学生活动，根据教学目标达成情况适当调整教学节奏；②以管理和引导学生学习活动为中心，积极了解学生的认知情况，以学生的认知反应为依据调控课堂；③重视学生学习的心理情绪，协调好群体和个体学习的差异，努力调动所有学生学习的积极性。

　　本讲针对课堂管理与调控中的关键问题，分别讨论如何营造学习氛围、如何组织交流互动、如何倾听与观察，以及如何进行课堂事件调控。

一、如何营造学习氛围

| 案例 2-1 |

"安静"的课堂

　　一位新教师精心准备了一节"一元一次方程的应用"数学课，计划在课堂上通过出租车计费问题引入新内容，让学生列一元一次方程解决实际问题。

　　课间操结束后，学生们匆匆走进教室，一个个满头大汗，一些学生还在热烈讨论着"学校将要举办运动会"的事情。上课铃响后，看到还有学生在"参赛报名"，该教师站在讲台上，逐一静静地注视着还在热烈讨论的几位学生，渐渐地没人再窃窃私语了，班级变得很"安静"了。

　　该教师按照设计的教学方案引入了课题，在讲完出租车计费和里程的关系后，让学生根据所讲知识解决一道"已知出租车费用和出租车行驶里程，求每千米收费标准"的问题。问题提出来之后，学生们默默地在下面求解着，课堂上很"安静"。

突然，一位学生举手说："老师您好，可是实际的出租车计费和您说的不一样，出租车都有起步价，并不能直接列方程算出收费标准，我们不知道起步价是多少。"该教师顿了一下，心想这个问题自己也思考过，所以在讲解的时候特意强调了"在理想情况下"这个条件，不过为了鼓励这位学生，他说："是的，在实际情况中出租车收费是分段函数，不过现在要按照刚才讲的只考虑出租车费用和里程的关系。这位学生对生活的观察非常细致，值得表扬！"看到这位学生受表扬后开心的表情，他又补充道："还有哪位同学有相似的问题？"

刚说完，班级仿佛炸开了锅，突然间一个个小手举起来了：

"老师，我知道，晚上收费比较贵，早上很便宜。"

"老师，出租车不足一千米的时候会按一千米算，所以不能用方程来解。"

"老师，如果路上比较堵车，费用也会高一些，所以收费不能算出走了多。"

"老师，什么是分段函数？是不是用函数更好一点？我学过一点点。"

一位学生问完，教师还没来得及回答，另一位学生就迫不及待地站起来了。教师有心想把问题转变为开放的问题供学生们探索，但又怕难以收尾。这时，一位学生说："我们今天学的是一元一次方程，所以我们就假定这个能用一元一次方程求解就好了。"仿佛遇到了救命稻草，教师想了想，说："是的，更加复杂的问题我们后面再解决，我们今天就用一元一次方程来解决问题好不好？"尽管没有人回应，然而讨论终于转入课堂正轨了，课堂又恢复了"安静"。

学生们低下头对问题进行摸索，教师只偶然听到一位学生小声地嘀咕："我觉得用这个方法计算我的 5 000 米长跑速度更好玩。"

问题聚焦

Q1：该案例中出现了哪些学习氛围以及转变？

Q2：该教师实施了哪些对学习氛围的调控措施？是否合理？

（一）认识学习氛围

1. 学习氛围的内涵

学习氛围是由全体学生和教师构成的学习集体在课堂上的学习情绪的表现，既存在积极的、主动的学习氛围，又有消极的、被动的学习氛围。在日常的教学中，教师不仅要关注噪声、冷暖、教学工具条件等外界客观条件对学生学习的影响，而且更重要的是要关注学生整体的学习情绪是否积极向上。学习氛围虽然可能是受教师或个别学生影响而引起的，但最终呈现为整体上具有一致性的心理特征或结果。例如，一位教师在课堂上"非常严厉"地批评一位学生，虽然其他学生并未直接受到批评，但会造成班级整体上学习氛围的改变；相反，如果几位学生在课堂上表现良好，带动了其他学生及教师对这节课的热情和兴趣，会使得这节课更加生动活泼，形成舒适的学习氛围。黄显华等人在"学习畅态"的研究中，将学习者进入温馨舒畅的学习状态作为考核学习者是否深入学习的标准，这与我们认为的良好的学习氛围是一致的。[1]

2. 学习氛围的作用

学习氛围是学生群体学习的内在心理环境，虽然不能直接对学习效果产生作用，但是学习氛围的好坏会对学习效果产生重要的影响。学生在良好的学习氛围中学习，一般会具有较好的自信心、学习态度和学习策略等[2]，更倾向于参与到学习活动和交流中，这是学生形成新的数学思想或方法的重要途径；相反，如果学生在较差的学习氛围中学习，在自信心、学习兴趣、学习动力等方面会表现出消极性，在学习的责任心、学习倦怠方面会有显著的表现[3]，会躲避或应付学习任务和问题，难以形成新的知识。

---

[1] 黄显华、陈晓波：《学生的学习投入：概念、影响因素及启示》，载《小学语文》，2017(11)。

[2] 范金刚：《高中生的学习投入与班级心理气氛的关系》，载《中国健康心理学杂志》，2010(9)。

[3] 李惠敏：《班级心理氛围、学习责任心与大专生学业倦怠的关系》，硕士论文，山西师范大学，2013。

此外，我们认为学习氛围也会影响教师的教学课程实施和教学过程掌控，在消极的、被动的学习氛围中，教师难以看到学生对教学内容的思考和反馈，教学成就感、自信心及教学理念会受到消极的影响。学习氛围是全体学生和教师互相作用形成的一种心理状态，需要在教师的努力下进行构建、调和及维护。因此，新教师更需要在日常课堂教学中关注班级学习氛围的变化。

3. 学习氛围的影响因素

学习氛围是学生在学习过程中呈现的整体心理状态，在对学习氛围进行干预或调控之前，教师需要了解学习氛围是如何形成的。在一般的研究中，人们普遍认为班级学习氛围是不同学生多种心理因素在课堂中的动态表现，不仅受外界干预条件影响，更受教师与学生交互关系及学生自身应对学习任务的心态影响。本书从以下三个方面进行分析。

（1）外界环境对学习氛围的影响。

学生的学习不仅是个人身心的投入，更是一种个人与学习外在环境的交互作用。外界的学习环境包括客观的物质环境，如教室的布置情况、教学工具条件、教室的噪声等，也包括班级管理和架构的学习机制，如班级领导管理、课程紧凑程度、教材选取等。[①] 良好的学习氛围需要教师关注外界环境对学习内在环境的影响，减少外界环境的负面干预，努力营造出适合学生学习的外界环境。例如，一个班级刚经历过学生调换座位，上课时学生发现前后座位之间的距离变得比较狭窄，两位学生在课堂上挪动桌子，刚开始还是较小的摩擦，最后竟发生了肢体冲突。这种外界学习环境直接会导致课堂学习氛围的变化。

（2）教师情绪与言语对学习氛围的干预。

有效的教学活动是学生学和教师教的统一，学生是学习的主体，教师作为学习的组织者、引导者和合作者，对课堂学习氛围的干预作用非常明显。教师的教学情绪是在教学中表现出来的对学习者学习状态的态度，如

---

① 丁昭福：《试论班级心理气氛的形成》，载《贵阳师范大学学报（社会科学版）》，1983(4)。

果教师情绪比较差，学生是能够比较明显地体验到教师对班级群体的批评或指责的，班级的整体学习氛围会趋于紧张；如果教师情绪比较温和，学生会相对自然地顺从教师的教学节奏，能够完成教师指定的学习任务；教师的教学情绪如果比较兴奋，也会带动班级个别学生的学习热情，进而影响整个班级的学习状态。教师需要努力调整好情绪，用积极的教学情绪去面对学生和课堂，及时调整和管理自己的教学心态。

此外，教师的言语对学习氛围也会产生比较大的影响。教师的教学言语不仅是教学内容和教学情绪的外在表达，更是学生接受所学知识的重要途径。当教师的教学言语模糊不清或模棱两可时，学生往往会感到无所适从或迷失方向，班级学习氛围会受到较大的影响。[①] 学生对教师消极的言语评价需要消化时间，如果教师在课前就某件事情做出激烈的批评或指责，会导致整堂课学生都在心神不安中度过，将相关要求或批评放在课堂结束后再表达是一种具有可行性的选择。例如，一位新教师在刚开始上课时，对班级作业收交情况或考试情况进行了长达 10 分钟的训斥，每位学生都感受到了较大的压力，在接下来的课堂中无论教师如何积极地调控课堂，班级学习氛围依旧会比较低落。

(3)学习任务与学生认知的冲突。

学生每节课所接受的学习任务和学生认知之间的冲突是时刻干预学生学习状态的重要因素。[②] 教师在进行教学设计时应该根据学生的学习经验进行精心的设计与活动安排，努力设计适合学生解决的问题和具有挑战性的学习任务。当学习任务较难被学生接受时，一般学生会表现出集体沉默，未解决的任务如果被"搪塞"过去，很多学生不会带着疑问继续课堂学习，而会选择自暴自弃式的盲目跟从，因此，教师需要关注关键问题是否被学生解决或接纳；相反，如果学习任务相对比较简单或缺乏挑战性，个别学生会表现出"已经学过了，又讲了一遍"的厌烦心理，这种心理也会感染其

---

① 梁拴荣：《大学良好班级心理气氛形成的途径》，载《中国高教研究》，1998(6)。
② 张拓基、张玉立：《中学班级群体心理气氛的测定与班级管理》，全国第六届心理学学术会议文摘选集，1987。

他学生，他们会因为学习无趣而失去听课的热情，教师应努力避免"无意义"的教学。

学习任务与学生认知的冲突不能被认为是干扰学习氛围的问题，相反，积极的学习氛围离不开具有挑战性的问题所带来的认知冲突。教师需要关注教学的核心任务与学生认知的冲突状态，设计合理的学习活动去面对和解决这种冲突，将其转化为调动学习氛围的催化剂。

（二）营造学习氛围的方法

值得注意的是，人们对学习氛围的理解有宏观与微观之分。宏观的学习氛围指的是群体稳定的、长期的学习风格，如学校校风、班级班风等。这种学习氛围是学生长期处于一定环境中所养成的学习的习惯、态度、兴趣及综合应对能力的表现。微观的学习氛围指的是课堂教学中学生表现出的心理状态及变化，受班级整体状态及教师调控的影响比较大。微观的学习氛围是构成宏观的学习氛围的要素。而营造微观的学习氛围的关键在于对课堂上学生的学习心理状态进行密切观察与适当调整，基于学生参与的学习活动进行积极性的回应。下面给出 3 种营造舒适的学习氛围的方法。

1. 引入生动的情境和数学问题

学生的学习氛围是多种学习心理因素的整体表现，其中处于核心的是学生的非智力因素（如兴趣、动机、自我效能等）。非智力因素的激发需要教师设计有趣、生动、符合生活习惯的情境，让学生有意愿去自主地探究问题，并通过"数学化"的方法将其转化为有意义的数学问题，开始数学新知识和方法的学习。

要引入生动的情境，在教学设计中教师一般都会先进行设计，但是教师引入问题情境的过程存在很大的差异。[①] 有的教师倾向于把情境作为数学问题的背景，只希望学生能够了解学习任务适应的生活问题情境，并不会关注学生自身的理解和观点。情境的引入本身是学生经验与教学任务相互接触的渠道，让学生充分参与和表达观点是引入情境及转化问题的关键点。

---

① 赵蒙成：《学习情境的本质与创设策略》，载《课程·教材·教法》，2005(11)。

在案例 2-1 中，该教师在讲授"一元一次方程的应用"时，希望通过交通收费与里程之间的关系来列一元一次方程并解决实际问题。然而实际的交通收费是复杂的，该教师希望学生能够通过讨论得到用方程解决问题的方法，寄希望于学生直接说出结果，而忽视了学生对复杂情境的分析，该教师应该基于学生的分析逐步聚焦解决问题的思路和方法。

数学问题是抽象和复杂的，课堂中的数学问题往往基于教学目标和内容来设计，因此数学问题的提出不仅要考虑实际背景与问题之间的关系，更要关注学生能否通过用数学的眼光、思维及语言去分析、解决和表达现实世界的问题。教师引领学生发现和提出问题、分析和解决问题的过程，是调动学生学习兴趣及积极性的重要方式。数学问题的抽象性需要适度调节，直接转化为纯数学问题会打消很多学生对事实问题进行探索与思考的积极性，而过于宽泛的问题会导致学生不知道要做什么，或者不明白哪种方法是对的而陷入群体迷失状态。教师在引导学生提出问题的过程中，需要通过追问、补充、纠正等方法让学生对问题有清晰的认识。

2. 明确任务目标及活动方案

在人本主义教育观的指引下，很多教师倾向于让学生充分体验操作性活动来获取直接学习经验。[1] 与间接活动经验相比，学生能够结合自身认知对问题进行加工和处理，将相关内容转化、构建为自己的学习经验。[2] 因此，通过活动的方式调动学生学习和参与的积极性是一种行之有效的方式。在实际的课堂教学中，讲授式的教学如果缺乏对学生注意力的吸引，学生难以理解数学问题，学生一般会表现出"跟不上"的学习状态，当班级大多数学生处于这种状态时，教师继续推进课堂会使学习氛围变得更加消极。在教学中，根据教学任务设计和安排合理的活动是让学生由"跟得上"变为"学得顺"的重要途径。黄显华等学者在研究中认为，学生的"学习投入"是学生达到"酣畅淋漓的学习状态"的条件。[3]

---

① 王新民、王富英、王亚雄：《数学"四基"中"基本活动经验"的认识与思考》，载《数学教育学报》，2008(3)。
② 郭玉峰、史宁中：《数学基本活动经验：提出、理解与实践》，载《中国教育学刊》，2012(4)。
③ 黄显华、陈晓波：《学生的学习投入：概念、影响因素及启示》，载《小学语文》，2017(11)。

明确学习活动的任务目标是促进学生"有的放矢"地参与学习的条件。明确的任务包括要达成的学习目的、确定的学习问题及探索问题的方法和步骤。通常情况下，教师可以通过学习任务清单[①]、导学案及成果列表等方式来确定任务的具体安排及过程。

📎 | **案例 2-2** |

探索变速自行车的活动记录单

教师为了让学生能够顺利完成对自行车结构关系的探究，设计了以下记录单。

1. 你认为影响自行车骑行快慢的部件都有哪些？

_____

2. 通过对变速自行车的实际操作，填写下列记录单。

前齿轮数	后齿轮数	前轮直径大小	后轮直径大小	蹬的圈数	行走距离

3. 上面这些变量之间有哪些关系？怎么表示出这些关系？

_____

_____

_____

_____

学习活动方案是在明确任务的基础上设计的可执行的过程方案。学生在教师的引领下开展学习需要可执行的活动方案，如果因为活动方案过难导致无法有效实施，学生在争论中难以继续活动任务，这种会形成群体中的学习心理困难，也会影响学生整体学习氛围的形成。

---

① 金陵：《如何设计自主学习任务单（一）》，载《中国信息技术教育》，2014(13)。

案例 2-2 中给出的活动记录单，给学生探究自行车部件之间的关系提供了重要的依据。让学生自己设计探究过程存在较大的挑战性，为了明确探究什么、得到什么，该教师为学生提供的记录单保障了学生学习活动的顺利进行。当然对于动手能力较强的学生，并不一定需要设计详细的记录单，但是教师仍需要明确让学生通过活动解决的具体问题是什么。

3. 调动和激发学生的积极情绪

学生的学习氛围是由学生的学习情绪构成的，学习情绪大多来源于在课堂上完成具体的学习任务、获得新知识的成就感。当学生无法触及知识或完成任务时，往往会有"畏难"情绪存在，尤其是当教师漠视学生在认知上的困难时，这种情绪会转变为课堂上"不乐意学"的消极氛围。然而，当学生觉得教师所教的知识或布置的任务过于简单时，也会有另一种"无聊"的情绪存在，学生会觉得所做的事情没有意义而放弃活动，这时课堂上也会形成"没必要学"的消极氛围。

📎 | 案例 2-3 |

探究三角形的内角和

一位教师在引导学生探究三角形的内角和时，首先让学生量一个三角形的内角各是多少度，三个内角的和又是多少。这时学生们都在嘀咕："小学就量过了，三个角的和是 180°，怎么又量呢？"学生只是敷衍地拿着尺子量了一会儿，然后异口同声地说出了结果。之后让学生通过剪切把三个角拼起来看是否还是 180°，学生照做但没觉得有什么意义。这时教师突然提出："你能证明三角形的内角和是 180°吗？"一些学生参考教科书上的做法完成了证明任务，教师又问："你们还知道其他证明方法吗？"这时候大多数学生陷入了沉默。

另外一位教师面对同样的教学任务，安排了以下三个学习任务。

①我们在小学已经通过测量知道了三角形的内角和是 180°，那么能不能通过剪切三角形转移角的方式去验证这个结论呢？每个小组分别设计一些钝角三角形、直角三角形和锐角三角形，尝试通过转移角的方法验证

这个结论，看哪个小组转移角的方法最多。

②展示你们小组的不同方法，尝试把图画出来，思考哪些方法能够用已经学习的几何知识来证明这个结论。

③参考其他组的方法并交流经验，总结、梳理你们掌握的证明三角形的内角和是 180°的方法。

上面呈现的两个教学案例展示的都是探究三角形内角和的课堂教学，显然在这两个教学过程中学生会展现出不同的学习情绪。当第一位教师布置了测量角度和拼接角的任务时，学生觉得太过简单并没有太多学习兴趣，而用多种方法证明三角形内角和 180°的任务却难以完成，学生很难在教师组织的这种学习活动中获得成就感。第二位教师通过小组比赛的方式让学生去剪切和拼接角来完成三角形内角和的探究活动，给小组中的学生提出了有挑战性的任务和独立思考的机会，学生会很乐意配合教师去比赛，也能够在比赛中发现证明的方法，学生在活动中获得了充分的成就感，学习情绪会获得较大的提升。

在课堂教学中，调动学生的学习情绪需要关注学生的自身经验，选择贴近学生生活、符合学生知识经验的任务，同时也需要重视学生在完成任务时的成就感。设计学习活动和任务时需要考虑阶梯形挑战性，可以充分利用比赛、挑战、游戏等方法，促进学生积极情绪的形成。

（三）学习氛围的课堂调控策略

1. 避免环境干扰

学习是在一定的环境中发生的，学习环境对学习效果有重要的影响。面对复杂的学习环境，学生自身具有适应环境、改变环境、创造环境去学习的自主学习能力。教师对学生进行自学指导主要是在课堂上帮助学生树立调整学习环境的意识，掌握相关方法。

案例 2-4

学习行为指导及干预

在学习平行线的判定定理之后，教师布置了 3 道练习题供学生练习，期望学生能够独立完成做题任务，不能翻看教科书或交头接耳。教师在布置练习题的同时，对学生提出了如下要求："请各位同学把教科书、文具盒等其他物品都放进书桌里，每个人拿出一张白纸和一支笔，尝试解决导学案中的 3 道练习题，一定不要和其他同学商量，自己能完成几道题就做几道题。做完之后举手告诉老师，我批改后可以做导学案中的其他题目。现在开始。"当活动结束后，教师对学生说："当我们做作业时，要假设你就坐在考场中，尽量要把手机、电脑等关掉，把影响我们做题的事情先抛到脑后，集中精力做完一套题再去考虑其他问题，给自己一个安静的、独立的做题环境。"

教师对学生课堂学习氛围的调控不仅要让学生在该"热闹"的时候热闹起来，也需要让学生在该"安静"的时候安静下来。教师可以通过行为或言语指导让学生形成一定的学习氛围来完成教学任务。低年级的学生更容易躁动不安，有时会影响正常的课堂教学氛围。对于个别容易受外界影响的学生，应该引导其掌握调控学习环境的方法，帮助学生建立适当的学习环境。

2. 引领群体响应

课堂学习氛围的形成需要教师关注个体和群体之间的关系。在上课时，教师有时会急于得到结果从而只关注个别学生是否给出了结果或答案，忽视了其他学生的学习情绪是否得到了调动。要避免课堂上教师一个人讲变成教师只与某一位学生"对话"，应该在活动中调动其他学生情绪，让其他学生也积极响应。

对于教学中比较难的知识或任务，"好学生"提供的答案应该作为"参考答案"，让其他学生提出疑问。"你是怎么想到的？还有没有其他方法？"，而一些学生提供的错误解答也应该作为重要的教学资源，让其他学生分析"这个做法错在哪里？有什么改进的建议？"，还要注意面对学生的错误答案不能引领其他学生"群而攻之"，避免牺牲一位学生的情绪去调动其他学生的情绪。在学生对错误进行纠正和分析之后，教师应该强调这种错误对我们学习的价值。"该学生的案例帮助有同样错误的学生认识了数学概念或定理"。

对学习氛围进行调控就是对班级集体情绪进行调控。教师要抓住关键问题或关键事件适当调动群体响应。在调动学生情绪时，注意个体和群体的关系，以个别学生的热情为起点能够调动其他学生参与学习的情绪。同样，班级内大多数学生的情绪调动起来后，也能帮助尚未进入学习状态的学生快速进入积极的学习状态。

3. 调整教学节奏

由于教学时间的限制，教师在课堂教学中为了完成教学设计中的任务，有时会忽视学生的学习情绪。一般而言，教师准备的教学内容所涵盖的教学时间是略长于课堂实施时间的，并不存在"按照计划完整地上完一节课才是好课"的说法。教学评价所考查的仍是教师能否充分调动学生的学习行为完成学习任务、达成学习目标。因此，教师不能急于完成课堂任务而忽视对学生学习氛围的调动。

教学设计中的重点和难点，是需要充分调动学生学习氛围的关键点。教师应该在关键点上积极调动学生的学习情绪，引领学生积极学习，在班级学习氛围最浓烈的情况下落实重点和难点的教学。教师不能为完成任务而加快对重点和难点的落实，也不能忽略学生的学习氛围强行推进教学进度。根据教学重点和难点及目标的落实情况，可以适当调整教学节奏，保障教学中学生学习氛围的形成。

（四）案例分析

案例 2-1 是教师常见的复杂的真实课堂教学场景，从案例中我们可以看出学生的学习氛围发生了转变。（图 2-1）

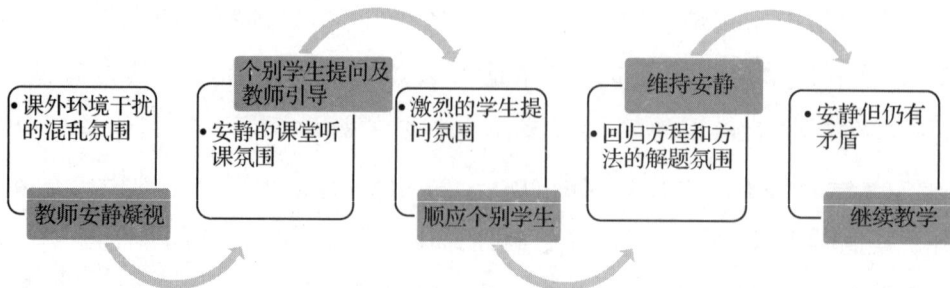

图 2-1

从图 2-1 中可以看出，整个课堂教学中共有五种不同的学习氛围。从开始的混乱氛围到安静的课堂听课氛围，是教师通过"安静凝视"的方式来引导的。在学生听课及分析问题时，个别学生的提问以及教师有意识的引导将课堂讨论推向高潮，学生激烈的讨论和提问形成了非常积极的学习氛围，但是该教师并没有顺利地将这一学习氛围进一步转化，而是急于完成教学任务，以个别学生的回答为结尾，将课堂引入安静的解题氛围之中，这时平静的课堂中仍存在部分学生私语，教师维持了这一过程继续教学。

从教师对学习氛围的调控来看，该教师努力通过干预保持了课堂教学的有序进行，这些干预措施如图 2-1 所示。其中，教师通过凝视引导学生进入安静状态避免了外界环境的干扰，让学生在较好的课堂学习氛围中开始学习是值得肯定的。课堂上学生无秩序的混乱事件需要教师及时关注并控制。通过生动的情境引入课堂，并由个别学生的提问引领全体学生进行积极探讨，将学习情绪推向高潮也值得借鉴，这是教师基于教学目标对学生讨论的积极引导。不过面对学生的讨论，该教师并没有带领学生梳理问题，而是以一位学生的回答为终结，这样的课堂干预并不完美，但也保证了课堂进度顺利推进。从最后个别学生提出"应该研究长跑问题"可以看出，学生仍期待将所学知识用到更加贴近自身生活经验的情境之中。教师在后续的教学中可以引导学生尝试根据具体情境发现和提出新的问题，将学习氛围推向另一个高潮。

整体来看，该教师具有调控学生学习氛围的意识，能够把握学生学习的节奏及进行有效的引导，但在面临复杂的讨论场景时其引导效果不尽人意。该案例呈现出了新教师在常态课堂上控制学习氛围的一般措施，整体上仍值得肯定。

二、如何组织交流互动

案例 2-5

有理数的加法

一位教师在设计"有理数加法"这节课时，希望让学生进行充分的交流和讨论，之前学习了有理数的概念，现在想让学生掌握有理数加法的运算规律，因此在课堂上设计了3个环节，让学生充分参与讨论并思考。

环节1：引导学生出题并归类

1. 温习回顾

师：我们之前学习了有理数的概念，哪位同学能说一下我们上节课学习的有理数的概念是什么？能不能举一些有理数的例子？（许多学生回答并举例，教师板书学生的举例结果，并归纳为正有理数、负有理数和0三类，在数轴上表示了不同类型的有理数）

师：看来大家记得很牢固，那么在学完有理数的概念之后，我们还希望学习哪些与有理数有关的知识呢？可以结合学完整数后我们又学了哪些知识进行思考。

生：我们学完整数概念后又学了整数的运算，包括加、减、乘、除，还有运算律等，最后学习了复杂的整数运算问题。我觉得我们学习有理数后也要学习有理数的运算。比如，把上面我们举的例子中的数进行加、减、乘、除运算。

师：回答得很详细。其实我们学完每一种数的概念后都要研究运算的问题，如学习完整数、分数后都要学习运算问题。那么，我们先研究运算法则还是先研究运算律呢？先研究加减法还是先研究乘除法呢？（学生回应先研究运算法则中的加减法）

2. 布置任务

师：通过上面的回顾，我们确定了这节课要干什么。那么，接下来我们可以再举一些有理数的例子，尝试解决加减法的问题。我们以前后桌4个人为一组，每个小组设计一些有理数并研究加法怎样计算。首先，列出算式，不要求写出结果，尝试对这些加法算式进行归类，该怎么分类小组内自行讨论一下。

（学生分组设计加法算式，并讨论如何分类）

环节 2：解决问题，发现规律

1. 分类结果分析

师：你们每个小组都有几种分类结果呢？（统计各个小组的分类结果：8 类、5 类、4 类、3 类等）

师：那就先让分类结果最多的小组 A 和分类结果最少的小组 B 来分享他们的分类结果。

（小组 A 分享了他们的分类结果：正有理数＋正有理数、负有理数＋负有理数、正有理数＋负有理数、负有理数＋正有理数、0＋正有理数、正有理数＋0，0＋负有理数、负有理数＋0。小组 B 分享了他们的分类结果：同号的有理数相加、异号的有理数相加、0 和有理数相加。教师引导学生板书分类结果及例子）

师：每个小组的分类结果都有其合理性，也都体现了我们对有理数概念及分类的理解，那么我们调整完分类之后，想一下该怎么算这些式子？（给学生留出时间计算，教师巡视）

2. 求解分析

师：先看分类结果最多的这组的例子，你认为哪些算式最容易求得结果呢？（学生最先选择 0＋正有理数、正有理数＋0、0＋负有理数、负有理数＋0，教师引导学生很快归纳出 0 和有理数的加法法则）

师：小组 A 的这四类题，是不是和小组 B 的第三类题的算法一样，我们把 0 和有理数的加法运算法则完善一下。（教师板书 0 和有理数的加法运算法则）

师：还有没有容易解决的题？（学生也能很快得到正有理数＋正有理数、负有理数＋负有理数的和，同样，教师引导学生总结这一类的结果）

师：还剩下哪些题？该怎么解决？

生 1：我认为－3＋1 比较容易解决，只需要把－3 和 1 换一下位置就行，$1-3=-2$。但是 $-\dfrac{3}{4}+\dfrac{4}{5}$ 就比较难算了。

师：你们认为生 1 的解法有问题吗？（大多数学生认为没有问题，但个

别学生质疑)

生2：我不知道是不是可以这样换位置，这种做法很像交换律，虽然我们知道交换律，但还没有学怎么用呢。

生3：我觉得现在不能用这种方法，我们需要先验证−3＋1和1−3的结果是不是相等。以后学完运算律，这个方法就能用了。

师：是的，我们在学完整数的运算法则后才学的交换律，交换律是通过法则推导出来的规律。虽然有理数运算的交换律确实也存在，但我们必须知道法则之后才能推导出来。那么利用数轴我们可以研究这个问题吗？(教师进一步引导学生用数轴来分析两个异号有理数相加的问题)

环节3：总结分类说明(略)

问题聚焦

Q1：该教师组织了哪些交流互动的活动？

Q2：组织交流互动的关键点是什么？

（一）什么是交流互动

1. 交流互动的内涵

数学教学的过程是以学生的学习活动为支架，引领学生在参与学习活动的过程中充分交流观点、彼此互动的过程。《义教数学课程标准(2022年版)》中提出丰富教学方式需要"改变单一讲授式教学，通过丰富的教学方式让学生在实践、探究、体验、反思、合作、交流等学习过程中感悟基本思想，积累基本活动经验"，通过多种教学途径促进课堂上教师与学生之间、学生和学生之间的互相交流、对话与沟通理解。

交流互动是以学生为主体，以教师为主导的课堂活动生态，与传统的教学相比，将学生作为活动的主体表现在三个方面。首先，交流互动要以学生的观点和思考为交流互动的内容，交流互动不只是引导学生交谈，更重要的是让学生针对自己在学习过程中的困难和疑惑进行思维碰撞，发现自己在理解和认识上的差异。其次，交流互动要以学生和学生之间、学生和教师之间的交流为沟通方式，"生—生"及"生—师"的交流是多向的，根据学习任务中解决困难和障碍的特点，一个阶段的交流互动往往伴随着多种沟通方式的融合。最后，交流互动要以学生在交流互动中的过程性行为表现及交互结果为评价标准，教师需要关注学生在交流互动中的行为表现，看学生是否完成了指定任务或是否达到了交流互动的目的，要避免盲目地交流互动，关注目标达成。

2. 交流互动的价值

交流互动是学生课堂学习的核心活动，是推进课堂教学进度达成教学目标的重要支撑。我们认为课堂交流互动的组织十分必要，其关键在于能够让教师及学生在交流互动中认识学习任务及目标达成过程中的困难，帮助教师及时调整教学节奏，以及让学生在交流互动中学会合作、质疑，勇于接受挑战。

首先，在课堂中，交流互动是学生发现并解决学习困难，教师调整学习结构的出发点。每个人对新事物的理解都是建立在自己已有经验的基础上的，由于个人经验及认识的差异，学生对数学概念、定理的理解存在较大偏差。教师对教学内容和知识往往站在较高的角度进行分析，而学生有时并不能达到这样的理解水平。学生基础的差异会导致学生在认识新的数学对象方面也存在较大的差异，这种理解上的差异需要学生和教师进行充分的交流才能达成共识和认可。学生在交流中能够认识到自己在学习上的困难及缺陷，发现自己解决问题时的误区。而教师在与学生的交流中也能够认识到学生思维形成的薄弱点，从而在教学中调整教学脉络，以更好地让学生理解新概念、新问题。

其次，在课堂中，交流互动是学生形成学习兴趣、学习动力，培养综合表达能力的重要途径。交流互动对于学生自身的学习成长而言具有重要作用。现代的教学强调学生不是被动的接受者、沉默者，鼓励学生在言语表达中辨识新的数学对象和问题，形成解决问题的自己的方法。在交流互动的过程中，学生不仅能够了解到自己的认识和其他同学的认识的差异，同时能够在认知冲突中发现学习的乐趣，在彼此交流中形成竞争意识和学习动力。交流者在言语表达方面的成长尤其显著，数学课堂鼓励学生能够严谨地、有逻辑性地用数学语言表述和分析问题，形成分析问题的思路，这种思路不能仅凭学生遐想或猜测来生成，更应该让学生在表达自己的观点及佐证观点的过程中逐步形成。

此外，交流互动对学生个人情感的培养也十分重要。学生自信心与自尊心的建立、彼此关系的建设与维护、突出自我及展示自我的荣誉感，也是交流互动的价值所在。

（二）交流互动的形式

课堂上师生的言语活动很多，包括学生之间的窃窃私语、教师与学生的问答等，但我们强调的交流互动不仅是"说话"和"对话"，我们更重视师生在某一特定的学习任务或问题上进行集中的思考和分析。因此，交流互动往往是根据特定的任务或主题讨论来开展的，并且会结合具体的活动方式，如小组学习、个体板书与演示等。教师应在恰当的时刻将交流互动活动融入课堂中，给予学生一个相对独立的时间和空间对未知问题进行集中的辨析和讨论。因此，交流互动的形式是由学习任务的复杂性决定的，往往伴随着各种方式的交错与融合，一般来说，分为师生互动、学生互动、情境互动 3 种形式。

1. 师生互动

师生互动是经典的教学互动方式，也是最为重要的互动方式。在师生互动中，教师一般作为问题的制造者或提出者，与全班学生或小组、个体进行一对多的交流对话。教师在教学中根据教学目标的需要，提出能够对学生思维造成冲击或使学生质疑的问题，以对象识别、概念辨析、例题思考或方法总结的方式，向学生抛出具有讨论空间的议题供学生思考和交流。在不同的情形下，学生可能以班级为单位对教师的问题进行思考和回应；也可能以小组的形式对教师进行答复；当个别学生具有突出性观点的时候，也可能以个别学生的观点为主与教师进行观点碰撞。虽然这种一对多的交互方式存在较大的差异，但都是以"教师"和"学生群体"为两个交流互动的对立面进行的，因此，我们一般把这样的交流互动形式称为"师生互动"。

在师生互动中，教师应该认识到学生是"交流互动的主体"，让学生在交流互动中充分表达自己，从而发现大多数学生容易进入的思考陷阱或误区，进而引导他们纠正错误、凝聚观点，形成正确的共同认识。同时要注意自己是"交流互动的主导者"，对学生的应答应该具有引领作用，及时调整学生回答问题的针对性，纠正无关的、杂乱的观点，捋顺学生分析问题的思路。对学生的应答要有积极的、客观的评价，避免一概否认学生的观点和看法，同时又要以客观的观点纠正学生的错误或不足，在学生回答问题的过程中认识到学生理解上的问题，进而进行有针对性的指导和建议。

2. 学生互动

相比教师与学生之间的互动，学生彼此之间的交流互动更加符合其同龄人特征，能够让学生找到同伴互助的感觉，因此，学生之间的互动在课堂上也必不可少。学生与学生之间的互动存在同向比较、个体竞争、求同存异的特点，能够帮助学生快速建立起自己对学习内容的理解和认识，尽管这种认识可能是初步的、不完善的，但这是学生学习过程中建立自我认知的必不可少的重要环节。

在案例 2-5 中，对于"−3+1"如何求解的问题，教师并没有直接介入，而是调动其他学生参与到交流和讨论之中，让学生从认可方法转变为怀疑，进而转变为进行逻辑分析，让学生在思维碰撞中体验到"由运算法则才能得到运算律"的逻辑事实，进而引导学生分析如何掌握两个异号的有理数的加法法则。这种"欲擒故纵"的方法对于调动学生进行积极交流和思考是十分必要的。

学生之间的互动形式也比较多样，以班级辩论、小组讨论、组间讨论、个人对话等方式开展。不同形式的交流互动依赖于教师对学习任务的把握和调整，教师要根据内容难度及拟达成的学习目标设计学生之间交流互动的形式，让学生在彼此交流中形成认知差异与共同意识。比如，在讲解三角形内角和定理的证明时，教师期望学生能够了解更多的辅助线做法或证明方法，以分组的方式让学生思考还有哪些证明方法，学生构成的小组在组内开展了交流互动，学生就个体的证明思路和其他小组内的成员进行交流，能够快速收集各种证明方法，在讨论中也能够有效归类相似的证明方法，结合组间的交流讨论，甄别方法的优缺点形成更加清晰的认识。

对于学生之间的交流互动，教师也需要重视对学生思考问题方式的引导，规范其用数学表述问题时的交流语言，可以通过小卡片、任务单、板书等多种形式引导学生形成统一的认识，可以让学生通过复述、辨识或辩论等形式对认知上的差异进行分析。最终要求学生完成交流互动的具体任务，进而指向学习目标。

3. 情境互动

《义教数学课标（2022 年版）》强调情境设计与问题提出的关系，认为创设真实、合理的情境有助于学生核心素养的形成，教学情境的创设为师生提供了互动平台。情境互动主要是指在一定的游戏、操作或互动环境中，教师和学生进入一种有别于课堂常态的学习场景中，进行彼此之间的接触、交流及互动。情境互动重视对学生学习环境的创设，可以由教师创设情境，也可以让学生自己设计情境，开展学生感兴趣的互动活动。可以借助猜谜、排队、漂流瓶、竞赛等游戏，让学生感知、传递及交流信息，加深学生对新的数学对象的认识。

✎ | 案例 2-6 |

肢体动作表示角

之前通过实际案例及分析对直线与平面的定义进行了学习，现在该教师引导学生用肢体来形象地刻画角。

师：刚才我们学习了角的定义，下面我们根据这个定义做一个小活动，你能通过身体来表示不同的角吗？

生 1 伸出两根相邻的手指，说："我的两根手指构成了一个角。"

师：既然你说这是一个角，那么根据角的定义，顶点在哪里？两条射线又在哪里呢？

生 1：顶点在两根手指的交叉点上，而两条射线是沿着手指的两条射线，它们构成了一个锐角。我还能用大拇指和食指构造一个直角，用大拇指和小拇指构造一个钝角。

师：很好，我们在表示角的时候，必须从角的数学定义出发去描述这个角，以及角的大小。其他同学还有哪些方法来表示角呢？

生 2 通过两个手臂表示出了不同的角，并依照定义描述了锐角、直角、钝角和平角具体在哪里；生 3 和生 4 两个人以身体摆出了各种角，以两个脚的交点为顶点，以从脚到头为方向的射线为角的两条边构造了不同的角。

在上述案例中，教师通过一个小活动，让学生以活动问题为情境融入交流和互动中。值得注意的是，虽然学生比较喜欢直观的、动态的活动，但容易脱离刚接触的数学概念去分析问题，学生在活动情境中的互动需要教师加以引导，以让学生从数学的角度看待和分析问题。

情境互动更符合初中学生喜欢"玩"和"做"的心理特征，将认知交流融入特定的场景中，更能激发学生对新事物的探索兴趣，加深理解，同时也能刺激学生彼此之间的信息交流、思维碰撞，让学生了解同伴的想法，促成教学目标的达成。

（三）组织交流互动的策略

1. 突出问题，明确任务

问题解决是数学课堂的核心，而高质量的数学问题是组织学生开展交流互动的前提。教师在布置和组织学生进行交流互动之前，一定要根据教学内容或教学活动设计为学生提供高质量的数学问题。一般来说，让学生交流互动所讨论的问题要具有合适的难度，如果问题过于简单，学生几乎瞬间就可以给出确定的答案或解决方法，那么讨论就缺乏有效的空间，没有实施交流互动的必要性；如果问题过难，超出学生的认知范围或知识、经验的储备量，那么讨论往往难以得到共识性的结果，无法实现交流互动的目标。此外，供学生交流互动的问题不能是似是而非、模棱两可的，一定要是描述准确的、有可操作性的问题，既不能过于狭隘而失去开放性，也不能过于开放而让学生无所适从。

例如，在引入单项式和多项式的概念之后，教师希望学生能够交流彼此对概念的认识和看法，不能直接说"大家说一下单项式和多项式的概念是什么？它们有什么关系？"但可以让学生思考"你们能列举出哪些多项式和单项式，你列举的单项式和多项式之间的区别和联系分别是什么?"引导学生进行交流互动。

在以活动为主的交流互动中，应该为学生提供明确的活动任务和活动素材。以阅读材料、导学案、记录表、图片或影像资料等为媒介，教师应该提供简洁、明确、清晰的任务或问题，让学生准备什么、讨论方向是什么、记录哪些内容、最终要交流的结果是什么，在布置交流互动活动时都应尽量呈现出来。如果活动任务比较复杂，那么需要给学生设定一定的操作步骤，学生首先讨论哪些内容，继而讨论哪些问题，都需要进一步明确地提出要求。

2. 分组合作，分配职责

小组合作学习是常见的高效管理学生学习的一种方式，也是有效促进学生充分交流和互动的形式。小组合作需要调动每位学生参与学习的积极性，不能以个别学生为主而使其他学生作为旁观者，这就需要教师在设计小组活动时要考虑学生的分组情况，尽量明确组内学生的职责和分工。一般以 4~6 人为一组进行小组讨论，尽量为小组内每位学生安排特定的职责，如管理素材、记录与管理小组讨论及顺序、展示交流等，需要根据任务进行划分，在讨论的过程中要观察是否每位学生都履行了自己的职责，及时帮助"沉默者"进入讨论状态。可以以周或月为单位对小组内成员的分工进行轮换，让每位学生都能体验不同的职责和任务。

小组合作学习中的职责分配不仅能调动每位学生参与学习的积极性，而且可以提高小组讨论问题、解决问题的效率。在对小组中的成员进行任务分工时，应尽量根据学习任务或问题的实际情况对其进行分解从而对学生进行分工。

组织辩论活动时，学生可以分成"正方"和"反方"两组，也可以设立第三方作为"评判"组。分组的方式多样，可以根据班内的自然组进行划分，也可以是学生自愿成组。之后，确定组内成员名单，并根据任务确定组内学生分工。在小组合作学习的过程中，教师也要及时发现学生遇到的问题和困难，引导并帮助学生解决问题。

3. 协调矛盾，达成共识

交流互动的目的在于让学生在思维碰撞的过程中寻求共识，达成对新的数学概念、思想方法的一致理解。因此，在交流互动中，既要让学生展示思维的差异性，又要在差异性的基础上引导学生寻求共识。

思维的差异认知冲突是学生在解决问题的过程中生成的，这个过程是学生自我知识图式建构的必经之路。因此，学生的思维差异及认知冲突不仅不能刻意避免，而且应该鼓励学生表达自己的观点，主动呈现思维的差异和矛盾。在学生呈现自己的想法、表达解决问题的多样的思维方式的时候，教师在学生互动中要引导学生对不同的思考方式进行分析、比较、分类、概括等，让学生形成一致的认识。学生往往难以清晰地表达自己的观点，教师在和学生交流互动中需要时刻注意学生的表达是否清晰、严谨，可以重复学生的话语及逻辑，对学生的思维进行分解，引导其他学生去分析别人的叙述或表达，形成分析他人思维的习惯。通过了解不同学生对同一个数学对象、概念、定理在理解上的差异性，让学生两两比较或多角度比较不同思维方式的差异，如做辅助线解决问题时不同方法的复杂程度、列等式和列方程解决问题的差异性等，让学生学会通过比较的方法来寻找差异。分类是学生在分析、比较的基础上对同一类别的观点或看法进行有效归类的手段，对知识类别的分析是学生建立知识结构的重要途径。因此，有效引导学生进行观点或思想方法的归类极为重要。许多数学问题的解决虽然方式不一样，但其蕴含的数学思想方法是一致的，因此，分类是形成共识的关键步骤。例如，对于一道应用题，虽然学生列举的方程的形式不一样，但这些方程都是"一元一次方程"，让学生比较不同的表达方式的差异来概括概念是帮助其形成共识的重要方法。

交流互动最值得警惕的问题是"流于形式，没有目的"。课堂上教师组织学生交流往往是"各说各的"，缺乏学生之间的评判、分析及交互借鉴等，学生难以达成有效的共识。在交流互动中，教师的指导作用与一般课堂相比更加重要，教师需要时刻关注学生的表达及问题，引导学生的思维向共识靠近。所要达到的共识一般而言就是交流互动的教学目的。

4. 积极鼓励，客观评价

数学课堂中的交流互动是教师带着学生去思考、交流、分析问题，要求全体学生都投入这交流互动的过程中。在交流互动中对学生的评价要基于学生的互动过程，应进行及时点评，这也是促进学生高效交流的重要手段。在评价中，需要注意是否每一个学生都能参与到互动过程中，尤其需要关注尚未融入交流互动过程的"看客"，鼓励其他学生对发言学生的观点进行解释、评价及借鉴；同时要关注学生的交互性，有的学生非常善于独立思考，在交流互动中也善于发言，但是很少听取别人的想法或比较自己和别人的差别，这样的学生虽然表现得"很聪明"，但缺乏和别人合作探讨问题的经验，这会阻碍其学习的成长性。因此，在交流互动的过程中对学生一定要基于过程来评价，而不能只看最终发言的结果。

总体而言，对学生在交流互动中的表现进行评价时应该以积极性的鼓励为主要手段，尽量避免使用忽视、批评及其他打压方式。

忽视是教师在交流互动中最容易实施的错误评价方式。当教师听取了学生的发言后认为"学生没有思考到位、表达得很一般"时，往往会选择性忽视部分学生的发言，而实际上，每一位学生在交流互动中的表达都是自我的、真实的，相关问题也是他们在努力思考后和其他学生交流的问题。教师能否结合学生的发言做出适当性引导，以及在评价中肯定学生"不完善"的想法对最终优质结论的作用，是教师能否有效组织交流互动的重要标准。

学习心理学研究表明，在学生学习过程中积极评价的作用往往大于消极评价。在组织学生交流互动中这一结论尤其重要，有的学生积极参与了讨论的各个环节，也努力地去表达自己的观点和看法，但是受制于其知识水平很难得到较好的结论。教师应该在评价中看到该学生在交流中所做的努力，而不能只看学生表达的结果。积极评价往往需要借助教师的评价言语，一些新教师往往只会用"你的回答很好！""真棒！"等来形容学生的表现，但是，随着学生年龄的成长，这样的表扬就不适用了，学生更希望得到的是"我哪里很棒"的具体分析，即要求教师能够对学生的表现进行更加细致的点评。

对于高年级学生，在交流互动中对学生的表现进行评价时需要从客观的角度进行分析，与低年级学生相比，忽视客观结果而一味地表扬学生不仅不会激发学生的学习兴趣和学习动机，反而会让部分学生较为反感这种"盲目表扬"。因此在交流互动中，教师对学生进行评价时除了要以积极评价为主，还要逐步引导学生对自己或他人的观点进行客观分析和评价。例如，当学生呈现出自己的想法后，教师评价说："你用举特例的方法虽然也得到了结果，但是是不是还有其他结果你没有考虑到呢？这种方法只适用于这个问题，能迁移到其他问题吗？"这样的追问和评价会让学生从客观角度来分析自己的问题，这些问题也是学生期望得到解决的问题。

（四）案例分析

案例2-5呈现了一节课中的交流互动环节。该教师在引导学生对有理数的加法法则进行探索的过程中，尝试让学生通过小组合作及共同探讨的方式形成对有理数加法的共识。从案例中我们可以看出，在教学的每一个环节，教师都注意到了学生彼此之间的交流意愿，并组织了许多不同形式的交流互动活动。

(1)在温习回顾的过程中，该教师引领全班学生回顾已学知识，以"师—生"对话，促进学生对本节课任务的思考。

(2)在归类探究活动中，该教师以"师—生""生—生"对话的形式让学生进入小组分工合作的状态，并强调小组交流。

(3)在结果分析活动中，该教师让各个小组对分类结果进行了汇报，并选择了两个小组进行比较，让"组—组"之间形成交流互动，对其他组也具有启发作用。

(4)在发现规律的过程中，形成了本次教学中最为精彩的"师—生"交流和"生—生"研讨的交流活动，学生在认知冲突中展开了对有理数加法法则的思考。

在上述交流互动环节中，多种形式的交流互动相结合，教师根据实际问题合理地安排班级学生参加到交流互动中，努力调动每一位学生的互动热情。

在该节课中，该教师抓住了关键问题引领学生互动，如"如何对有理数的加法进行分类分析?""如何从易到难解决算式问题?"等,将问题慢慢带入学生的讨论之中,让学生通过交流和互动的形式完成对问题的分析。

在案例中,出不同类型的题并进行归类是一个比较难的问题,该教师通过组织学生分组合作进行探究,并通过两个小组的分享来呈现不同的分组结果,充分发挥了小组学习在探究问题中的作用,通过小组形式完成了交流和互动任务,提高了交流互动的效率。在"求解分析"方面,该教师又能协调好不同学生对解题方法的认识,逐步理清思路,促进学生达成探究运算法则的共识。同时,在引导学生进行交互时,该教师能够给出积极的评价,"大家记得很牢固""回答得很详细""每个小组的分类结果都有其合理性"等,积极评价了学生在交互过程中的学习行为,促进了学生的进一步交流互动。

三、如何倾听与观察

📎 | 案例 2-7 |

频率估计概率

在一节"频率估计概率"的课上,一位教师刚讲过频数和频率的概念,希望学生进一步探索试验中频率的稳定性,因此引导学生通过抛掷试验来理解概率的意义。

该教师设计了抛掷 1 元硬币的试验,让学生统计多次抛掷的过程中硬币正面朝上的频数,通过计算频率来估计事件发生的概率。班里两人一组组成小组,按教师的要求,一个人负责抛掷试验,一个人负责记录试验结果,并将频率变化折线图画出来。教师在学生做试验的时候在课堂上巡视。

在巡视过程中,教师发现有一个组的学生突然停下了抛掷硬币的试验,而组内另一个学生在"伪造"着数据。该教师巡视到这里突然停下来。

师:你们两个怎么突然不做试验了?

生 1:我觉得抛掷 10 次就可以了,我知道这个频率在二分之一左右,直接计算就能知道。

师：你是说直接计算就能算出频率是二分之一吗？

生1：不是的，我是知道这个概率是二分之一，能够通过抛掷次数乘二分之一估计出频数多少，所以就让他直接估计频数就可以了。（突然想了想）我也能算出这个频率是二分之一，因为硬币抛出正面和反面的机会是一样的，两个概率的和是1，那么出现正面和反面的概率都是二分之一。

师：你怎么知道出现正面和反面的机会是一样的呢？另外是不是还有硬币竖直的情况出现呢？你这么算很巧妙但不严谨，你可以同时记录三种结果，看记录结果有什么规律；你和同桌也可以"伪造"一个完整的试验数据，然后和你们真实的试验数据比较一下，看"伪造"的数据和真实的数据是不是有区别。

这个小组在教师的指导下继续做起了试验，这时另外一位学生举起了手。

生2：老师我想问是不是可以把我们组的结果和其他组的结果加在一起来算，这样是不是更准确？

师：你是说把频数和试验次数分别加在一起，再算频率吗？

生2：不是的，我是想把我们组的频数和其他组的频数加在一起算平均值，我觉得这样更准确。

生3：这个方法不行的，假如你们组抛掷了200次，另一个组抛掷了50次，你试一下分别把频数和试验次数加起来求比值所得的结果和你原来得到的结果一样吗？如果不一样，你更相信哪个呢？

（该教师犹豫了一会儿，虽然觉得分别加起来没有问题，但又考虑到频率估计概率需要"大量独立重复试验"，两个小组的试验结果加在一起是不是不符合独立性呢？）

师：你提了一个很好的想法，不过教材上说要进行"独立重复试验"，你们组的试验数据和其他组的试验数据是独立的吗？即使分别加起来求频率得到的结果也不一定靠谱，你们可以一会儿给班里其他同学演示一下你们的计算结果。

教师继续在课堂上巡视，他发现虽然学生在做着简单的试验，可是每位学生脑袋里都充满了各种奇怪的想法。

问题聚焦

Q1：该教师在学生活动中观察了什么？做了哪些回应？

Q2：在师生对话中教师是如何倾听学生的声音的？

（一）认识倾听与观察

1. 倾听与观察的内涵

学生是课堂教学中真正的学习主体，那么如何判断学生在课堂教学中是否真正地学习，学习效果是否达到了预设的教学目标呢？课堂倾听与观察是教师及时地对学生的学习情况进行了解和判断的重要途径之一。课堂倾听被认为是教师"用心和耳朵等去了解学生学习信息的基本方式"，与传统的强调"学生倾听"相反，现代教育理念更加强调教师应该作为一名"倾听者"去聆听学生的声音，在师生对话中发现教学对学生的影响及学生思维中存在的问题。课堂观察是指教师要"有一双能发现学生学习问题的眼睛去看学生的学习表现"，通过"察言观色"去了解学生获得了什么、缺失了什么，进而及时对学生的学习进行改善。倾听与观察是教师在课堂上了解学生学习行为的常用方式。

苏霍姆林斯基认为，教育艺术的基础在于教师能够在多大程度上理解和感受到学生的内心世界。教师一定要在课堂上用心去聆听每一个学生发出的声音，去观察每一个学生的行为表现，通过自己的感官走进学生的内心世界。因此，课堂倾听与观察是教师教学实践的智慧，对有效组织课堂教学、提高课堂教学效果也会起到积极的作用。

2. 倾听与观察的意义

课堂上教师对学生言语的倾听是师生交流的基础，每个学生都希望自己的观点能够得到教师和其他同学的认可和重视，倾听学生也是尊重学生学习的表现。倾听学生的声音能够帮助教师及时了解学生在学习中遇到的困难，为教师判断学生的困难和疑惑提供了依据，是教师响应学生的出发点。认真倾听学生的声音是师生对话的基础。此外，倾听学生是教师判断教学目标是否有效达成的关键，教师在分析学生表达的信息时发现教学问题，进一步调整教学节奏。

课堂上的倾听与观察有着同样的目的，不过课堂观察所覆盖的范围更加广泛。在学生听课、讨论、解题及交流的过程中，教师都可以通过观察学生的表现来分析学生的学习心理变化，对学生的认知状况进行即时评估，判断学生的学习情况，评估自己的教学效果并进行改善。

此外，课堂倾听与观察也是教师积累教学案例、形成自己有效教学反思的重要手段。郭允滔提出了以学生学习(L)、教师教学(I)、课程性质(C)、课堂文化(C)为主的听评课课堂观察模式——LICC，认为可以通过这种模式对教师的教学情况进行深层次的教研指导。教师通过细致的倾听和观察为自身专业发展和成长提供了宝贵的经验，这也是教师成长的重要途径。

教师课堂倾听和观察的能力是逐步培养起来的。教师在复杂的课堂中能够走进学生的内心要求教师对教学内容有深刻的理解，对课堂有敏锐的知觉能力，有准确的思维判断力和机智的教学应变能力，因此课堂倾听和观察的能力需要在教学中逐渐培养。

3. 倾听与观察的内容

课堂倾听不仅仅是要听到学生的声音，更重要的是要对学生表达的观点、意见及想法进行及时抓取和反馈。本书分 3 个层次来介绍。

(1)听声音和语言。

当学生回答时，根据内容的准确性，推断学生对知识的理解和掌握情况；通过语调可以推断学生的学习态度；通过语速快慢可以推断学生的思维状况；由语音大小判断学生对学习的自信程度；通过学生提出的问题，确定学生所提问题与课程的关系，综合判断学生的学习水平并做出及时反馈。

(2)听语义和思维。

学生的语言往往是生活化或浅显的数学化语言，教师要对学生的语言信息进行加工和重组，分析学生语言所表达的意思，尤其是语言所反馈的学生思维。维果茨基在《思维与语言》中指出，语言是思维的表示形式，学生思维的形成、变化和发展能够通过语言交流呈现。因此，对学生话语内容背后的思维进行分析十分必要。

(3)听教师渴望了解的信息。

只通过学生主动呈现的语言来了解学生表达了什么还不够，教师需要通过主动提问、追问、再启发等方式，引导学生表达出教师希望了解的信息。在课堂中，学生大多数的语言是在教师的引导下产生的。教师为了进一步了解学生的所想所思，必然要主动去询问学生，进而倾听学生的内心。

课堂观察是教师在课堂上对学生的学习行为和状态进行及时察觉，了解学生的学习情况或学习问题的过程。因此，在课堂中，教师的观察客体是学生及其学习行为，从而分析学生的学习心理及认知状态。课堂观察的角度主要包含以下两个方面。

(1)观察学生的行为表现。

教师通过眼睛观察学生是否积极参与学习活动或交流互动活动，通过学生的肢体动作、眼神、面部表情、身体状态等判断学生是否进入学习状态。观察可以结合学生的言语来判断学生是否真正开始了学习，从而对教学状况做出较准确的判断。

(2)观察学生的认知情况及情绪。

通过观察学生的解题过程或在交流互动中的表现，能够发现学生在学习中是否存在认知障碍。学生解题时的错误表现是重要的教学资源，教师需要判断这种错误是个体的错误还是集体的学习困难，基于对学生认知情况的观察和分析，判断是否需要帮助学生重新构建或强化所学知识。学生的学习情绪往往也需要通过观察来了解，观察班级全体或个人在相关活动中的情绪特征，判断学生的沉默、高兴等是否符合我们对学习氛围的预期，进一步调节课堂学习氛围。

（二）倾听的方法与策略

1. 给学生发声的机会

现代课堂教学虽然强调了学生的主体地位，但是在很多教学场合中教师为了呈现"教了什么"有时会阻止学生表达自己的不同观点，如果学生在课堂上沉默或者发言不够积极，那么教师也就失去了倾听学生心声的机会。

倾听学生首先要赋予学生自由表达自己观点的机会，给学生留出思考问题的空间和时间。要给学生留出思考问题的空间，在教学中就不能将结果和盘托出，要给学生"留白"，让学生自己去思考还有什么需要做，让其形成自己的思考；要给学生留出思考问题的时间，是让学生有足够多的时间去思考问题和整理思绪，让学生能够鼓起勇气表达自己的观点。教师在教学中要给学生留出大量的时间和机会，让学生去表达想法，这样才能在学生的想法中发现学生的学习问题。对于教学中的关键点或重点和难点，教师需要在提出明确的任务或问题后，耐心等待学生思考，耐心等待学生反应，耐心等待学生表达。

为了掌控课堂而剥夺学生的话语权是教师常犯的错误。事实上，无论教师准备得多么精彩、讲课多么顺畅，一旦学生没有进入学习状态，教师的一切付出就都失去了教育价值。教师需要培养自己倾听学生表达的意识，在讲课过程中及时关注学生对教学内容的反馈和学生的声音。

2. 重视对话过程

教学过程本质上是一种师生对话过程。教师在对话中传授给学生知识，也在对话中了解学生的学习情况。教师通过提问或者问询获得学生的回应，进一步挖掘学生回答内容中所蕴含的信息。重视对话过程，需要关注以下几点。

首先，必须学会尊重学生。尊重学生是指教师要降低自己的权威意识，将自己和学生放在一个平等地位上去辨析问题，在对话的过程中不能以一方的"权威"粗暴否定另一方的想法，要耐心倾听学生说了什么。尊重学生是教师将自己和学生换位思考的结果。教师站在学生的角度思考学习问题，就会发现学生的想法、意识、表达背后都有其缘由。尊重学生要平等对待每一位学生，不能在对话中将学生分为三六九等，偏信好学生的回答，忽视其他学生的意见，要保障学生的话语权。尊重学生是课堂上师生对话的前提，是教师能够用心倾听的起点。

其次，需要学会包容学生。学生在对话中有时难以准确表达自己的想法或意见，也很难用数学化的语言去表达自己的思考过程，教师可通过"复述""纠正""比较"等方法逐步完善学生的表达。包容学生就是要允许学生对问题有多元化的思考和解读，倾听学生话语中的每一个细节，感受学生的理解和自己认识的差别进而指导学生完善观点；允许学生有个性化的想法，当班级中的大多数人已经接受了一个概念或定义，但个别学生仍站起来"挑刺"时也需要倾听他们的想法，让个性化的思考和多数人（包括教师自己）的想法进行思维碰撞，满足个别学生的认知需求。

最后，需要学会琢磨学生。琢磨学生就是对学生表达的信息进行重新加工和组织，了解学生究竟表达了什么，以及为什么这样理解问题，是对学生表达信息的分析和判断。琢磨学生要了解学生是提出了真的问题，还是在曲意逢迎教师的观点和意见。学生在学习中会揣摩和顺从教师的想法去思考问题，因此教师需要判断对话中学生是否真的在表达自己的观点，避免假听、偏听或误听。

3. 合理追问

追问是教师在了解了学生的部分信息和观点的基础上，进一步让学生表达出更深层次、更具体的想法和意见的过程。追问可以是对个别学生对话中的问题的追问，也可以是对班级师生应答中问题的追问。追问的目的是引导学生思考学习过程中的关键问题，促进教学目的的达成。

追问和提问相似但又有不同。追问一般是针对学生已经回答过的问题或观点进行质疑，进而引导学生再思考。从追问的功能角度分析，主要包含启示性追问、补充性追问、溯源性追问等。启示性追问是通过比较、构造冲突等启发学生进一步思考，如"比较甲、乙两个学生的想法，你们觉得哪个更合适？""大家看甲同学的求解结果和你们的一样吗？有哪些不一样的地方？"补充性追问主要是对学生表达过程中不完善和不严谨的语言及逻辑通过问询进行修正和引导，如"你能不能再说一次，老师没听清？""你还想到了什么？""还有没有其他方法呢？"等，通过问询让学生补充自己的观点和意见，进一步合理地表达自己的观点或完善思考。溯源性追问是对学生所给信息的缘由进行进一步的挖掘，如"你为什么这么想？""你说这两条线段相等的理由是什么?""你是怎么想到这个方法的?"等,引导学生对自己的想法来源进行思考。溯源性追问是教学中重要的追问形式。

(三)观察的方法与策略

1. 课堂漫步,寻找观察点

由于教学是一个复杂的、动态的过程,教师面对真实的课堂时虽然很难做到面面俱到,但还是应该努力去观察每个学生的表现。一般在讲课时,教师站在讲台上,通过宏观的观察去了解学生参与学习的基本情况,这种观察能够了解整体的学习状态,但是对个别学生的学习情况难以有细致的了解。教师在学生做任务,尤其是解题的过程中,应该多尝试走下讲台,去看看学生是如何做的。

"课堂漫步"是教师常用的观察形式。在学生学习的过程中,教师在学生之间巡视、观察学生完成任务的具体情况,这种"漫步"不是漫无目的地走来走去,而是要去看学生做的情况如何、是否存在问题,在"漫步"中发现问题时需要对学生进行及时的指导和纠正,对于发现的突出问题也可以让学生去板演或者讲解。一位教师说:"我上课一半时间都在讲台下和学生交流,学生在解题中有各种意想不到的方法和错误,大多数学生必须手把手地教他们怎么做。"教师通过这种在课堂上巡视和观察的方式去发现学生问题,能够获得更加全面的观察点,也有利于全面了解学生的信息,进行实时指导。

2. 比较分析,筛选观察内容

教师在上课过程中所面临的信息是非常巨大的,面对每一个学生的不同的反应、解法和思考,教师需要有选择性地对学生的学习表现进行观察。一般来说,教师比较和筛选观察信息是以教学目标和重难点为基础的,在具体的教学任务中观察学生是否积极参与到学习活动中,是否在解决问题时遇到了困难,是否发现了新的解题方法和策略。

教师需要有意识地筛选观察到的内容,如在解题过程中哪些学生按照规范的步骤解决了问题,可以选择较为规范的解答过程作为案例让学生去展示;了解大多数学生在解题过程中的困难点,看其是否构成了共同的学习障碍，选择有代表性的问题与学生进行交流；了解个别学生出现问题的情况，对个别学生的错误进行及时纠正和指导。教师对观察到的内容进行筛选和处理是同步进行的，不能只观察不指导，也不能只指导不观察。教师有目的地检查学生完成任务的情况并及时处理问题可以促进教学的顺利进行。

3. 借助观察工具，记录观察数据

教师在课堂观察过程中对信息进行处理时需要借助特殊的工具。现代信息技术在教学中能够帮助教师及时记录观察结果。例如，借助教学录像找到适合观察学生的视角，记录学生在解题过程中的表现，这不仅可以作为课堂观察的证据来呈现，也能方便教师在课后对观察内容进行更加详细的分析。当然，也可以借助相机、录音笔等工具对学生呈现的文案、对话进行实时记录，借助演示工具、电子交互工具对观察数据进行课堂展示。

课堂观察表作为课堂观察工具和教研工具，为教师课堂观察提供了较为方便的记录工具。顾泠沅等人在课堂教学的观察及研究中，设计了课堂观察表，见表 2-1。[①]

表 2-1　课堂观察表

课堂观察视角及主要观点		观察记录					
		优秀 1	良好 2	一般 3	需改进 4	不满意 5	未观察到 N/O
某视角							
主要观点	a. _____						
	b. _____						
	c. _____						
	d. _____						

借助课堂观察表，教师可以将观察到的内容详细记录下来，有利于教师分析观察内容，察觉需要改进的问题。教师根据需要可以改进课堂观察

① 顾泠沅，周卫：《课堂教学的观察与研究——学会观察》，载《上海教育》，1999(5)。

表，熟悉各种记录手段，从而在课堂上避免"手忙脚乱"、无所适从。课堂观察表既是对学生学习情况的记录，也是教师观察自己教学中存在的问题的重要手段。

（四）倾听与观察的课堂反馈

1. 倾听反馈的五个水平

课堂上，倾听是了解学生的手段，其目的是发现问题。教师需要针对学生的信息做出反馈从而强化对学生的指导。

埃尔基·佩科宁（Erkki pehkonen）和迈加·迈赫迪（Maija Ahtee）针对倾听和反馈的关系提出了 5 种水平的倾听，可以将其作为教师倾听反馈的 5 个层次。

水平 1：没有倾听，被动倾听，不关注学生说了什么。

水平 2：选择性倾听，只听自己感兴趣的部分。

水平 3：评价性倾听，评价学生的对错。

水平 4：解释性倾听，站在学生的立场，解释学生的发言信息。

水平 5：移情性倾听，顺应学生思维进行开放教学。

从上述 5 种水平可以看出，教师倾听学生所做的反馈回应，展现了教师倾听学生的不同标准。较低水平的倾听往往是"听而不闻"，忽视学生提供的有效信息；而较高水平的倾听不仅是听学生的表达，而且会对学生的表达进行充分的加工和高效的反馈。倾听也伴随着很多的后续工作，包括对学生观点的点评、让学生展示结果、促进学生交流互动及组织学生进一步探索等。

2. 观察及指导

教师课堂观察的目的在于对学生的问题进行实时的发现和指导，帮助学生解决心理方面、认知方面的问题。

观察及筛选后的观察结论为教师指导提供了依据，可以借助观察记录表、照相机等记录下结果，一些结论还可以让学生通过投影仪展示、板演等进行学习。观察到的对象可以作为推进教学的素材，如以学生完整的解题步骤为参考，让学生熟悉解题过程，通过展示某一小组的任务完成情况为尚未完成的小组提供研究思路，用学生呈现出来的新的方法或新的问题引导学生进一步思考等。

基于课堂观察的实时指导在教学中尤其重要。例如，一位教师在巡视学生的解题过程时随身携带红色的批注笔，对每个学生做题的过程进行批注和修改。一些学校提供了电子白板、交互学习工具，让观察结果能够更加直观、快速地呈现在课堂之中。借助方便的数据分析工具，教师能够把课堂观察表及时反馈给学生，让学生发现彼此的学习状态，找准自己的学习状态定位。

（五）案例分析

在案例 2-7 中，教师在"频率估计概率"这节课中的表现是值得肯定的。对随机事件的随机性和规律性的理解是这节课的难点，教师在课堂中也关注到了学生试验过程中出现的问题，并对学生进行了引导。

在这个教学片段中，教师对学生学习状态的观察是通过课堂巡视完成的。观察每一组学生做任务时的表现，当一组学生停止试验并试图"伪造"数据时，教师及时停下来进行询问和指导。

通过教师和学生的对话，明显能感受到教师并未直接命令学生"继续做试验"，而是问学生为什么停下来，询问学生的理由。学生清晰地表达了他们的理由，由此可以知道他们的想法"已经知道了为什么还要验证？"，他们认为"伪造"的数据和真实的数据一定是相同的，并且也试图通过代数思维去推断正面朝上的概率。教师也并没有阻止学生伪造数据，而是让学生对比试验数据和"伪造"的数据，让学生发现推理和试验的关系，引导学生进一步探究。教师能够感受到这一组学生是"聪明"的学生，因此安排了更具有挑战性的任务让他们探究。

第二组学生提出的问题很有创新性，他们试图通过"计算求和"的方法简化试验过程，这是不是一种更好的方法呢？

在课堂观察中，教师发现几个二人小组组合起来，通过计算几个组的"频率"的平均数的方法估计概率。还有一些小组把每个小组试验的频数结果和试验次数分别加起来估计频率，教师非常敏锐地观察到这些现象并让学生 2 提出自己的想法。教师通过提问和追问，让学生 3 表达对该想法的疑问，对于如何计算和估计频率提出学生自己的猜想。

在课堂上，教师并不一定对所有问题都有清晰的认识。本案例中，教师对于抛硬币的独立重复试验的理解也是模糊的，因此才会犹豫地给学生安排任务。虽然严格的概率试验要求实验者、试验条件及试验次数的一致性，作为课堂上的模拟试验在尽量要求学生试验方法一致的前提下，为了得到较大的试验次数，可以让各组的试验次数和频次分别加起来算估计值。但同时也要提醒学生保障每组试验的可重复性。比如，在试验前，大家约定抛硬币的手法，抛硬币的高度和角度一致；特殊情况的处理，如硬币掉到地上，不能算作一次试验，等等。在课堂上，该教师对于自己并不熟悉的问题，本着尊重学生的态度、包容学生的想法，让学生通过进一步的实践去验证猜想，并通过展示和交流让学生的质疑和猜想得到事实的论证。

案例中，该教师充分使用了丰富的课堂观察、倾听交流和适当追问的教学策略，并结合学生提出的问题结合自身教学经验，让学生通过实践探究和研讨等方式对学生进行了充分的指导。该教师能够及时发现和挖掘问题，将课堂上生成的认知冲突和矛盾转变为教学素材，合理推进教学。

四、如何进行课堂事件调控

📎 | **案例 2-8** |

"事"出有因

一位教师课上到一半，突然发现一位男生 A 和他身后的另一位男生 B 打起来了，课堂的安静一刹那被打破了。

该教师立即停下了教学工作，急忙走过去将两个学生分开。经过简单的询问，男生 A 说："他推桌子撞到我了，推了不止一次，所以我才和他打架的。"而男生 B 说："他刚才上课铃响后，把我的书碰掉地上了，也没有道歉，刚才是他靠我的桌子，差点把我的笔也碰掉，所以我才'警告'他，是他先惹我的。"两个男生开始不停地争辩。

看着两个都很愤怒和"委屈"的学生，教师本来想都批评一通，又觉得可能是"误会"产生了矛盾，于是要求这两个男生互相道歉平息这件事情。

男生 A 很自觉地向 B 道歉了，而男生 B 却不想向男生 A 道歉："凭什么是他做错了，还先动手打人，我不想道歉。"

本想让学生互相退一步但事情又陷入了僵局，这段时间男生 B 在课上不认真听讲，又有很多小毛病，教师也对男生 B 比较生气，于是严厉地对男生 B 说："课后来我的办公室，让你的家长也过来吧。"

突然男生 B 陷入了暴怒，转身就要离开教室。

"你去干什么？""我去找家长！"

教师也后悔不该在这个时候说"叫家长"的事情，但是学生一旦走出教室事情就更难控制了，于是急忙拦着男生 B："你先回到座位上吧，课后我们三个一起先聊聊，先不用让你家长来了。"

经过短暂的调和两个学生终于都安静下来了，教室恢复了正常的秩序。不过教师能够感受到男生 B 在发呆，还没有走出刚才失落的情绪。

放学后，教师与男生 A、男生 B 一起聊了一会儿，在仅有三个人的时候，男生 B 说："其实我知道他也不是故意的，只是我最近心情不好，感觉被欺负了，所以才去提醒他，是我的不对。"三个人互相聊了一会儿，关系缓和了很多。过了一会儿，教师让男生 A 先回家，又单独和男生 B 聊了一会儿，才发现他最近心情不好，是由于在家里自己的爸妈最近经常吵架，自己在学校的心情也受到了影响。

"其实我和 A 的关系本来还好，昨天晚上爸妈吵架很凶，我也没睡好觉，今天课间我睡觉被 A 碰掉了书，他吵醒了我，所以我才生气的。"

教师反思自己在课上的处理也有不当之处，好在终于让事件平息了下来。只是交谈后才发现，"打架"的背后还有很多问题没有解决，也许自己仍需要和学生家长再单独聊一下。

问题聚焦

Q1：案例中课堂上的偶发事件是怎么产生的？事件背后的原因是什么？

Q2：案例中教师是如何处理偶发事件的？如何评价他的处理方法？

（一）什么是课堂事件

1. 课堂事件的类型

课堂事件是在教学过程中发生的由学生个体或群体的一系列行为构成

的事件。教师在课堂上不仅要关注学生的学习行为，还要关注学生的其他行为。课堂事件从类型上来说，可以分为正常事件和偶发事件。

正常事件是指与教师的教学预设基本相符的事件，包括学生在学习活动中的提问、应答、举手、辩论等行为，也包括学生在学习过程中的微动作，如乱涂乱画、转笔、询问别人等行为。当教师要求学生做某件事情时，学生拒绝、沉默或不服从教师的安排，置之不理的行为表现，都可以看作与教学相关的正常事件。课堂上与学生的学习过程直接相关的事件我们都可以将其看作正常事件，对于正常事件中存在的问题，教师一般根据自己的经验正常回应或指导即可。

偶发事件是指与教师的教学预设不符合，或者与学生的学习无关的事件，一般对课堂正常的教学秩序会产生干扰。例如，个别学生身体不适、困顿睡觉、精力不集中、看课外书等行为，虽然对其他同学干扰较小，但仍需要及时发现和干预；个别或几个学生起哄、打闹等，会对课堂产生较大的影响，会严重干扰其他同学的学习，需要教师及时发现和制止。

有些与教学有关的正常事件如果不及时干预，有可能会发展成严重的偶发事件，如两个学生在争论数学问题的时候，当他们情绪比较激动或说出侮辱性言语时，教师要严肃处理，避免课堂事件的升级。

2. 调控课堂事件的意义

教师调控课堂事件是保障教学顺利进行的前提条件，通过对细微事件、关键事件或突发事件的调控，排除教学之外的干扰因素，避免其他学生受到打扰或干扰，让学生快速进入正常的学习状态。课堂调控是保护学生身心健康的重要手段，避免学生在课堂上受到同学或教师的伤害，教师作为课堂事件尤其是偶发事件的协调者，具有非常重要的责任和义务。

（二）课堂事件的调控原则

1. 以维护学生身心健康为原则

调控课堂事件尤其是偶发事件，首先是为了保障学生的身心安全。中学生还处于身体的成长期，运动、饮食等造成的身体不适时有发生，教师需要及时评估此类偶发事件的原因及程度，及时护送学生治疗。学生困乏或精力不集中时，也要先评估学生的状态再决定如何处理。有教师认为，当学生非常困乏，提醒两次还在打盹时，与其让他强忍着听课，还不如让他真的休息十分钟再抬起头学习。当遇到学生争吵、打架甚至斗殴时，教师要及时制止，以避免对学生身体造成更大的伤害。值得注意的是，教师在处理上述事件的过程中，需要关注处理方法是否会对学生造成心理上的伤害，避免将问题简单化或粗暴处理问题、强行解决事端而影响学生心理健康发展。

教师在处理比较严重的学生问题时，不能将学生赶出教室，或者允许学生擅自离开教室。学生在受到严厉批评或指责后容易产生情绪失控等问题，甚至容易造成人身伤害。教师一定要保证学生始终在自己的视线之内，避免自身的过激行为给学生造成身体或心理上的伤害。

2. 以维持教学正常秩序为原则

教师及时调控课堂事件的根本出发点是维护课堂秩序以保障教学的顺利进行。通过对教学中细微事件的关注，纠正学生的不良习惯，如制止学生转笔、说话、干扰他人等，让学生养成良好的学习习惯；通过对学生上课睡觉、看课外书等行为的干扰，提高学生的专注力，让学生将精力集中在学习上；通过对起哄、随意说话等破坏课堂秩序的学生行为进行处理，维护全班正常的教学进度。教师需要时刻谨记维护正常教学秩序的目的，在处理事件时尽量做到化乱为稳、化突为平、化矛盾为和谐，让班级恢复正常秩序。

3. 以引导协调问题和矛盾为原则

除了客观事件引起的偶发事件，如突然打雷或阴天引发学生望向窗外中断学习外，大多数偶发事件都与学生与教师之间、学生与学生之间的冲突与矛盾有关。教师在调控课堂上发生的偶发事件时，一定要有耐心去了解事件背后的缘由，公平地分析事件产生的原因，不能戴着有色眼镜去解决问题。例如，两个学生突然争吵起来甚至发生了打斗，教师通常认为俩人都有动手就应该同时受到批评，或者偏向平时文静的学生而批评平时捣乱的学生。但在实际情况中每件事背后都有其原因，教师需要认真了解原因后进行判断再进行处理，对于比较复杂的矛盾或问题，可以在课堂上先缓和，课下再处理。

面对偶发事件中的问题，教师应该以分析问题、协调问题并解决问题为基本思路，不能搪塞学生，也不能任由学生发泄情绪给课堂造成更大的干扰，应努力在分析判断的基础上安抚事件制造者的情绪，缓和突发事件，防止事态升级。

（三）课堂事件的调控措施

1. 适当处理事件

面对课堂中的教学事件，教师一般需要在事件发生时或发生后及时处理。教师可根据自身对事件的判断来处理事件，其方法一般包括冷处理、温处理、热处理3种。

对于教学中不应当发生的或者无益于学生学习的事件，如果事件对学生没有造成较大影响，一般采用冷处理的方法。例如，个别学生喜欢"接话茬"或编造"顺口溜"引起他人的注意。这种做法一般是对教学进度没有帮助的，但教师如果在课堂上过度关注或放大学生的声音，会对其他学生造成更大的不良影响。一般来说冷处理是较好的方法。冷处理不是教师无视事件，而是有意识地引导，转移事件可能造成的不良影响。教师一般可通过眼神掠过学生、转换关注点、发散学生注意力等方法，避免事件成为学生的关注焦点或教学的障碍。一般情况下，学生能够感受到教师的冷处理，会逐步收敛打断课堂教学的不良习惯。直接批评的方式反而会影响其他学生，对营造事件的学生也会有所伤害。冷处理是教师调控该类型事件的合适方法。

有时教师或学生的意外错误、疏忽或不经意间引起的小事件，会对学生的学习造成一定的影响，但这并非是故意而为的，对这些事件教师一般可采用温处理的方法。例如，因教师疏忽导致在书写解题步骤时遗漏符号或计算错误；学生回答问题时没有表达清楚、逻辑混乱；桌子、椅子不小心被碰倒，等等，这些事件会对学生的学习造成一定的影响，教师不能无视其发生而不处理。这时教师应尽量温和地处理，通过纠正、安抚、疏导等方法化解事件对学生的负面影响，引导事件走向正轨。

热处理又称为严肃处理，一般针对课堂教学中出现的恶意破坏教学秩序、严重违反纪律或造成较大影响的事件。对这类事件教师需要认真关注并实施有效的处理方法及时制止。例如，学生打闹、喧哗、激烈争辩等，需要教师给予足够的关注并做出非常明确的反应，包括批评、制止等。在批评中，尽量以论事讲理为主，不能针对个人使用粗鲁的或威胁性的语言。制止学生以言语制止其行为为主，尽量不要发生肢体上的接触，避免引发更加激烈的冲突。教师对学生的惩罚也要注意适度，杜绝身体上的惩罚，尽量以问题反思的形式让学生去反省。

教师的各项处理都是以对事件的分析和判断为基础的，这就需要教师在日常教学中多积累经验，形成对事件的敏感性和处理方法的灵敏性。

2. 解决核心矛盾

课堂事件的发生一般都具有某些关联性。如果同一类事件反复发生或经常发生，一般而言这样的事件背后都有同类问题。教师需要敏锐地发现影响教学进度事件产生的原因并针对矛盾解决问题。

例如，当教师发现一位学生和同桌经常吵闹，虽然在一节课上可以制止其吵闹行为，但仍需要教师关注事件发生的原因，切实化解两位学生在课上吵闹的矛盾，可以通过课下交流、心理疏导或者调换座位等方法解决问题。

有些偶发事件的产生可能是由个别学生之间长久的矛盾引发的，也可能是由学生与教师之间的矛盾引发的。教师需要及时关注偶发事件背后的原因，争取在严重的偶发事件发生之前能够及时找到矛盾的关键点，通过引导、梳理或变动措施解决矛盾背后的核心问题，这样才能避免更加激烈的矛盾产生。

3. 防微杜渐

在教学中，教师不仅要关注班级的整体表现，而且要平衡对班级的全面观察和重点观察。教师既要眼观六路、耳听八方，对全班的学习活动情况有所了解，又要对重点任务或个别活动进行及时的关注。

一般来说，较为严重的偶发事件都有前兆问题产生，由细小的事情引发更大的事件。教师需要重视对学生微小问题的处理，包括细微的不满情绪、挑衅的态度、嘲笑或言语欺凌等，把学生在课堂内外展现的细小问题放在心上，及时洞察学生的异常行为或心理，及时分析、引导和处理。

（四）案例分析

案例 2-8 中，课堂上出现了男生 A 和男生 B 打架的偶发事件，在教师的干预下也引发了一系列事情。

核心的偶发事件是"男生 A 和男生 B 的打架事件"。教师通过问询了解了该事件的起因：由于男生 A 碰掉了男生 B 的物品，所以男生 B 用桌子晃动警告男生 B。在教师的调节过程中，发生了"男生 B 拒绝道歉及离开教室的事件"，该事件的起因是教师让双方互相道歉，在男生 B 拒绝道歉时教师责令男生 B 叫家长。当然，经过课后交流可以发现，核心的偶发事件并不是偶然发生的，是由之前男生 A 和男生 B 的细小的矛盾引起的，事情的起源也并不局限在课堂内，男生 B 由于家庭矛盾导致的心情失落是根本原因。"家庭矛盾"是这次偶发事件产生的背景，也是间接导致偶发事件发生的原因。

在案例中，教师在课堂上处理"打架"偶发事件的方法包括制止、调停、让其互相道歉等。教师希望能尽快平息事端还原课堂秩序，但在男生 B 拒绝道歉后，教师联想到近期他的不良表现，在课堂上做出了"叫家长"的决策，导致后续偶发事件——学生 B 打算离开。在关键时刻教师做出让步，让学生课后一起交流问题，而不是让学生在课堂上被激怒。课后的聊天是课堂上教师处理偶发事件的后续活动，在三人聊天中教师解决了课堂上的偶发事件，并找到了学生近期表现不好及引发偶发事件的真正原因，认识到解决问题需要做家访工作。

对于课堂上激烈冲突事件的处理，该教师的调停和制止都起到了一定作用，但是在课堂上让学生"叫家长"有不妥之处，对学生的自尊心及其当下的激动情绪照顾不周，引发了学生更加激烈的对抗行为。对于学生离开，教师的制止十分必要。教师需要将事件控制在可控范围之内，如果任由学生离开可能会造成更加严重的问题。在课后交流中，该教师也采用了多种方式去分析问题和原因。了解偶发事件的原因及背景并找到了解决方案，为杜绝该类事件再次发生做了足够的工作。

在案例中，我们能够看到偶发事件的复杂性，教师既要坚持保护学生身心健康、维护课堂秩序的原则，又要关注事件背后的问题，通过合适的处理方法解决使学生发生冲突和矛盾的根本问题。

📎 | 实践操练 |

基于本讲的学习，参考下列几点，用一周左右的时间对自己所教班级的课堂进行分析。

1. 班级学习氛围。包括：班级近期的学习氛围和学习状态如何？存在哪些问题？你采取了哪些调控学习氛围的措施？

2. 组织交流互动。包括：自己是如何组织学生交流互动的？在交流互动中发现了哪些问题？

3. 倾听与观察。包括：关注学生面对教学重点和难点时的认知冲突，在这个过程中你倾听和观察到了什么？尝试分析自己课堂倾听的水平。

▶ 第六讲
如何组织与呈现教学内容

教学内容的组织与呈现是指在教学过程中教师根据一定的教学目标和学生学习的特点，对教材内容进行合理的补充、删减等处理的过程。它是现实和生动的，具有一定的开放性和灵活性。[1]

美国教育家加里·D. 鲍里奇在《有效教学方法》一书中谈到了促成有效教学的五种关键行为。第一，清晰授课。在授课过程中突出重点和难点，综合运用多种教学手段，如举例、图解、示范，了解学生的知识水平和理

---

[1]　俞红珍：《课程内容、教材内容、教学内容的术语之辨——以英语学科为例》，载《课程·教材·教法》，2005（8）。

解能力，使提出的问题有足够的针对性。第二，多样化教学。在课堂中，教师提问的问题、安排的活动和提供的材料等力求多样化。第三，任务导向，教师为学生提供较多的机会去学习将要评估的材料，在时间上合理安排授课内容，充分有效地传授教学内容。第四，引导学生投入学习过程。提高学生的注意力，讲解知识的同时关注学生的反应并且严格要求学生遵守课堂纪律。第五，确保学生的成功率。教学中采用的题目应该适合大多数学生的理解水平和能力水平，使他们能通过自己的努力得出正确的结果。在这五种关键行为中，清晰授课、多样化教学都与教学内容的组织与呈现紧密相关。而这两种关键行为离不开讲解技能、语言技能、提问技能、结束技能等教学技能。

一、如何在教学中做到语言规范与讲解清晰

📎 | **案例 2-9** |

三角形内角和定理的教学

A 老师：刚才大家利用拼一拼、折一折或量一量的方法，验证了三角形的内角和是 $180°$，但这些方法都存在误差，这就需要用严格的推理论证来证明这个结论的正确性。大家看黑板，我们可以过点 A 做一条直线 DE，使 $DE // BC$，那么 $\angle C = \angle EAC$，$\angle B = \angle DAB$，根据是（图 2-2）？

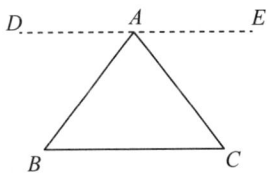

图 2-2

学生回答：两直线平行，内错角相等。

A 老师：对，根据是两直线平行，内错角相等，那么 $\angle EAC + \angle A + \angle DAB = 180°$，那么 $\angle A + \angle B + \angle C = 180°$，根据是？

学生回答：等量代换。

A 老师：这样我们就证明了三角形内角和定理。大家想想添加辅助线还有什么方法？延长 BC 至点 E，过点 C 作 $CF // AB$，是不是也可以啊？大家看看，这样做辅助线，哪些角相等？

B老师：刚才大家利用拼一拼、折一折或量一量的方法，验证了三角形的内角和是180°，那么我有一个问题，大家把三个角拼在一起，结果看起来像是一条直线，那么它真的是一条直线吗？这两条线之间会不会有一些微小的差距骗过了我们的眼睛？折在一起的这三个角，中间有没有缝隙？像这样的问题怎么解决？况且，我们无论拼折还是量，都是针对某些特定的三角形得到的这个结论，对于任意的三角形，三个内角之和都是180°吗？你们想过这些问题吗？（停顿，环顾学生）

如果我们能够从一些基本事实出发，推理出这个结论，就说明它真的是正确的。那么怎么证明呢？（停顿，环顾学生）尽管刚才的拼一拼可能会有误差，但是这个图形也许会给我们一些启发。

大家看生1这个拼法，他把$\angle B$和$\angle C$剪下来，拼在$\angle A$的两边，这样看起来出现了一个平角，$\angle A$的上面仿佛出现了一条直线，那么在我们学习的知识中，什么可以让角移动，而不必这样剪下来呢？（学生回答平行线）对，是平行线，那么看看这个图，怎么做平行线呢？（停顿，环顾全班）

学2举手回答：过点A做平行线。

B老师：和谁平行？

生2：和BC平行。

B老师：你怎么想到的呢？

生2：我发现拼在一起看起来像一条直线，如果我们直接做一条直线不就行了，但不能随便做。

B老师：为什么不能过点A随便做？

生2：因为拼出来的那条直线看起来和BC是平行的，平行线可以移角。

B老师：他刚才说的两点非常重要，从拼图中得到启发。第一，那条直线可以先做出来，这就避免了我们拼完以后需要说明是不是一条直线的问题。第二，他观察到这条直线和BC的位置关系是平行，又联想到平行可以让$\angle B$和$\angle C$移动到$\angle A$的这两边的位置（用手指着三角形的相应位置），因此我们可以过点A做$DE /\!/ BC$，然后再怎么办呢？需要让$\angle B$到哪里呢？∠B 移到∠DAB 这个位置，它们相等吗？依据是什么？

生：相等，因为两直线平行，内错角相等。

B 老师：那么∠C 又和哪个角相等呢？依据是什么？大家自己做平行线，试着用前面学过的推理语言"因为……所以……"证明一下，推理过程要想想依据是什么？……写完的同学，可以想想第二种拼图给你什么样的启发，可以怎么样添加辅助线？（图 2-3）

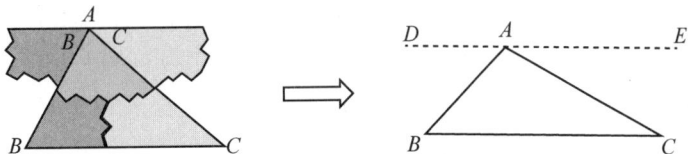

图 2-3

问题聚焦

Q1：A，B 两位教师在进行三角形内角和定理的教学语言和讲解有什么不同？效果如何？

Q2：如何做到使用规范的语言进行清晰的讲解？

（一）规范的数学教学语言

1. 什么是教学语言技能

要清晰地讲授自然离不开规范的语言，离不开教师对于教学语言的锤炼。因此，新教师要关注教学语言技能的训练。

教学语言技能是教师用正确的语音、语义和合乎语法逻辑的口头语言，对教学内容、问题等进行叙述、说明的一类行为方式。教学语言形式多种多样，主要有课堂口语，即口语表达；书面语言，包括文字、图像、符号等，如板书、批阅作业的评语等；体态语言，即用示范性或示意性动作来表达。在这三者中，课堂口语是课堂教学语言表达的主要形式。

好的教学语言吐字清晰、语速适中、语调抑扬顿挫。例如，使用标准规范的普通话，吐字清晰，没有习惯用语。声音洪亮，音调的高度适中。一般情况保持每分钟 200～250 字，节奏和谐，张、弛、停顿合理。语调抑扬顿挫，有亲和力，通过语调唤醒学生的注意力。能恰当地应用数学术语阐释概念、规律、问题，术语语言通俗易懂。当然，如果能配合一些面部、肢体动作，讲解时适时步入学生中间，适当给予学生肯定或者否定的眼神等，都会使教学语言更加形象生动、有感染力。

在讲解概念、规律时，对其中的关键词要进行强调，多次重复，做到抑扬顿挫，以加深学生的印象。例如，讲解函数单调性定义的时候，要通过提高音调、放缓语速等方式强调"定义域上的某区间""任意"，不仅是要阐释"任意"的意义，而且要在课堂教学语言的语音、语调等方面体现出这个词的重要性。

2. 数学教学语言的特征

好的数学教学语言还应该具备以下几个特征：规范、准确、简洁。数学课堂教学的语言首先应该具有科学性，这就要求教师能准确、严谨地描述数学现象，阐明数学概念和规律，避免出现有违科学性的错误。其中，准确熟练地使用数学术语显得十分重要。数学术语是严格的、规范的科学语言，不能随意杜撰。教师要能准确熟练地讲述课程标准规定的数学定律和概念，这是一条基本的要求。因此，课堂教学中的语言应尽可能规范、准确、简洁。

（1）规范。

要做到教学语言规范，教师首先应仔细研读教科书，清楚在教科书中不同章节、不同内容的重点和难点是如何进行表达的，定义、概念是如何进行表述的。其次，在教学中应做到一丝不苟，字斟句酌，反复推敲，只有这样训练才能拥有扎实的语言基本功，特别要注意尽量避免口语过于生活化。教学语言过于生活化、口头禅过多，不利于学生建立数学概念、学习使用数学语言。例如，有的教师在讲函数的时候，会介绍"一次函数是一条直线""抛物线是二次函数""当两个一次函数的 k 相等时，两直线平行，反过来，两直线平行，一次函数的 k 相等"，这些都是没有规范地使用数学语言的现象。

（2）准确。

教师在备课时必须认真钻研教科书，查阅资料，时刻力求讲解科学准确。在课堂中，讲解概念、规律，介绍数学思想与方法等时，都要注意语言的科学、严谨。例如，在介绍诱导公式时，有的教师喜欢教给学生一些口诀，如"奇变偶不变，符号看象限"，但"奇变偶不变"的真正意义，口诀里的"奇"和"偶"分别是指什么，有的学生并不理解，只是生搬硬套，因而像这样的口诀教师要解释清楚，使学生能准确使用。有的新教师在教学中的相关表述不严谨，如"绝对值是一个数到原点的距离""点到直线的距离是垂线段"，学生也不易理解，这是其学科功底不够扎实、备课不够细致的体现。

（3）简洁

数学学科追求简洁美，数学公式、符号就是追求简洁的表现。教学语言更是要体现简洁美，要简要精练地将教学内容的精华讲出来。这种能力的提高有赖于教师对教学内容的深刻理解和准确把握。

（二）课堂讲解技能

1. 什么是讲解技能

讲解技能是教师利用语言及各种教学媒体向学生传授知识和方法，启发思维，表达思想感情，引导学生理解概念、法则、定理、数学思想及方法等知识的教学行为，分为陈述性知识的讲解与程序性知识的讲解。

目前，有人认为讲解技能所对应的是传统的授受式教学，新的教学理念要求教师转变角色，成为学生学习的引导者、促进者和合作者，讲解技能不应该再作为教师的基本技能了。但是在教学过程中教师对许多问题需要进行叙述、描述、解释、推理和论证，讲解技能不可缺少，讲解技能仍然是教师应具备的基本技能之一。讲解中不仅要对学生进行启发、引导，还要让学生参与进来，在师生互动的过程中完成讲解任务。

讲解不同于讲授和讲述，它是针对学生对相关内容的认识水平，针对学生的思维过程，运用叙述、描述、解释、说明、分析、归纳、演绎、推理、论证、概括等方式，使学生认识数学对象的特点、本质特征和内在联

系的过程。讲解技能是教师根据不同类型的内容采用不同的讲解程序，使讲解的过程符合学生认知规律的技能。

讲解不是照本宣科，不能脱离教科书，讲解是对内容的说明，讲清道理，引导学生的认识，澄清学生的认识。教师应对教科书中需要学生学习的每一个单元有一个完整的认识，不仅要考虑内容的清晰、准确、科学，更要注意学生的认知过程，即如何引入、认识、反馈和结束。

在讲解时，教师用生动、富有启发性的语言激发学生的思维活动，引导他们想象，利用逻辑推理等方法，发展学生的思维能力。对讲解技能进行分析是把如何引导学生思维的过程呈现出来，把隐藏在方法背后的思考显性化，从而让教师学会按照不同的讲解程序有步骤、有计划地引导学生的思维活动，为学生学会学习建立一套编码系统，实现讲解的目的，发挥出讲解的作用。

2. 讲解技能的特征

好的讲解应该具备以下特征：目标明确、结构合理、语言清晰、重视知识间的联系、学生参与、结论明确。

(1)目标明确。

达成一定的教学目标是讲解的基本要求，也是讲解技能的指导性要素。课堂教学中的讲解与平时的讲故事、谈心等不同，虽然这些活动也都需要"语言表达"，但是它们与教学中的讲解所要达成的目标不同。讲解是为达成一定的教学目标服务的，无论是讲解概念规律，还是讲解解法步骤，都是为了落实教学任务、突破教学重点和难点服务的。因此，讲解的内容和方式要随着教学目标、教学重点和难点的变化而变化。

(2)结构合理。

讲解的结构是教师在分析学生情况和教学内容的基础上，针对讲解的过程和框架而设计的。这一技能要素是整个讲解教学活动成功的基本保证。在讲解过程中，既要关注整个讲解过程的条理性和清晰度，又要关注讲解过程中结构的合理性和环节的逻辑性，确保过程连贯，更要关注讲解过程与讲解目标的一致性，针对不同的目标选择不同的讲解框架和结构。

（3）语言清晰。

教学是一门艺术。而教师的讲解又和一般的交谈、辩论、演讲等有所不同。讲解技能的重要特点之一就是语言清晰、条理清楚、快慢适合学生。此外，课堂中的讲解语言常常与板书、多媒体、动作等结合使用。还有，知识的类型不同，选择的讲解语言类型就不同，数学学科往往会涉及大量的符号、公式、图表等数学语言，讲解的时候要清晰、规范。

（4）重视知识间的联系。

在讲解时，教师要讲清楚概念是如何形成的，分析过程的来龙去脉，不能把概念或某一段思考过程的结论直接抛给学生。比如，在证明三角形中位线定理的时候，倍长中位线是常用的一种方法，在讲解时有的教师直接提出，"延长中位线 DE 至 F 使得 $EF=DE$"，至于"为什么要这样做辅助线""如何想到这样做辅助线"，并没有讲解，学生自然也就学习不到"添加辅助线"的方法了。教师在讲解时，需要通过暴露思维过程，帮助学生建构知识之间的联系，明确方法是如何选择的。

（5）学生参与。

教师的思维离不开学生，学生的思维也离不开教师的指导，可见讲解是师生共同思维的过程。因此，讲解技能要求教师要有意识地引导学生参与讲解活动，通过讲解在学生思维上的关键处、模糊处和障碍处加以引导。

（6）结论明确。

在讲解的过程中，教师不断地向学生传递信息，如果缺少让学生回忆、整理、联系旧知识或实践的过程，那在学生头脑中形成的知识可能就会是杂乱无章的。因此，在完成一个讲解过程或讲解活动时，教师要带领学生一起梳理、总结和归纳，以得到明确的讲解结论，并且讲解结论直接为教学目标的达成服务。没有讲解结论的讲解过程是不完整的，学生建构起的认知也是不完整的。

（三）案例分析

两位教师在三角形内角和定理的教学中，都让学生采用拼接、折叠和测量的方式再次验证三角形内角和是 $180°$ 这个结论。和小学不同的是，在

初中，学生需要证明这个结论的正确性。在推理过程中，如何添加辅助线是一个难点。对于这个难点，两位教师都通过讲解的方式进行了突破。但两位教师的讲解方式并不一样。

1. 引发思维冲突

让学生产生思维冲突，教师的讲解才能更好地引起学生的兴趣。A 老师的讲解是从直接提出"测量有误差需要证明"开始的，没有让学生产生强烈的认知冲突。而 B 老师是在提出了一系列问题后开始的，"看起来像是一条直线，那么它真的是一条直线吗?"，引发学生产生了强烈的认知冲突，从而激发学生兴趣，使他们想知道为什么，因而后续的讲解会更加吸引学生。

2. 目标明确但不同

两位教师的目标明确但并不相同。A 老师讲解的目标是使学生理解推理的过程以及推理依据。B 老师不仅希望学生能够理解推理的过程及推理依据，还希望学生学习如何借助拼接、折叠的方法自然而然地想到辅助线的添加方法。因而在讲解目标上，A 老师关注的是证明方法，B 老师还关注到了证明方法是如何想到的。

3. 学生参与

两位教师在讲解过程中都有让学生参与讲解的过程。但学生的认知投入情况并不相同。在 A 老师的讲解过程中，学生需要回答的是一些结论非常明确的问题，教师先给出结论"过点 A 做一条直线 $DE /\!/ BC$，那么$\angle C = \angle EAC$，$\angle B = \angle DAB$"再问"根据是?"，在这种情况下，学生只是提取记忆中的知识，而非调动知识经验深度参与讲解过程。在 B 老师的讲解过程中，学生是通过反思自己的做法并表达想法的方式深入参与到教师的讲解过程中的。

4. 暴露思维过程

A 老师在讲解中只是告诉学生"过点 A 做一条直线 $DE /\!/ BC$"，但没有向学生阐释是如何想到这样添加辅助线的，没有通过暴露自己的思维过程，向学生示范方法的形成过程。而 B 老师通过启发——"他把 $\angle B$ 和 $\angle C$ 剪下来，拼在∠A 的两边，这样，看起来出现了一个平角，∠A 的上面仿佛出现了一条直线"引导学生反思"如何做平行线"。在学生表达了想法以后，B 老师总结了学生发言的两个要点，"他刚才说的两点非常重要……"这样就通过学生参与，师生一起暴露思维过程示范了如何添加辅助线。

二、如何做到有效提问与恰当理答

案例 2-10

相交线一课的提问

A 老师：如图 2-4 所示，请大家观察两条相交直线所形成的四个角，测量一下，∠1 和∠3 的度数有什么关系，∠2 和∠4 呢？∠1 和∠2 在位置上有什么关系？∠1 和∠3 的位置关系是什么？

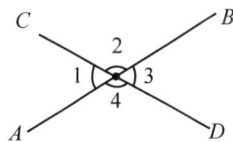

图 2-4

学生测量后回答："∠1＝∠3，∠2＝∠4"，∠1 和∠2 在一条直线上，∠1 和∠3 不在一条直线上。

A 老师：非常好！大家经过测量发现了∠1 和∠3 的度数是相等的，∠1 和∠2 在位置上它们有一条公共边，另外的边在一条直线上，互为反向延长线，这样的两个角称作互为邻补角。

B 老师：大家看看自己画的两条相交直线，你们有哪些发现？是如何发现的？把结论写在自己的笔记本上，然后我们交流一下这两个问题。

学生经过探索(观察、测量)，写出了如下的发现：两条直线相交形成了 4 个角，4 个角中，∠1＝∠3，∠2＝∠4，∠1＋∠2＝180°，∠2＋∠3＝180°，∠1＋∠4＝180°，∠4＋∠3＝180°。

B 老师：你们都是怎么发现这些结论的？

生 1：观察 4 个角，感觉∠2＝∠4，测量发现是相等的。

生 2：又量了∠1，发现∠1＋∠2＝180°。

生 3：∠1 和∠2 在一条直线上，合起来是一个平角，所以是 180°，不用量……

B老师：大家说得非常好，先观察两条直线相交后出现了哪些几何图形，大家发现出现了4个角，通过进一步观察和测量，发现4个角的度数之间存在着这些数量关系。也有的同学通过观察∠1和∠2的位置关系，发现这两个角有一条边是在一条直线上的，是一个平角，从另一个方面发现了∠1和∠2的数量关系和位置关系。像∠1和∠2这样的位置关系还有哪些角有？……你们找得真准确，能说说这些角之间到底有什么样的位置关系吗？

"它们有一条公共边""有公共顶点""另外一条边在一条直线上""方向相反"，随着学生回答，B老师在黑板上板书上面的要点，并叙述："大家在描述位置关系时，是对构成角的要素逐一进行描述的，非常好，也就是有一条公共边，另外一条边在一条直线上，方向相反，是不是可以说互为反向延长线？嗯，存在这样的位置关系的两个角互为邻补角，这样的位置关系带来的数量关系是什么？"

生：∠1+∠2＝180°。

问题聚焦

Q1：A和B两位老师的提问和理答有什么特点？

Q2：如何有效提问和理答？

（一）什么是课堂提问

每一位教师都需要运用课堂提问，每一堂课都少不了课堂提问。提问技能是指教师通过提出问题的形式，引导学生做出回答，以促进学生学习、发展学生数学思维及语言能力的教学行为方式。

学生回答任何一个问题时都要经历一定的认知过程，按照认知过程的六个维度，可以把课堂提问相应地分为记忆型提问、理解型提问、应用型提问、分析型提问、评价型提问和创新型提问。

新课程标准对课堂提问提出了新的要求，课堂提问不仅仅是教师提出问题学生进行回答，而是要进行有效的课堂回答，即教师在精心预设问题的基础上，在教学中创设良好的问题情境，在教学中生成恰当的问题引导学生主动思考和参与对话，全面实现预期的教学目标。

（二）有效提问的特征

有效提问应该具备以下几个特征：核心问题明确，构成问题链，措辞恰当，停顿节奏合理，分布广泛，理答及时、恰当。

1. 核心问题明确

核心问题是一节课中数量最少却能支撑全课的问题组合。核心问题是一节课中每个教学活动要解决的主要问题，是课堂提问设计的主线。核心问题往往源自教学重点内容。教师可以通过对课程标准、教科书、学生认知水平的分析来确定核心问题。

2. 构成问题链

一节课的几个核心问题本身就构成了一个逻辑链条，构成了全课的逻辑结构。此外，这里所说的问题链也包括围绕每一个核心问题而设计的次一级的一系列问题组合。问题排列要有条不紊，前后贯通，逐个递进，所有问题成为一个认识层次逐级递进的整体系统，形成与知识结构匹配的问题框架。问题应该意图明确，紧扣教学重点，能引发学生的思考和讨论。任务量要适中，通过问题促进学生原有认知结构的发展，要有多种预设性答案。另外，"是不是""对不对"这样的问题少问，既没有深度，也无助于帮助学生建构知识，基本都是无效提问。

3. 措辞恰当

提问措辞是指教师在提问过程中的语言应用，包括提问引导语、提问用词、表述问题，是教师的提问技能在课堂上的展现。

关于问题的表述，语言要准确、明白、简洁，提问有效，不产生歧义，有一定的启迪性，避免问模棱两可学生不知如何作答的问题。问题的表述要注意措辞，"你们听明白了吗"和"我是否讲清楚了"，提问者的出发点不同，给人的感受就不一样。还可以问"你有不同的看法吗？""你是如何理解的？"引导学生进行更深入的思考。

4. 停顿节奏合理

停顿节奏是指教师在一个完整的提问过程中，如提问前、提问中、提

问后都要有必要的等待时间和合适的语速控制。

5. 分布广泛

提问分布是指教师的提问应该有计划、有目的地在全体学生中进行，而不是只局限在少数学生身上。不同难度的问题对应相应程度的学生，既给学困生创造成功的机会来增强自信心，又给学习好的学生提出更高的要求，从而调动各类学生的积极性。

6. 理答及时、恰当

在课堂提问后教师对于提问反馈的处理，即理答，是非常重要的。理答是指在学生回答问题后，为了帮助学生对最初的问题形成更合适的答案，教师对学生的回答给予及时、恰当的反馈或追问。

此环节为整个提问过程的核心，若是处理得好，不仅有利于学生理解问题，还有利于提高学生参与课堂互动的积极性。好的理答应该具备两大特征——及时性、引导性。教师即时处理学生的问题和答案，能够点燃学生思维的火花，激发他们的求知欲，并有意识地为他们发现问题、解决问题提供抓手，引导他们一步步建构知识。

在这个环节，教师要给学生留下思考的时间，对学生的解答进行及时反馈和评价，对学生答不上来的问题应因势利导，点拨学生得出符合数学知识规律的答案。学生回答完问题应给予合理的评价，并示意学生坐下或回到座位上。

（三）案例分析

对比 A、B 两位教师的两种提问方式，A 老师提出的问题直接指向答案"通过测量了解角度之间的关系"，学生不需要思考，只需操作验证 A 老师的答案。学生提出了"∠1 和∠2 在一条直线上"，但这样的回答仅关注到了角的一边的位置关系，另一边的位置关系并没有归纳出来。A 老师没有鼓励学生观察角的其中一个要素，也没有指出观察、归纳存在的问题，而是以直接告诉学生正确答案的方式进行理答，没有从学生的思维起点出发进行引导和启发。

B 老师提出的问题比较开放，给了学生更多的思考空间，因而学生有很多发现。这样的提问能够发展学生的探索能力。当学生回答的时候，B老师采用了板书要点的方式对学生的回答进行强化反馈，能够帮助学生抓住概念的要点。在学生回答以后，B老师指出了学生回答中的关键"描述位置关系时，是对构成角的要素逐一进行描述的，非常好"，并对学生的回答进行了整理，从学生的思维出发，形成概念。可见，有效的提问和恰当的理答能够帮助学生学习数学方法，发展思维，建构知识。提问技能也是新教师必须掌握的技能。

三、如何进行课堂总结

在数学教学中，应该注重及时总结和概括，这有助于帮助学生对所经历的探究过程、所使用的数学思想方法等进行提炼，建构知识之间的联系，积累基本活动经验。一般来说，一个活动结束后要及时总结，在课堂结束时要进行概括和提升。

案例 2-11

"同分母分式加减法"的课堂总结[①]

师：同分母分式加减法是非常简单的，大家怎么认为呢？

生1：同分母分式加减法确实是非常简单的，只要在计算过程中注意正负符号的运用并且准确计算就可以了。

生2：在计算中不仅要正确运用正负符号，还要恰当地运用加法的运算律，使计算过程更简便。

师：你们说得都很对，所以我们必须仔细计算。

问题聚焦

Q1：数学课堂教学结束技能有哪些特征？

Q2：数学课堂教学结束技能有哪些形式和要点？

---

① 刘德仕：《谈数学教学中的课堂总结》，载《考试周刊》，2012(89)。

（一）什么是结束技能

结束技能是教师在完成课堂教学活动时，对本节知识进行归纳、总结，使知识更系统，重点更突出，促进知识记忆、迁移的一种教学行为方式。好的课堂结束能给人以美感和艺术上的享受，但这不是教师只凭灵机一动就能达到的效果，教师应在平时的教学中增强对课堂结束环节的设计意识。课堂结束的好坏，是衡量教师教学艺术水平高低的标志之一。许多优秀教师都很讲究恰到好处地结束课堂，或归纳总结，强调重点；或留下悬念，引人遐想；或含蓄深远，回味无穷；或新旧联系，铺路搭桥等。这也显示出了其精湛高超的教学艺术。

（二）结束技能的特征

好的结束环节应该具备以下特征：概括与反思、教学目标评价、突出学生主体地位。

1. 概括与反思

概括指的是用语言、提纲、表格、思维导图等形式对一节课的内容进行提纲挈领的概括总结，结合板书，形成逻辑结构清晰的知识结构网。反思是指促使学生再次对刚刚学习的知识及其联系进行提炼与思考。教师在结束环节重在引导学生进行如下反思：这节课我们提出了什么问题？是如何进行探究的？解决问题的方法是什么？所学知识之间有什么联系？你还有什么困惑？结束环节要突出主干，进一步强调重点，而不是对一节课的内容进行二次复述。总结可用提问、简述、列提纲、列表格、图示等方法，可以借助板书设计，帮助学生回顾要点、强化记忆，使学生对整堂课形成一个完整、清晰的印象。

2. 教学目标评价

教学目标评价指的是结束时可以通过提问、做练习、布置作业等形式考查一节课的教学目标是否达成，对学生的学习情况进行诊断，为下节课调整教学策略提供参考。教师要注意评价形式应灵活多样，内容紧密围绕教学目标，要有梯度，便于精准了解学生的学习效果。对作业形式及交作业的时间，教师要交代清楚，作业量要适中。

3. 突出学生主体地位

很多时候，课堂总结由教师进行，优点是准确和概括，缺点是这些总结可能只是教师的总结，没有在学生的心里留下太多的痕迹，只有学生能够在思考的基础上自主地进行总结，才能把自己的知识结构化、网络化，才能深入理解数学思想方法。因此，教师要给学生提供反思自己学习的机会，在教学过程最后的环节中，为学生提供思考和发展思维的空间。

（三）课堂结束技能的形式

课堂总结很重要，其方法形式多样，不拘一格，要能够激发学生的学习兴趣，帮助学生建构知识网络、提升能力。归纳起来，课堂总结有下面几种形式。

1. 归纳概括式总结

这是绝大多数数学课堂经常采用的总结方式。教师引导学生回顾知识形成的过程，提炼所使用的数学思想方法，归纳解决问题的策略，建立新、旧知识的联系，回顾在这个过程中学生所获得的情感体验等。在进行归纳概括式总结时，教师不能代替学生进行提炼，可以采用师生互动、生生互动的方式促进学生进一步反思和讨论。

课堂总结 1：多边形内角和课堂总结

师：今天我们一起探索了多边形的内角和公式，请同学们说说在这个过程中，大家都有什么样的收获与思考？

生1：知道了多边形内角和公式。

师：非常好！生1关注到了我们今天的主要知识，除了知识，还有什么？

生2：有5种证明多边形内角和的方法。

生3：有两种可以合并，按照选取的点的位置，可以分为点在边上，在顶点上，在多边形的内部和外部。

生4：这些方法都是把多边形分割成三角形，转化成三角形的内角和来求的。

师：从知识到方法，大家的反思开始更加有深度了，生2总结了解决问题的方法，生 3 对不同的方法进行了优化，而生 4 则关注到了方法背后的数学思想——转化。在数学中，我们常常需要将未知转化成已知来解决问题。反思探究过程，我们是如何猜想出任意多边形的内角和公式的？

生 5：我们归纳了三角形、四边形、五边形的内角和的规律，然后提出了 n 边形的内角和公式的猜想，然后进行了证明。

师：太对了！生 5 则帮我们梳理了发现公式的过程，我们用了归纳推理的方法。还有哪位同学在今天的小组讨论交流过程中有一些别的思考？

生 6：今天和同桌讨论的时候，他教会了我另外一种分割多边形的方法，就是从顶点处进行分割，这个方法是所有分割方法中最简单的，我向他介绍了我的方法，我们每个人都获得了两种方法。

师：生 6 在和同学交流的过程中收获了一种更简单的方法，他还特别提到了交流的意义，你有一种思想，我有一种思想，一交换，每个人就拥有了两种思想，交流会使得每个人的智慧增长！今天大家的总结非常重要，请把它们迁移到以后的学习中，我们会取得更大的进步！

在课堂总结 1 中，教师会抓住学生反思的关键进行分析和提升，强调学生提炼出的知识与方法，引导学生关注探究过程中的情感体验，不断地推动学生的反思从知识点的获取走向深层次的思想方法及活动经验的提炼。归纳概括式总结的要点是：①教师通过问题引导学生反思和总结；②教师在学生总结时，可以在黑板上及时板书学生发言的要点，并建立它们之间的联系，帮助学生建立知识结构网络；③教师要对学生的总结进行再次提升和积极评价。

2. 迁移拓展式总结

迁移拓展式总结主要包含两个方面：一个是数学学科知识方法的迁移拓展，借助总结环节为后面的数学学习"埋下包袱"，进行知识和方法的铺垫；另一个是将一节课学习的知识方法与其他学科或生活实际建立联系。

课堂总结 2：有理数的加法课堂总结

师：我们今天探究了有理数的加法法则，那么，接下来你们想研究什么问题？怎么研究？

生 1：有理数的减法。

师：非常好！减法总是和加法形影不离，那么请大家思考一个问题，我们如何研究有理数的减法呢？这节课有什么方法和经验可以迁移到这个问题的解决中呢？

生 2：我们可以先列出一些减法算式，借助生活中的模型计算出结果。

生 3：我们仍然可以借助数轴进行计算。

生 4：我们可以根据减法是加法的逆运算，把减法问题变成加法问题。

生 5：我们需要对有理数的减法进行分类，然后分别概括它们的法则。

生 6：我们还可以把加法和减法混合起来计算，这样就更复杂了。

师：大家在课下不妨试一试这些办法是否可行。

在课堂总结 2 中，教师并没有直接让学生总结有理数加法这节课的收获，而是借助有理数的减法需要研究哪些内容，如何研究这些问题，引导学生积极思考，通过学生的发言，来评价学生是否掌握了这节课所学的基本思想方法和活动经验。迁移拓展式总结的要点是：①教师选择和本节课在研究方法和思路上一致的内容让学生迁移解决，比如学习完三角形的全等以后，可以让学生设想如何研究四边形的全等，学习完解直角三角形以后，可以让学生设想如何解等腰三角形；②在学生迁移遇到困难时，教师要及时引导学生反思本节课的活动经验，不要直接给出答案；③教师要把学生反思的方法与经验进行及时的强化和梳理。

3. 问题探究式总结

在课堂总结中时，也可以结合一节课所学的一些思想方法、问题解决策略，精心设计一个问题，引发学生的思考与兴趣，把学生的思维推向高潮。

课堂总结 3：分式方程的应用课堂总结

今天咱们学习了分式方程的应用，最近我遇到了一个交通方面的问题，也请你们帮忙分析一下，昨天我和崔老师要去市研修中心找冯老师商量一些上课的细节问题。本来约好一起从咱们学校出发坐公交车去，因为我有点事，崔老师坐公交车先出发 15 分钟，随后我开车去，我开车的平均速度是公交车的 1.5 倍，在市研修中心门口我恰好追上了崔老师，我查了一下市研修中心离咱们学校 30 千米，路上汽车限速 70 千米/时，你们帮我算算，我超速了吗？

听完这个问题，学生摩拳擦掌、跃跃欲试，都想帮教师分析，这激发了他们应用本节课所学的知识与方法解决问题的兴趣。教师在这个过程中，可以看到学生在哪些环节还存在问题，可以有针对性地提供帮助。问题探究式总结的要点是：①选择和本节课知识方法密切相关的问题，评估学生是否达成了学习目标；②问题最好是新颖的，激发学生的兴趣，让学生本已疲倦、沉闷的思维再次活跃起来；③教师要留给学生思考和解决问题的时间，以便观察学生的表现。

课堂总结虽位于一个活动或者一节课的最后，却具有重要的地位，它有助于教师对教学内容进行系统化，有助于评估教学目标的达成度，有助于激发并维持学生的学习动机和思维状态，也有助于帮助学生巩固知识，并向新的知识内容过渡。新教师要在教学中不断实践创新，发挥自己的智慧和才华，积累"新颖、有趣、有料"的课堂总结的方法与形式。

（四）案例分析

在案例 2-11 中，教师通过提问的方式结束了该节课的学习。提问的两位学生对同分母分式加减运算中需要注意的两个方面的问题进行了反思。教师在结束时仅以简单的一句"说得很对，所以我们必须仔细计算"进行总结，概括性是不够的，没有总结这节课学习的数学方法，比如类比分数和整式运算，忽略了对下节课"异分母分式加减法"的导入，使两课之间缺乏承上启下的联系。这是一个简单而又缺乏实际意义的总结。应该补充说明："实际上大多数分式的分母是不相同的，在这种情况下，又该怎样计算呢？下一节课我们将学习异分母分式的加减法。"这样就使课堂总结更完善了。留下悬念，激发学生对下节课"异分母分式加减法"的学习欲望。

四、如何将信息技术与数学教学深度融合

信息技术与教育"深度融合"，这是教育部在 2012 年 3 月 13 日发布的

《教育信息化十年发展规划(2011－2020 年)》中首次提出的，文件中共出现 10 次(包括目录)，其重要意义不言而喻。

当今社会处于信息时代，以多媒体计算机、互联网等为代表的信息技术几乎影响了人类生活的各个领域，教育如何步入信息时代?[①] 接下来我们将讨论如何将信息技术与数学教学深度融合。

案例 2-12

平行线折线问题的探究

点 E 与两线段一侧两端点相连的四种情况及结论见图 2-5。

(1)

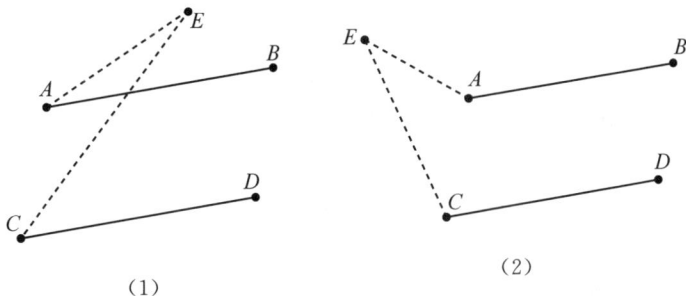

结论：$\angle C=\angle A+\angle E$

(2)

结论：$\angle EAB=\angle C+\angle E$

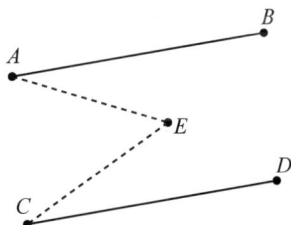

结论：$\angle E=\angle A+\angle C$

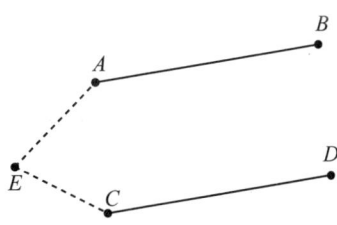

结论：$\angle A+\angle C+\angle E=360°$

图 2-5　点 E 与两线段一侧两端点相连的四种情况及结论

教师通过信息技术手段进行演示，验证结论，学生进行论证。

小结：无论点 E 与两平行线段的哪两个端点相连，都会出现角，这样就为我们研究问题提供了思路——研究角之间的关系。

---

① 桑新民、李曙华、谢阳斌：《"乔布斯之问"的文化战略解读——在线课程新潮流的深层思考》，载《开放教育研究》，2013（3）。

问题聚焦

Q1：在该案例中信息技术在教学中的使用方式是什么？信息技术的使用是否恰当？

Q2：信息技术如何与数学教学深度融合？

（一）信息技术与数学教学的深度融合

这里的信息技术指带有数学学科特征的、适用于中学数学教与学的软件或硬件，包括超级画板、几何画板、动态几何软件 GeoGebra、图形计算器等。

现代信息技术，尤其是计算机的发展，促进数学研究方式也发生了变化，其特点是利用计算机的高速运算能力，数学家可以集中精力于创造性的活动。

有些数学家开始思考数学研究的过程，之前数学成果一般都是以证明的形式出现的，在发现问题和给出证明思路和方法之间，有一个漫长而艰苦的试验或者探索阶段，而计算机可以作为试验工具。对数学研究过程的认识与探索为数学实验的开展创造了更为便利的条件。通过数学实验，学生可以共享数学发现的挫折与快乐，通过对数学现象进行探索，自己去发现并做出猜想，进而找出支持的证据，有利于学生发展思维水平。

《国家中长期教育改革和发展规划纲要（2010－2020 年）》提出"强化信息技术应用。提高教师应用信息技术水平，更新教学观念，改进教学方法，提高教学效果。鼓励学生利用信息手段主动学习、自主学习，增强运用信息技术分析解决问题能力。加快全民信息技术普及和应用"。《教育信息化2.0》提出，到 2022 年实现教育信息化教与学应用覆盖全体教师和全体适龄学生。推动信息技术与教育深度融合，全面提升师生信息素养，推动从技术应用向能力素质拓展，使之具备良好的信息思维，应用信息技术解决教学、学习中的问题等。

《义教数学课标（2022 年版）》提出，学生应当有足够的时间和空间经历观察、实验、猜测、计算、推理、验证等活动中，将信息技术作为学生学习数学和解决问题的有力工具，使学生能够投入现实的、探索性的数学活动中去。

（二）使用信息技术的原则

使用信息技术，首先要能够帮助学生进行数学学习，不能增加学生的认知负担。其次，教师使用信息技术要建立在对数学教学内容进行分析的基础上，帮助学生进行理解和探究。学生是教学的主体，理想的状态是学生将信息技术作为学习数学和解决问题的有力工具。

1. 必要性原则

在不少课堂中，信息技术的应用异常热闹，表面上技术与教学似乎进行了融合。但是仔细端详后会发现整个课堂的教学目标并未实现，当问及学生是否掌握了学科内容时，学生则会一脸茫然。针对当前信息化教学中出现的"技术滥用""技术至上""技术崇拜""只见技术不见人"等现象，有必要提出信息技术应用的必要性原则。必要性原则也称为实用性原则，即只有在教学中需要应用信息技术时才使用，而不是把信息技术作为教学的"花瓶""摆设"。也可以把该原则理解为如果不使用信息技术手段就难以达到预期的教学效果、教学效率或教学效益。教师遵守必要性原则，需要在正确认识信息技术的教学价值的基础上，关注信息技术应用与教学效果、教学效率、教学效益之间的关系，即信息技术的应用能否提高教学效果、教学效率、教学效益，是否有利于促进学生的素质发展。具体来说，信息技术的应用能否促进教学目标的达成，如果不能将信息技术与教学目标建立明确的关联，那么就需要认真考量教学是否真的需要应用信息技术了。

2. 适宜性原则

在中学课堂教学中经常出现信息技术乱用的现象，比如信息技术的应用不符合学生的认知特征、与学习内容不相符、与学习目标不相符、不具备客观条件等。适宜性原则是指信息技术的选择、应用方式、应用时间等与学生的认知规律、学习内容、学习目标、学科特点、具体情境等是相符的，能够真正提高教学效果、教学效率或教学效益，从而促进学生的素质发展。适宜性具有以下几个方面的内涵。一是，选择合适的媒体类型。二是，选择合适的应用方式。同一种媒体的应用方式不同，取得的效果可能也不一样。互联网时代，网络也是一种学习媒体，如果让学生在课下基于互联网开展某一特定主题的研究性学习，也可能取得较好的效果；但是如果让学生在课上使用互联网搜索某个主题的信息后加工展示，在有限的时间内让学生在茫茫网络中搜索信息难度较大，学生很容易陷入"网络迷航"；如果让学生在制作好的专题网站中查找相关内容并进行加工展示，可能针对性更强、效果更好。三是，选择合适的应用时间。教师经常使用视频媒体创设教学情境，如果选择的视频的内容和时间比较恰当效果一般会比较好。但是如果播放的视频时间过长，显然就喧宾夺主了。

3. 辅助性原则

在信息技术与学科教学相整合的过程中，技术与教学的关系一直是困扰教师的一个难题。学者们曾经为教育技术是姓"教"还是姓"技"争论不休。无论如何争论，"技术是为教学服务的"这条宗旨不会变。当前我国中小学课堂教学存在着一定程度的"唯技术化"倾向，主要表现为教师在教学过程中过度依赖信息技术，甚至忽视了教学的"主体地位"，课堂教学被信息技术主宰，甚至离开媒体就无法上课。最为典型的就是用播放视频来代替操作演示、利用 PPT 呈现推理演算过程。

针对教育信息化过程中出现的"技术凌驾于教学之上"的现象，有必要提出辅助性原则。辅助性原则是指信息技术的应用是为教学服务的，一切以教学需要为准。尽管我们现在大力倡导信息技术与教学深度融合，期望信息技术能够与学科内容、教学方法融为一体，但是在讨论信息技术与教学之间的关系时，教学依然处于主要地位，信息技术处于辅助地位，信息技术一定是为教学服务的，任何脱离"服务教学"宗旨的信息技术应用都是不合理的。

4. 情境性原则

建构主义理论、情境认知理论都认为真实的情境是有效学习的重要条件。戴尔的"经验之塔"理论把人类获取经验的方式分为三类：做的经验、观察的经验、间接经验。认知学习主要是通过符号学习获取人类已有的经验，这种方式获得的经验基本上都属于间接经验，往往脱离了现实情境。

学生仅仅获得间接经验难以培养其问题解决能力和创新能力。由于社会文明的发展，学生需要学习的知识种类数量繁多，不可能所有的经验都通过做的方式获得。因此，观察的经验就成为直接经验和间接经验之间的桥梁，它弥补了书本学习脱离现实情境的不足。信息技术可以为教学创设逼真的情境，解决符号学习脱离现实情境的问题。情境性原则就是充分利用信息技术手段为教学创设逼真的教学情境，激发学生的学习动机，建立符号学习与生活情境的关联，帮助学生获得对知识的直观感受和情感体验。情境主要包括：生活情境、虚拟情境和知识情境。生活情境就是学习者所在的社会情境，可利用媒体技术还原事件发生的过程或背景。虚拟情境就是利用虚拟现实和虚拟仿真所创建的模拟情境，适用于那些生活情境难以表现的领域。知识情境就是知识所发生的背景与过程情境，能够帮助学习者建构知识的意义。需要说明的是，并不是所有教学中都需要创设以上三种情境，而是要根据内容和学情的需要进行设计。

📎 | **案例 2-13** |

三角形高线规律探究

教学片段1：画出直角三角形(图 2-6)、锐角三角形(图 2-7)、钝角三角形(图 2-8)的三条高，并展示出来。

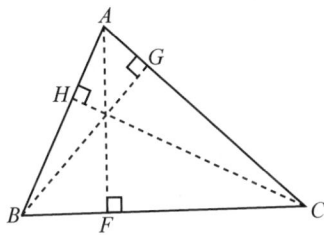

图 2-6　　　　　　图 2-7　　　　　　图 2-8

师：你能发现三角形的高和三角形有什么关系吗？

生：直角三角形的一条高线在内部，另两条高线为直角边；锐角三角形的三条高线都在内部；钝角三角形的一条高线在内部，另两条高线在外部。

师：三角形的三条高线有什么关系？

生1：直角三角形的三条高线相交于一点，交点为直角顶点。

生2：锐角三角形的三条高线相交于一点，交点在内部。

生3：钝角三角形的三条高线不相交。

师：我们发现直角三角形、锐角三角形的三条高线都是相交于一点的，看到的就一定正确吗？

教学片段2："三角形三条高线相交于一点"的"证明"

师：我们如何说明直角三角形、锐角三角形的三条高线相交于一点呢？

生1：直角三角形的三条高线分别为 AC，BC，CD（图2-5），都有一个 C，所以是相交于一点的。

生2：直角三角形的两条高线就是直角边，它们相较于顶点 C，斜边上的高必须经过点 C，所以是相交于一点的。

生3：可以在 GeoGebra 中拖动锐角三角形，观察三条高线会不会分开？（学生操作，观察还是相交于一点）

师："看上去是"并不是数学意义上的正确（教师提供一个图看上去是三条线相交，当图形放大时会发现并不相交），怎么能更好地说明是否相交于一点？

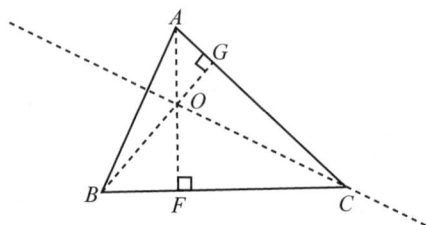

图 2-9

生：可以说明 AF，BG 是相交于一点的，假设交点为 O，连接 CO 并延长，如果 CO 垂直于 AB，就可以说明了。（图2-9）

全班学生在 GeoGebra 上进行操作验证，教师进行指导。在完成之后，教师进一步提出问题：钝角三角形的三条高线会有什么规律呢？请你在 GeoGebra 中试试。

教师在教学片段1中，并没有直接给出"三条高线相交于一点"这个事实，而是引导学生观察三角形的高线与三角形的关系、三角形三条高线的关系，并且当学生给出结论"钝角三角形的三条高线不相交"时，教师并没有直接予以否定。引导学生思考:"看到的就一定正确吗?"这也是学生从小学阶段到中学阶段几何学习的关键转折,从"看上去像"向严谨论证过渡。

在教学片段 2 中,教师遵循学生的认知顺序,没有直接用信息技术来验证,而是先让学生说理。在前面分类的基础上,学生从直角三角形过渡到锐角三角形,在锐角三角形的"证明"中,教师将学生的想法与信息技术 GeoGebra 结合起来,并在最后回应了教学片段 1 中钝角三角形三条高线不相交的问题,之后交给学生自主用 GeoGebra 进行探究。

该案例中学生使用信息技术进行探究,教师的演示也是可以的,核心是引导学生从看一看过渡到"严格"说理,再辅以信息技术进行探究。

（三）案例分析

在案例 2-12 的教学活动设计中,这几种情况是怎样得出来的?结论是怎么得出来的?每种情形一个结论,怎么记得住?它们有关系吗?能统一吗?在课堂教学中发现学生在拖动点的时候非常小心,点 E 在两条平行线段之外,学生不会拖动点 E 到其他地方。可以对此教学活动进行如下改进。（图 2-10、图 2-11）

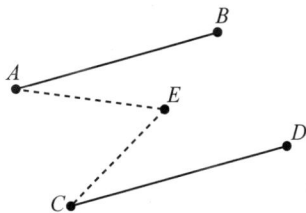

图 2-10

问题:当点 E 的位置发生变化时,结论是否仍然成立?

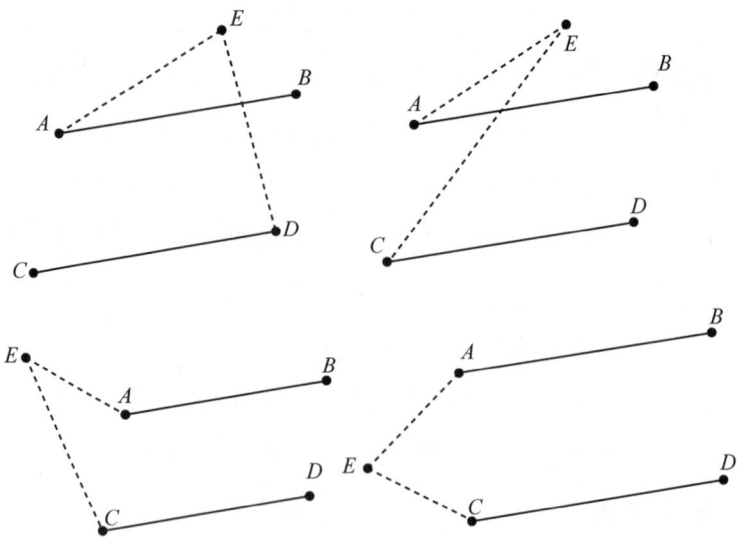

图 2-11 其他四种情形结论是否成立

在案例 2-12 中，改进的教学活动设计体现了两点。第一，由点状探究到系统探究，从一个得到的结论出发，探究当点的位置发生变化时，结论是否还成立？为什么成立？由此走向证明。不成立的时候，寻找解释。第二，不同结论之间是否有关系？改进的教学活动设计是为了帮助学生探究数学，无论是教师使用信息技术，还是学生使用信息技术，信息技术都是为了"探究数学问题"而使用的，其价值不仅仅在于演示。

实践操练

1. 请选择一道例题，按照规范、准确、简洁的要求，进行讲解技能训练。

2. 请设计"有理数加法"或"函数单调性"中的核心问题链。

3. 请设计"有理数加法"或"函数单调性"教学中结束环节的框架和流程，用思维导图的形式呈现，并与他人交流、讨论，进而对其进行优化。

4. 请依据信息技术在课堂教学中的应用原则，设计"有理数加法"或"函数单调性"教学中的探究方案，就方案设计中信息技术如何提高教学有效性加以简要说明，并交流分享。

单元小结 ……▶

教学实施是教师实施教学设计并不断做出调整的过程，教学实施技能的有效性，直接决定着教学的效果。本单元着眼于新教师在组织和实施教学的过程中需要反复打磨的教学基本技能，通过案例分析，解析学习氛围营造、教学组织互动、课堂倾听与观察、课堂教学调控、讲解技能、提问与理答技能、结束技能、信息技术的使用等基本技能的要点，并提出可操作性的策略，帮助新教师理解技能的内涵，并在实践中通过反复练习教学基本技能，不断改进，提高教学基本功。

单元练习 ……▶

以某一节的教学设计为基础，进行课堂教学并录制。以小组为单位观摩教学过程，分析以下问题。

1. 分析教师这节课在课堂管理与调控(学习氛围的营造、教学组织互动、课堂倾听与观察、课堂教学调控)上的表现，分析出现的问题并提出解决的对策。

2. 分析教师在语言表达、有效提问、概括结束和信息技术的使用等方面的表现，分析存在的问题并提出解决的策略。

阅读链接 ……▶

1.[美]加里·D. 鲍里奇. 有效教学方法(第四版)[M]. 易东平译. 南京：江苏教育出版社，2002.

2. 李春艳主编. 教师教学技能培养系列教程　中学地理[M]. 北京：中国轻工业出版社，2019.

第三单元　学习评价

1. 理解数学学科素养所倡导的教学评价理念。

2. 能够依据教学目标和教学内容，制订可操作和可测量的过程性评价量规和结果性评价量规。

3. 能基于教学目标、内容特点、学生情况合理选择教学评价的方法及策略，并灵活应用。

4. 掌握设计教学评价的基本原则，能够依据不同的课型、环境和学习阶段，设计有效的教学评价。

5. 基于案例的分析，理解教学评价对于教学反馈的价值和意义，反思和完善自我的教学评价量规的设计。

单元导读 ……▶

对学生的学习情况进行评价是中学教学评价的重要内容。对学生的学习进行评价，不仅能借助必要的反馈信息使教师对教学目标的达成情况进行准确判定，还能够让学生通过评估标准了解自己的学习进程和学习效果，思考并选择自己的学习方案等，对学生学习具有一定的激励作用和引导作用。

本单元主要着眼于新教师在学习评价中遇到的亟须解决的问题，阐述了课堂学习评价的设计、组织与结果反馈，课后作业的选择和布置，以及阶段测试的分析和应用。

```
                              ┌─────────────────────┐
                      ┌───────│ 如何进行课堂学习评价的设计 │
         ┌──────────────────┐ ├─────────────────────┤
     ┌───│ 第七讲  如何进行课堂学习评价 │─│ 如何进行课堂学习评价的组织 │
     │   └──────────────────┘ ├─────────────────────┤
     │                         └───│ 如何进行课堂学习评价的结果反馈 │
     │                              └─────────────────────┘
┌────────┐                      ┌──────────────┐
│第三单元  │   ┌──────────────────┐ ┌─│ 如何设计课后作业 │
│学习评价  │───│ 第八讲  如何选评和布置课后作业 │─┤ 如何布置课后作业 │
└────────┘   └──────────────────┘ │ 如何讲评课后作业 │
     │                              └──────────────┘
     │                              ┌──────────────────┐
     │   ┌─────────────────────┐ ┌─│ 如何理解阶段测试的形式与作用 │
     └───│ 第九讲  如何进行阶段测试的分析与应用 │─┤ 如何进行阶段测试的分析 │
         └─────────────────────┘ │ 如何进行阶段测试的讲评 │
                                   └──────────────────┘
```

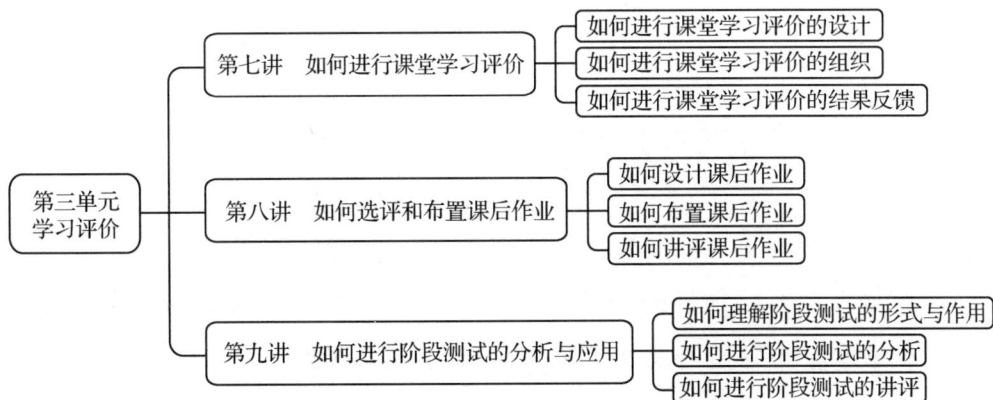

　　评估和反馈在帮助人们学习方面有着至关重要的作用。学习和理解应遵循相互一致的评估原则，首先，其应该反映教师优秀的教学过程；其次，评估作为与教学伴随而生的过程，而不能干扰其教学的原本过程；此外，评估应同时提供与学生发展阶段相吻合的相关信息。

　　　　　　　　　　——［美］约翰·布兰恩福特等，《人是如何学习的》

　　本单元将进一步聚焦和探讨如何依据日常教学的预期结果，为学生不同阶段的学习提供合适的评估证据，并在日常的教学实践活动中，开展和实施与教学设计相匹配的评估量规。

▶第七讲
如何进行课堂学习评价

评价是教学不可分割的一部分，教师可以运用评价促进教师的教和学生的学。数学学习评价，是指有计划、有目的地收集有关学生在数学知识、使用数学的能力、对数学的情感态度价值观等方面的证据，并根据这些证据对学生的数学学习状况或某个课程或教学计划做出结论的过程。[①]

数学课堂学习评价指发生在数学课堂教学中的评价。具体来讲，数学课堂学习评价是指基于学生在数学课堂学习中的表现，对学生的学习状况做出价值判断。现代教育评价理论认为，评价的一个主要目的是促进学生发展。促进学生发展的课堂学习评价是激励性评价、形成性评价、定性与定量相结合的评价。学生学习过程的评价非常关键，《义教数学课标（2022年版）》在"课程理念"部分明确提出"评价不仅要关注学生数学学习的结果，还要关注学生数学学习过程"。那么，课堂学习评价如何设计和组织？如何对评价结果进行解释和反馈？本讲将对以上问题展开讨论。

一、如何进行课堂学习评价的设计

✎ | 案例 3-1 |

B老师尝试使用"百分课堂"对学生的数学学习进行课堂学习评价。具体来说，就是将一节课的知识点、方法点和能力点等分别赋予不同的分值，总和是一百分。学生通过自主的量化评价了解自己对这节课知识与能力的掌握情况，从而促进他们改善学习。以下是八年级上册"平方差公式"一课中的评价方法的实施过程。

---

① 马云鹏、张春莉等编著：《数学教育评价》，80页，北京，高等教育出版社，2003。

首先，教师将这节课的学习目标设置为：

(1)理解平方差公式的结构特征；

(2)掌握平方差公式的特征；

(3)会运用平方差公式的特征进行计算；

(4)会灵活构造和运用平方差公式。

然后，在教学的各个环节中设置了以下问题：

1．判断下列算式能否运用平方差公式计算。(每题 4 分)

(1) $(x+7)(x-7)$；(2) $(3x-5y)(3x+5y)$；

(3) $(3a-10b)(3a+10b)$；(4) $(-x+2y)(-x-2y)$；(5) $(a-b)(b-a)$。

2．计算。(每题 10 分)

(1) $(a+3b)(a-3b)$；(2) $(xy-2)(xy+2)$；(3) $(3+2a^3)(-3+2a^3)$。

3．计算。(每题 10 分)

(1) 51×49；(2) $(3x+4)(3x-4)-(2x+3)(3x-2)$。

4．计算。(每小题 10 分)

(1) $(y+3)(y-3)(y^2+9)$；(2) $99\times101\times10\ 001$；(3) $2\ 016^2-2\ 017\times 2\ 015$。

问题聚焦

Q1：在上面的教学案例中，B 老师所设置的学习目标有什么特点？

Q2：该案例中的评价标准是如何制订的？评价题目是否体现了评价的目标？

(一)评价目标的确立

我们知道，进行教学设计时首先要确定教学目标。根据新课程的理念，教学目标应以学生为主体，因此，确切地说教学目标即学生的学习目标，它是教师教学活动的中心，是开展教学活动的依据，各个教学环节的设置和活动的开展都应围绕教师的教学目标。评价所要评的就是学生学习目标的达成程度，因此评价目标必须与学习目标相匹配。①

---

① 王少非主编：《课堂评价》，35 页，上海，华东师范大学出版社，2013。

　　评价目标是以学习目标为基础而制订的科学客观的标准，可以对学生学习的过程和结果进行有效评估，评价目标所呈现出的信息可以使教师和学生都清楚地知道自己的教和学的情况。二者的关系可以归纳为：学习目标是评价目标的制订依据，评价目标是学习目标的分解和具体化，评价目标的合理运用可以为调整教师的教与学生的学提供反馈。

　　在界定评价目标时，需要考虑以下问题：我要评价哪一个学习目标？评价任务聚焦哪一方面的内容，我还应关注这节课中培养的哪个高层次的思维能力？相对来说，我国数学课程标准中的目标较为概括和笼统。评价目标需要更加具体地界定，并正确引导评价的具体过程。此外，评价目标的定位需要考虑知识、能力、情感态度等各个维度，制订的原则是：行为的主体必须是学生；目标中的行为动词必须是可观察、可测量的行为；明确学生的学习表现或学习结果所达到的最低表现标准，即表现程度。

（二）评价任务的设置

　　评价任务是为了检测学生学习目标的达成情况而设计的评价项目。评价任务有两种形式，一是习题评价，二是表现性评价。

　　习题是一种常见的评价任务形式。总体上看，目前的习题配备存在以下一些缺陷：①主要用于巩固和复习所学的知识，培养技能与技巧，缺少培养学生数学思维方法、发展数学能力、激发求知兴趣的习题；②习题的形式单调重复，缺乏层次性、缺少富有思考性的、体现学生高阶思维的综合题和讨论题，以及联系实际的习题。此外，习题也常常被教师在习题课上专门讲授。事实上，教师不需要把新授知识和习题练习截然分裂，而是可以将习题适度地嵌入每个环节中作为评价任务，沿着学生知识生长的序列评价和反馈，以便更清晰地掌握学生的学习进程。

　　对于知识和技能之外的评价内容，特别是对高阶思维的评价，学者们提出了在课堂中使用表现性评价（performance tasks），以更好地达到评价目的。《义教数学课标（2022年版）》在"评价建议"这一部分中指出，在关注"四基""四能"达成的同时，要特别关注核心素养的相应表现。周文叶归纳了表现性评价的三个特点：真实情境中的任务、学生的建构反应和依据准则的判断。[1] 针对高阶思维的表现性评价要求学生灵活运用知识来迎接"真实性任务"挑战，有利于教师直接把握学生各种丰富的学习表现，不断地创新其教学评价方法，让学生能够自主选择适合表现自己学习成果的方式和方法，有助于学生实现自主性学习。真实性的表现性任务的设计是一种创造性活动，为教师创造性地使用教科书提供了空间。

综上，评价任务大体上可以分为两类，一类是传统的习题，另一类是接近真实的、较为复杂的表现性任务。习题的选择要注重与评价目标对应，并体现知识和技能的层次性；设置表现性任务时则需要充分考虑问题的情境，尽量使得问题情境能够引发学生相应的能力表现，还需要考虑问题情境是否符合学生的认知发展水平，具有挑战性的同时又不会使学生感到无法完成而产生挫败感，尽量用学生能够理解的方式进行描述。

下面是一个较为复杂的、开放的、具有挑战性的评价任务。[2]

学校操场的示意图如图 3-1 所示，中间的人工草坪部分可以近似看作东西方向长 100 米，南北方向宽 50 米的长方形，两侧部分可近似看作直径等于操场宽度的半圆。各班在操场上站队时均面向主席台排成数列纵队，各班人数为 35～45 人。

在每周一的升旗仪式上，全校各个班级按照"一臂间隔"在操场上面向主席台站成数列纵队，每列纵队中只站一个班，如果一个班一列纵队站不下，则站成相邻的两列纵队。"一臂间隔"的意思是前后相邻的两位同学和左右相邻的两位同学都相距一只手臂的距离。

体育老师想快速地估算一下，咱们学校操场的人工草坪部分，最多能站下多少个班呢？

---

① 周文叶：《中小学表现性评价的理论与技术》，8 页，上海，华东师范大学出版社，2014。
② 本案例来自中国人民大学附属中学薛坤老师。

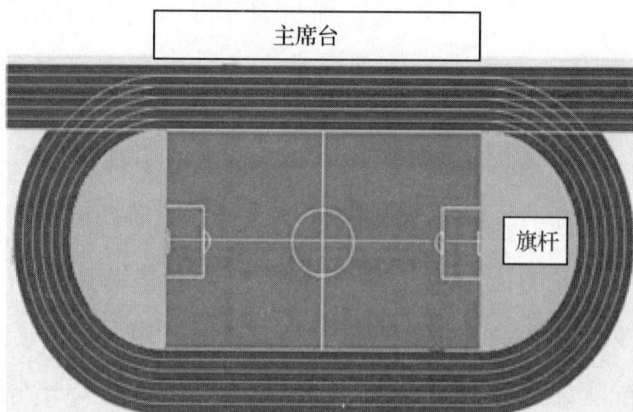

图 3-1　操场示意图

问题：请用数学语言把上述问题表述成纯数学问题，并求解。

（三）评价标准的制订

在明确了评价目标、确定了评价任务后，在制订评价标准时，首先要确定评价的维度，即确定学生在解决具体问题时应用的知识、能力和情感态度等的具体维度，然后赋予其分值或者划分出水平，并给出相关的描述，由此判断学生达成目标的程度。

当评价任务为课本中的习题时，可以采取赋予分值的方式进行评价；当评价任务为表现性评价的复杂任务时，多采用在多种维度下划分等级或划分水平的方式进行评价。例如，对上述任务，可以设置如表 3-1 所示的评价标准。

表 3-1　操场问题的评价标准

能力维度	能力表现	水平 0	水平 1	水平 2	水平 3
交流沟通	识别和提取问题中关键的数学特征、数量关系	只能点状地提取出其中的数学特征或数字信息，但在这些特征和信息间没有建立联系	能够找到大部分关键信息，但对信息的处理不准确。比如，将半圆部分也纳入待处理的图形范围内，或提取信息不完整，如仅考虑到左右的距离，忽视前后的距离	能够找到大部分关键信息，但对信息的处理不准确。问题表述不完整或没有提出清晰的问题	能够找到全部信息并建立关联，可以准确理解情境问题中出现的数学量的含义及其与待解决问题的关系，能够提出清晰的问题
数学化	能够理解情境语言并能将其转化成数学语言，能根据数学问题中数量的约束关系，恰当地简化条件，恰当地进行几何对象的抽象	不能理解情境问题中的关系，无法将几何关系与实际问题建立关联	能够理解情境语言并能将其转化成数学语言，能够使用长方形表示操场，用线段表示各班的队列，用小矩形表示各班所占位置等。但对几何对象的抽象不恰当，比如把人或班级抽象成点	能够理解情境语言并能将其转化成数学语言，能够使用长方形表示操场等，在抽象或简化过程中，仅考虑到人的身体宽度和班级长度中的一个方面	能够通过快速估计，简化条件，不再考虑南北方向限制。认识到使用线段表示东西方向长度和各班所占位置，能考虑到学生本身身体宽度的影响
表征	使用恰当的图形和符号语言将情境问题表述出来	不具备使用图形和符号语言的能力，仍然较多地使用情境文字对问题进行表述	能够使用图形语言，但描述方式不够准确，如用点表示班级	能够使用图形语言进行表征，把人抽象成点	能够准确地将问题转化为一个使用线段和字母符号进行描述的几何问题

以上评价标准借鉴了 PISA 测评项目的数学能力维度，并结合评价任务完成情况分出三个等级，给出每个维度下不同等级的相应描述。此外，评价维度的设置也可以参考《义教数学课标（2022 年版）》中的三个课程目标，有重点地进行选择：①对于学生"四基"的评价，即对数学基础知识、基本技能、基本思想、基本活动经验的评价；②对于学生"四能"的评价，包括对发现问题和提出问题、运用数学和其他学科的知识与方法分析问题和解决问题的评价；③对于学生数学情感态度的评价，包括学习习惯、质疑问难、自我反思和勇于探索的科学精神等方面的评价。

（四）案例分析

在案例 3-1 的教学中，B 老师对有效运用课堂教学评价进行了尝试，体现出了对课程标准中评价理念的落实。

首先，该教师所设置的学习目标体现了四个不同的层级，将课堂的任务变成学生具体的行为，以第一人称为主语的设计可以培养学生自身对学习的责任感，激发了评价的自主性。

其次，教师所设置的每一组评价任务都具有层次性，循序渐进地体现了认知要求的提升，从能直接运用公式，到识别结构后将某个代数式看作一个整体再运用公式，再到体会平方差公式可以简化运算的应用性，学习目标一一体现在评价任务之中。

最后，在课堂教学的每一个环节中，学生可以根据教师设置的分值和参考答案自主进行评价并自主记录，能够直接观察到自己对知识的掌握情况。如果一个学生发现自己前面的分数较低时，会努力争取在下一环节的任务中尽量使自己的表现更好。累积分数的方式，便于通过课堂询问调查学生的自主评价得分状况，获取学生的表现资料，有针对性地改进数学课堂教学，也便于对学生进行个性化的指导。

该案例尚有待改进之处。例如，可以选择其中的较高层次的任务，如 4 题的第（3）小题"$2\,016^2-2\,017\times2\,015$"，不是仅呈现对和错的结果或对是否得分进行评价，而是针对学生的具体表现区分不同的水平。例如，水平 0 为完全不知如何入手；水平 1 为能发现三个数字之间的联系，但不能正确将其转化成需要的结构；水平 2 为可以转化成平方差的结构，但由于计算错误没有得出正确结果；水平 3 为能够正确转化并得到正确结果。此外还有学生可能是直接运算得出结果的，虽然也得出了正确的结果，但这与水平 3 并不在同一水平上。细化的评分标准将使我们对学生的评价更为客观。

二、如何进行课堂学习评价的组织

课堂学习评价的组织是评价实施的关键环节，具体包括评价任务的呈现、评价标准的解释、学生表现证据的收集，以及确定以何种方式开展评价。教师基于评价任务，对学生课堂学习中的表现进行观察与判断，灵活使用多元评价方式，给予学生恰当的评价和指导，引导学生之间互相评价并进行积极的自我评价。

🔗 | 案例 3-2 |

测量学校教学楼的高度

在组织"测量学校教学楼的高度"这一数学综合与实践活动时，L 教师计划用 3 课时来完成，第一节课是分组讨论测量的方案，第二节课是实地测量，第三节课是展示交流。

在第一节课上，教师首先将该学习任务简明扼要地进行了布置，并在屏幕上展示了事先制订的评分标准，也进行了详细的解释。接着，他把评分标准、自我评价表、小组互评表发给学生，这时引起了一阵小的"骚动"。随后，他对学生进行了分组，学生开始了本节课的学习。教师在教室里走来走去，有时回答学生的问题，有时在纸上记录着学生的表现。教室里出现了不同于以往的学习状态……

问题聚焦

Q1：如果你是 L 教师，将会怎样收集有关学生表现的证据？

Q2：为什么教室里出现了不同于以往的学习状态？

（一）评价任务的呈现和评价标准的解释

教师需要准确呈现事先设置好的评价任务及相关要求，以使学生能够理解评价任务。同时，为了在课堂教学中使评价发挥更大的作用，需要向学生展示评价标准，并对评价标准进行解释，以帮助学生理解评价标准。因此，以下的关键行为是教师在教学中需要不断实践的：向学生介绍并解释学习目标和评价标准；帮助学生熟悉评价标准，尽可能地提供不同水平的表现样例；在教学过程中经常提及学习目标和评价标准。

根据学生的水平，有时也可根据需要进行分层评价。在此之前，需要对学生进行分层。需要注意的是，学生分层由学生自主选择、师生共同协商，并应尽量做到动态分层。也可以采用隐性分层的方式，即分层只由教师决定，作为划分合作学习小组、在课堂中实施有针对性的分层教学的依据。教师需要根据学生的数学学习基础和发展可能性，以及学生原有的认知、能力、情感、态度等情况，将学生分为相对稳定的若干层次或类型，如 A、B、C 三层。

- 基础知识弱、能力相对较差的学生作为 A 层。
- 智力因素好、基础知识扎实、学习能力较强的学生作为 C 层。
- 其余的作为 B 层，或者可以根据情况再详细划分。

（二）课堂评价的组织方式

1. 学生完成任务和表现的方式

根据评价任务的性质和要求，学生完成任务的方式可以是多样化的，如学生独立完成，之后口头交流或书面展示；也可以是小组讨论后集体完成，之后派出小组代表进行展示或者集体展示。不同的方式与不同的目标和不同的评价任务有关，有研究者对此进行了深入的研究和梳理(表 3-2)。

表3-2　学习目标与评价方法的关系[①]

学习目标	评价方法			
	选择式评价	论述式评价	表现性评价	交流式评价
知识掌握	很适合评价知识点的掌握情况	很适合评价学生对知识点关系的理解	不适合评价这种学习目标——需要花费很多时间涵盖每个方面	可以提问，评价其回答情况，并推断其掌握程度，但费时费力
发展推理能力	适合评价学生对某些推理形式的理解	依据对复杂问题解决情况的书面描述可以考查其推理能力	可以观察学生解决某些问题的情况，推断其推理能力	可以要求学生大声讲出其思考过程，或问互动性问题推测其推理能力
提升表现性技能	不适合，可以评价对所需要的先备知识的掌握情况，但不能评价表现性技能本身	不适合，可以评价对所需要的先备知识的掌握情况，但不能评价表现性技能本身	很适合，当学生展现这些技能时，可以观察并进行评价	非常适合评价学生的口头表达能力；还可以评价学生对基础知识的掌握情况
培养创造产品的能力	不适合，只能评价学生对创造产品所需要的知识的掌握情况，并不能评价产品本身	当要求写出产品的创造过程时非常适合，否则不适合	很适合，可以评价创造产品的步骤，评价产品本身的特征	不适合

2. 组织学生开展学习活动的方式

根据评价任务的性质，选择适合的方式，学生独立思考或小组合作，或两者相结合，组织学生开展学习活动。在学习过程中，既需要学生积极主动的思考，培养学生独立思考和探究的能力，又要培养学生的合作精神，有合理分工也有充分交流，让学生围绕教科书提供的问题进行思考和小组讨论，有问题可以及时向教师和同学求助。完成学习任务后，教师需要引

[①]　赵士果：《促进学习的课堂评价研究》，博士论文，上海，华东师范大学，2013。

导学生，通过口头表达或者作品展示的方式，主动和充分地表达自己的思考过程。

（三）学生表现证据的收集

评价是一种基于证据的推理，因此学生表现的证据至关重要。在课堂教学中，教师可以通过对学生学习过程的观察和对学习结果的判断，进行资料和数据的收集，通过多种方式获得学生学习的证据。其中，最常见的是课堂观察、成果分析(作品分析)、口头提问和个别访谈。

1. 课堂观察

课堂观察是一种很好的评价形式，既不增加学生的负担，又便于教师及时了解学生的表现。当学生在回答问题或者做练习题时，通过课堂观察教师可以及时地了解学生的学习情况，即时性地做出评价反馈。本书第二单元从倾听与观察的方面介绍了课堂观察的方法，下面再从评价的方面对课堂观察的方法进行介绍。教师可以根据评价量规，制订课堂观察检查表，表 3-3 可供参考。课堂上需要根据评分规则的要求，做好相应的记录，也可以根据实际需要，关注学生表现突出的某几个方面。例如，观察到突出的行为时，需要在相应的检查表中的项目中做标记。

表 3-3　课堂观察检查表[①]

学生姓名：

项　　目	因　素	1	2	3	说　　明
观察学生知识、技能的掌握情况	数与计算				1 = 参 与 有 关 的活动 2＝初步理解 3 = 真正理解并掌握
	图形与几何				
	统计与概率				
	解决问题				
观察学生是否认真	听讲				1＝认真 2＝一般 3＝不认真
	作业				

① 马云鹏、张春莉等编著：《数学教育评价》，102 页，北京，高等教育出版社，2003。

续表

项 目	因 素	1	2	3	说 明
观察学生是否积极	举手发言				1＝积极 2＝一般 3＝不积极
	提出问题并询问				
	讨论与交流				
	阅读课外读物				
观察学生是否自信	提出和别人不一样的问题				1＝经常 2＝一般 3＝很少
	大胆尝试并表达自己的想法				
观察学生是否善于与人合作	听别人的意见				1＝能 2＝一般 3＝很少
	积极表达自己的意见				
观察学生思维的条理性	能有条理地表达自己的意见				1＝强 2＝一般 3＝不足
	解决问题的过程清楚				
	做事有计划				
观察学生思维的创造性	善于用不同的方法解决问题				1＝能 2＝一般 3＝很少
	独立思考				
总评					

（说明：根据学生课堂学习时的表现行为选择适当的数字）

2. 成果分析（作品分析）

评价任务有时要求以书面形式完成，这些任务大致可以归为三类：选择题、建构反应题和表现性任务。对于建构反应题和表现性任务，可以通过学生的书面作答（作品）来评价学生的表现。课堂教学中呈现的学生作品主要包括学生课堂完成的学习活动单和作业。以下是学生尝试解决二元一次方程组求解问题时的作品，由学生的书面作答可以评价学生的思维过程和结果。（图 3-2 和图 3-3）

评价任务：在未学新知识前，让学生尝试解二元一次方程组：$\begin{cases} 5x + 12y = 50, \\ 2x + 6y = 23。 \end{cases}$

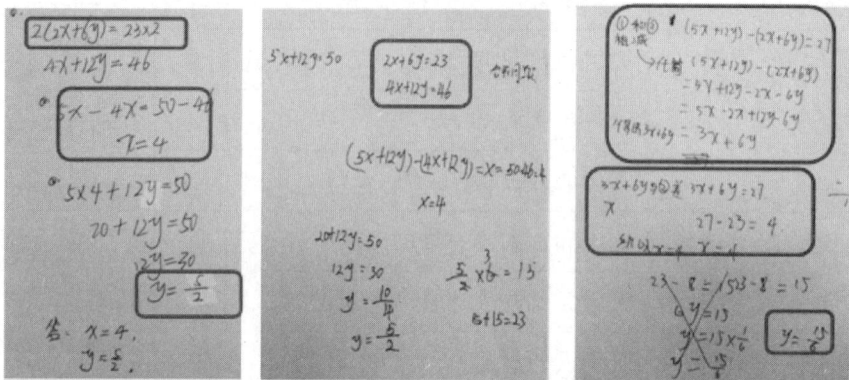

图 3-2　成功解答的学生作品

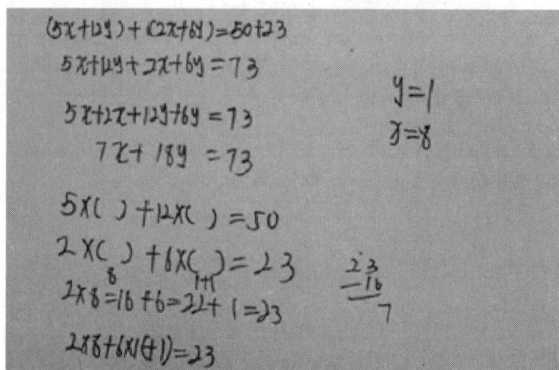

图 3-3　尝试但失败的学生做法

3. 口头提问和个别访谈

口头提问是教师在课堂上收集学生学习信息的一种主要方式，用时较短且比较灵活，以下策略有助于提升提问的质量：第一，简洁明了地陈述问题；第二，问题与教学目标相匹配；第三，问题面向全体学生；第四，提问之后给予学生充足的思考时间；第五，对学生的回答给予合适的回应；第六，避免用"是"或"不是"的方式回应学生的回答；第七，运用探问（probes）扩展最初的回答；第八，避免推测性和引导性的问题；第九，避免问学生他们已经知道了什么；第十，以适当的顺序提出若干问题。[1] 对于那些需要特别帮助的学生，为了更多地了解他们的学习情况，教师还可以进行一些简短的个别访谈和追问。需要注意的是，要采用启发式的提问方式，并学会延迟评价。例如，"我觉得你这个想法挺有意思的，可以再详细解释一下吗？""很好，我认为你现在已经理解了，不过我还想知道，如果……你知道怎样解决吗？"

针对上面解二元一次方程组时学生的书面作答，为了进一步了解学生的思维过程，教师可以进一步追问。

师：你是怎么想到把方程 $2x+6y=23$ 两边都乘 2 的？

生1：过去做过这样的题。

师：什么时候做过这样的题呢？

生1：就是合并同类项的时候，做过类似的题目。

不同的评价方式需要与不同的评价目标相匹配，以下表格中的分值由高到低代表了二者匹配的程度（5 代表非常好，1 代表很差）。（表 3-4）

表 3-4　评价目标与评价方式相匹配的计分表

评价目标	评价方式				
	选择—反映和简单的建构—反应测验	书面写作式评价	表现性评价	口头提问	观察
知识和简单的理解	5	4	2	4	3
深度理解	2	5	4	3	2
表现性技能	1	3	5	2	5
成果产出	1	1	5	2	4
情感态度	1	2	4	4	4

由表 3-4 可以看出，表现性评价对于除"知识和简单的理解"之外的四个评价目标的适配度是非常高的，而这四个目标是新课程教学背景下特

---

[1]　郑东辉：《教师需要怎样的课堂评价技能：对美国经典教材的考察》，载《教育发展研究》，2014(2)。

别强调和重点关注的。

（四）案例分析

综合与实践活动以问题开始，围绕问题开展实践和探究，是问题解决的过程，因此是体现新的课堂评价方式较为理想的内容载体。在案例3-2中，L教师将实践活动"测量学校教学楼的高度"划分为3课时是合理的。

教师首先对评价任务进行了布置，解释了评价标准，事先将评分标准、自我评价表、小组互评表发给了学生，这一系列的操作是较为规范的课堂教学评价程序。评价方式的变化使学生明白了教学活动与评价活动是相联系的，由于自己要进行自我评价，同时也要评价他人，学生就会更加投入问题解决的活动中，因此教室里出现了不同于以往的学习状态，学生投入地思考和解决问题，并与评价标准进行匹配。

教师在教室里走来走去的目的是通过课堂观察收集学生的学习证据，有时回答学生的问题并追问也是在通过提问的方式收集评价的素材，在纸上记录学生的表现亦是为之后的教师评价反馈做准备。

三、如何进行课堂学习评价结果的反馈

课堂反馈是成功的教与学最常见的特征之一，把评价结果反馈给学生，是评价不可或缺的重要方面。反馈的目的在于缩短学生此刻的起点与他们要去的终点之间的距离。教师越是能清晰地将这一变化的状况展示给学生，就越能帮助学生从当前开始达到预期的成就点，从而享受反馈所带来的成果。教师进行课堂教学评价反馈需要明确一定的原则和途径，以使反馈达到应有的功能。

✏ | 案例 3-3 |

F老师写的教学日志

当全班同学(包括在黑板前展示的6位同学)完成了自己的"自评表"后，每位学生都紧张而专注地听着教师对他们本节课学习情况的反馈建议。有

的学生若有所思地说："哦，原来是这样的啊!"有的学生低声说："我知道自己应该朝着哪个方向努力了。"

虽然这是一个简单的课堂反馈的过程，但是因为学生对自己的表现进行了评价和反思，极大地提升了他们的学习兴趣，也使得这节课显得与众不同。学生课后普遍感觉，在运用评分标准进行自我评价的过程中也知道了什么才是"好"的知识掌握水平，这时他们的注意力比以前单纯听讲时更加集中了。很显然，与以往的教师进行判断和纠正的课堂反馈方式相比，学生更喜欢现在的反馈方式。我也收获颇丰，因为更快地掌握了同学们的学习证据。

下课后，当我愉快地走出教室时，看到学生依然在微笑着相互议论着彼此的"表现"。

问题聚焦

Q1：F 老师的评价反馈与常见的反馈有何不同？这样的反馈效果如何？

Q2：除了上述案例中 F 老师用到的反馈方式外，还有哪种反馈方式？

（一）评价反馈的类型

评价反馈有其重要的教育功能，但是并不是所有形式的反馈都能促进学习，甚至有些反馈可能还会影响学习。例如，有的教师只是泛泛地表扬：或者缺乏针对性，没有具体的评价内容；或者仅向学生提供得分情况，而不是将学生的表现与评价标准进行比较，从而判断出最切合学生表现的等级，向学生提供其能力等级的反馈。更为严重的是，还有少数教师仅过分关注学生与学生之间得分结果的比较，却很少考虑这些结果与自己课堂教学得失之间的联系，使学生独自承受来自分数的压力。

此外，评价反馈也有不同的类型，有研究者对此进行了研究，表3-5 呈现了相应的结论，可以帮助我们理解什么是有效的课堂教学反馈。

表 3-5　不同反馈类型的效果[①]

课堂评价的反馈特点	效应规模	学生成绩得失百分点
正/误	-0.08	-3
提供正确答案	0.22	8.5
学生理解和不理解的标准	0.41	16
解释	0.53	20
重复到正确为止	0.53	20
用图表展示结果	0.70	26
用规则评价（阐释）	0.91	32

（二）评价反馈的原则

有些教师的课堂评价反馈大多是单维度的、判断性的，而非具体的、描述性的。判断性的反馈是对学生在具体任务中的表现进行总结性评估，往往以字母等级、数字以及诸如"好""对""错"之类的形式来呈现。多维度的、具体的反馈是向学生提供有助于其理解如何改进学习的具体信息，这样的反馈才是后续学习真正所需要的，它可以帮助学生将学习的过程和结果与学习目标进行比较，帮助其改善学习。而单维度的、判断性的反馈仅让学生知道自己是否需要改进，但缺乏足够的信息帮助学生改进。

基于学生的表现，教师可以做出判断和形成评价结论，并在此基础上有针对性地提出对学生的学习建议。有效的测评要求教师在给予学生反馈结果时要强调其学习的优点及有待改进的弱点。为达到最佳效果，反馈必须符合以下要求：

①反馈应及时：越是及时的反馈越能对学生的学习产生积极的、快速的影响。

②反馈应基于目标：有效的反馈信息本质上就是学生当前表现与目标要求相比较的结果。

---

① ［美］罗伯特·J. 马扎诺：《有效的课堂评价手册》，邓妍妍，彭春艳译 . 5 页，北京：教育科学出版社，2009。

③反馈应详细、易懂：应针对需要改正的错误，提出具体的建议，反馈信息越是具体、清晰，对学生的可利用性就越强。

④反馈应以鼓励性内容为主：重点强调学生学习的优点，当然也需要指出需要改正的错误，并对学生提出期待。

⑤指导学生的自我评价：应积极地指导学生客观地分析自己的学习效果，并提高自我评价能力。

（三）评价反馈的主体

评价的主体可以是多方面的，参与评价反馈的人员不宜只有教师，教师评价学生，还应有学生本人和同伴，即学生之间互评、学生自我评价，力图使评价对学生产生良好的情感价值导向，表现学生的不同和彰显个性，鼓励"扬长"而不是一味"改短"，体现评价的公正性，以激励学生进一步学习。实践证明，人性化和公平化的评价可以使学生能更加轻松、自信地进行学习。

1. 教师反馈

教师是评价反馈的重要参与者，在教学的过程中需要对学生的表现做出相应的反馈，如等级反馈或描述性反馈，向学生提供直接与学习相关的、详细且具体的等级信息或描述性信息。这种反馈可以避免传统评价反馈中的等级评分或者简单的表扬等，可以为学生提供具体的、持续的、指向明确的、有证据支撑的、对学生有实际帮助的具体证据。

特别要说明，对于表现性评价的反馈，由于它所评价的对象为知识技能的综合应用、复杂问题的解决，以及合作活动的参与情况等，除用等级来表示指标外，还需要用描述性评价来给出反馈。当运用一个与详细的评价规则相对应的语言来描述学生的表现时，教师不仅能够让学生知道自己当前的表现水平，还能够有针对性地让学生发现自己当前存在的问题并帮助学生理解这些问题。由于事先将开发好的评价规则以及各个水平的样例呈现给了学生，学生通常可以判断自己的现有水平与预期水平之间的差距。教师运用描述性反馈的方式，能够使学生免于承受分数或者等级带来的压力，从而更容易被学生接受，促进学生的发展。

2. 同伴反馈

基于清晰而具体的评价标准，学生可以根据收集的学习表现信息进行互评。学生可以运用评价标准对别人的作品或表现中的优点和缺点做出判断，并给出他们判断的理由，他们需要根据作品或表现的特点寻找评价规则中与之相对应的语句，即寻找评价的"证据"。

同伴反馈的价值还体现在让学生对自我表现有进一步的正确认识。因为要对同学做出客观评价，学生就必须更加准确、细致地理解评价规则，明确好的表现是什么样的，这有助于促进学生对评价标准及相应表现有更深刻的理解。同时，在互评的过程中，学生运用评价标准对同伴表现进行描述的同时，也能更加清楚地知道自己的表现在评价规则中所处的位置。

同伴反馈的另一个价值还在于它突破了教师难以在课堂上对每一位学生做出个性化反馈的局限。在小组合作和同伴反馈的过程中，学生有机会在整个学习过程中观察他们的同伴，往往他们观察到的细节比教师所看到的更多。同时，来自同伴的反馈可以让被评价的学生通过同学的眼睛更客观地了解自己，这些反馈有时比教师的反馈更容易被评价者接受。

3. 学生自我反馈

评价标准不仅是教师用以评价学生表现的指标，也可以成为学生对自己的表现进行评价的手段。当学生把评价规则作为自我核查的工具时，评价标准就能起到促进学习的作用。学生可以利用评价标准进行自我评价和自我反馈，也可以在理解的基础上对教师给出的评价结果进行自我解释。同时，学生在完成任务的过程中，可以参照评价标准，将自己的表现与各水平等级的表现进行比较，找出差距，评判自己的成果。这样，学生也就清楚了自己"要到哪里去"以及"现在在哪里"，明确自己的弱点和长处，在深入反思的基础上改进自己的表现。如果他们能够看到自己的进步，就会获得自己对学习的掌控感，这是学习自信心和学习动力的重要来源。

（四）案例分析

在案例 3-3 中，通过 F 老师写的教学日志所描述的故事，可以看出他在教学中采用了教师反馈和学生自我反馈两种方式，从学生的情绪状况可以发现，此次反馈达到了预期的效果。这种基于评价标准的反馈与以往的单纯由教师给出评分和评价明显不同。学生参与评价的结果是，他们不仅喜欢这种反馈方式，而且更知道学习目标是什么，更能明确自己的学习情况及其与目标的差距，更能清晰地知道自己的调整和改进之处是什么。这体现了学生参与评价反馈的宝贵价值，也将为教师在课堂中调动学生的学习积极性提供借鉴。

除了上述案例中 F 老师用到的两种反馈方式外，还可以运用同伴反馈的方式，让学生之间互相评价，这样也能帮助教师更好地把握全班学生所处的水平，以及个别应该重点关注学生的学习情况，发挥评价反馈更大的功能。

| 实践操练 |

1. 请你选择一节课的教学内容，设计一个表现性评价的任务，并制订相应的评价标准。

2. 采用课堂观察和作品分析相结合的方式，针对之前设计的评价任务，基于评价标准，对学生的具体表现进行评价。

3. 组织一次课堂评价活动，同时包含教师反馈、同伴反馈和自我反馈，并撰写教学案例。

▶ 第八讲
如何选择和布置课后作业

课后作业作为数学课堂教学的延伸，是学生复习、巩固已学知识的主要形式，也是教师检查学生对已学知识的掌握程度及发现存在的问题的重要途径，其根本目的是促进学生发展，希望学生通过完成作业养成良好的学习习惯，培养独立性和责任心，提高发现问题、分析问题和解决问题的能力。同时课后也是把教师的教和学生的学紧密联系起来的纽带。2021 年 8 月 14 日颁布的《北京市关于进一步减轻义务教育阶段学生作业负担和校外培训负担的措施》中，明确地提出：控制作业总量，初中书面作业平均完成时间不超过 90 分钟；加强作业设计指导，发挥作业诊断、巩固、学情分析等功能，系统设计符合学生年龄特点和学习规律、体现素质教育导向、涵盖德智体美劳全面育人的基础性作业，鼓励布置分层、弹性、个性化作业。因此，新教师需要合理地选择数学作业、恰当地布置、有效地讲评，这样不仅有助于课堂教学的落实，并且能够帮助教师判断教学是否有效。只有经过认真思考的作业设计，才能提高作业的实效性，从而减轻学生的作业负担。那么如何设计和布置课后作业呢？下面我们结合案例进行具体分析。

✎ | 案例 3-4 |

在七年级上册"一元一次方程"一章中，列方程解应用题是本章的教学难点。有的学生由于阅读障碍等原因，对应用题有一种惧怕的心理，部分学生对应用题会有一种潜意识的抵触。为了解决上述问题，提高学生的学习积极性，同时让学生体会到应用题和日常生活有着非常密切的联系，在学习"打折销售"问题之前，教师给学生布置了如下作业。

社会调查

【调查内容】"商家的促销手段"

【完成时间】利用两周的课余时间进行调查

【完成方式】小组合作完成

【提交方式】写出调查报告，分组汇报

问题聚焦

Q1：课后作业的设计应该遵循什么原则？

Q2：案例 3-4 中的作业设计遵循了哪些设计原则？

一、如何设计课后作业

一份合理的、有价值的作业能够正面影响学生的学业成绩，对学生的数学能力和知识创新能力能产生潜移默化的作用，这样的作业应该是教师精心设计的、科学的、富有创新性的。设计作业时要充分尊重学生的选择，包括难易程度、完成时间、作业数量等。

（一）课后作业的设计原则

课后作业的设计需要遵循一定的原则，既要着眼于知识的复习巩固，又要注重通过完成作业的过程引导学生形成良好的品格和正确的观念，提升适应社会发展和自我发展所必需的关键能力。选取作业时应避免仅仅局限于现有的试题材料，需要广泛涉猎，加强作业与生活及相关学科的关联性和渗透性，以更好地契合新课程改革中促进学生全面发展、落实素质教育的理念。设计课后作业时，既要考虑课堂知识的整体性、连贯性、延伸性等特点，又要充分考虑学生的认知水平、能力水平、生活经验等因素。基于综合考虑，可以按照以下原则来进行作业的设计。

1. 针对性原则

严格地说，每节课都有既定的教学目标，有针对性地设计作业的内容和形式，才能使整个教学过程完整。因而，教师在设计作业时要围绕教学内容，精心设计、认真筛选，布置典型性较强的作业，做到精选精练。

2. 差异化原则

每个学生都是独一无二的，学生之间存在着个体差异。教师在给学生布置课后作业时要尊重学生之间的这种差异性，特别是在同一个科目相同的内容上，不能以同一标准要求所有学生。因为统一的标准化的作业并不能满足全体学生的学习需求，反而会影响学生各自的学习发展，差异化原则是基于这一问题提出的，即根据学生自身的数学学习基础以及理解能力，设计差异化作业(比如分层设计)，实现因材施教的目的。

3. 适宜性原则

为了有效实现作业的功能，课后作业的布置应该坚持适宜性原则。这里的适宜包含两个方面的含义。一是课后作业的量要适宜，布置过量的课后作业可能会让学生感到厌烦，学生觉得作业永远也做不完，最终可能会导致学生不做作业或者抄袭作业等。二是课后作业的难度要适宜，课后作业太简单则不能激发学生的兴趣，学生做完作业后不仅不会有成就感，反而会认为做作业是在浪费他们的时间，此外，过于简单的作业也不利于学生思维能力的培养。课后作业难度过大则会导致学生即便投入大量的精力也难以解决问题，会让学生产生挫败感，进而对数学作业产生畏惧情绪，对数学渐渐地失去兴趣。因此，难度适宜的课后作业，不仅能让学生体会到成功的喜悦，保持其学习数学的动机，同时也能有效锻炼学生的思维，取得更好的教学效果。

4. 多样化原则

大部分教师十分注重知识技能方面的作业，他们每天要求学生做大量的练习题，这不仅严重地限制了学生的视野，而且会抹杀学生的学习兴趣。数学课后作业的设计应该遵循新课程改革的要求，设计多样化的作业。通过形式多样的作业，学生既能开阔视野，又能对数学学习充满兴趣，获得成就感，当然学习能力也会在这个过程中得到提升。结合数学学科的特点，可以考虑设计以下 3 种类型的课后作业。

(1)知识技能型作业。

知识技能型作业主要是指围绕某一具体的教学内容设计、编排一种同类型、同结构的练习，其目的是使学生重点掌握数学知识(数学概念、公理、定理、公式和法则等)，掌握数学活动技能(公式变换、解题、作图、运算等)，巩固和加强新知，达到真正理解和掌握的程度，它是新授课的补充和延续，也是新授课后的必要举措。

(2)反思总结型作业。

反思总结型作业是指在学生学完某一单元的知识后，及时对所学知识、题型、方法进行总结、归纳；也可以是学生根据自己的理解，把课上所学的知识重点、难点加以梳理，并将自己学习中的困惑以及对教学的意见和建议写到数学反思日记中，让学生积极地去做、去思考，针对自己学习过程中的经验与感受进行交流和分享，达到对数学知识的深层次思考。

一个数学题或一组数学题解出来以后，至少应反思以下几个问题。

①解题的思路是怎样的？关键之处何在？

②自己的解法是不是最佳的？是否还有其他解法？

③通过这个题目我有什么收获(在知识上、技巧上、思维策略上……)？有什么教训？

④题组中的几道题在解题思路上有无共性？这种共性意味着什么？

(3)实践操作型作业。

实践操作型作业是指让学生充分利用学校、家庭、社区等教育资源，以学生的亲身参与、实践操作、积极探究为主要形式，以体验生活、培养能力、促进学生全面发展为目的而设计的一种作业。学生通过动手操作、调查访问、生活体验、资料查阅等实践活动，用小论文、调查报告、实验报告等方式来证实、表达自己的观点。

（二）课后作业的选择策略

作业设计要切合各类学生的实际，要面对全体学生，使不同层次的学生在数学上有不同的发展，让所有的学生在数学学习上都能有成功的体验。

在作业内容的选择上，第一，要紧紧围绕数学课程标准的要求，立足于教学内容；第二，要以学生发展为本，兼顾基础知识的巩固与能力的发展，正确处理全面发展与因材施教的关系；第三，设计的题目要考虑学生是否需要，学生是否能完成，学生是否乐意完成等。同时还要注意，不同类型的课后作业其设计方法也不尽相同。

1. 知识技能型作业分层

在设计过程中不仅要立足数学教材，还要遵循因材施教的原则，尽量照顾到各个层面的学生，采用分层的策略，让不同层次的学生自由选择适合自己的作业，就像吃自助餐一样。在设计时要考虑学生的力量性和差异性，要为每一位学生创设练习、提高、发展的环境，避免优秀生"吃不饱"、学困生"吃不消"，让每一位学生都有不同程度的进步和提高。可以根据教学目标、学生智力和学生的学习水平等因素，将此类作业设计成三种类型：A类为基本题，紧扣当天所学的内容，主要目的是巩固新知；B类是基础题，这是针对一部分基础薄弱的学生布置的，浅显易懂，有利于他们获得成功的快乐，增强学习的自信心；C类是提高题，这种题目要有一定的难度，主要是针对基础好的学生设计的，有利于培养学生思维的灵活性和深刻性。A 类为必做题，B 类与 C 类为选做题。

本次作业主要围绕诱导公式和同角三角函数的关系展开。

A 类：

1.α 是第四象限角，$\cos \alpha = \dfrac{12}{13}$，则 $\sin \alpha = ($ $)$。

A. $\dfrac{5}{13}$　　　　B. $-\dfrac{5}{13}$　　　　C. $\dfrac{5}{12}$　　　　D. $-\dfrac{5}{12}$

2. $\sin 330° = ($ $)$。

A. $-\dfrac{\sqrt{3}}{2}$　　　　B. $-\dfrac{1}{2}$　　　　C. $\dfrac{1}{2}$　　　　D. $\dfrac{\sqrt{3}}{2}$

3. 已知 $\sin(\pi - \alpha) = \dfrac{3}{5}$，则 $\cos(\pi - 2\alpha) = ($ $)$。

A. $\dfrac{7}{25}$　　　　B. $\dfrac{24}{25}$　　　　C. $-\dfrac{7}{25}$　　　　D. $-\dfrac{24}{25}$

4. 已知 $-\dfrac{\pi}{2} < x < 0$，$\sin x + \cos x = \dfrac{1}{5}$。

(1) 求 $\sin x - \cos x$ 的值；　　　　　　(2) 求 $\dfrac{\sin 2x + 2\sin^2 x}{1 - \tan x}$ 的值。

B 类：

1. 已知 α 是第四象限角，$\tan \alpha = -\dfrac{5}{12}$，则 $\sin \alpha = ($ $)$。

A. $\dfrac{1}{5}$　　　　B. $-\dfrac{1}{5}$　　　　C. $\dfrac{5}{13}$　　　　D. $-\dfrac{5}{13}$

2. 若 $\sin(180° + \alpha) = \dfrac{1}{\sqrt{10}}$，则 $\dfrac{\sec(-\alpha) + \sin(-\alpha - 90°)}{\csc(540° - \alpha) - \cos(-\alpha - 270°)} = ($ $)$。

A. $-\dfrac{1}{3}$　　　　B. $\pm\dfrac{1}{27}$　　　　C. $\dfrac{1}{3}$　　　　D. $-\dfrac{\sqrt{3}}{3}$

3. $\sin \dfrac{10\pi}{3} - \sqrt{2}\cos\left(-\dfrac{19\pi}{4}\right) + \tan\left(-\dfrac{13\pi}{3}\right) - \sqrt{3}\cot\left(-\dfrac{17\pi}{3}\right) = $ _____。

4. 已知 $\sin\theta-\cos\theta=\dfrac{1}{2}$，求：

(1) $\sin\theta\cos\theta$；　　(2) $\sin^3\theta-\cos^3\theta$；　　(3) $\sin^4\theta+\cos^4\theta$。

C 类：

1. 已知关于 x 的方程 $2x^2-(\sqrt{3}+1)x+m=0$ 的两根为 $\sin\theta$ 和 $\cos\theta$，$\theta\in(0,2\pi)$，

(1) 求 $\dfrac{\sin\theta}{1-\cot\theta}+\dfrac{\cos\theta}{1-\tan\theta}$ 的值；

(2) 求 m 的值；

(3) 求方程的两根及此时 θ 的值。

【学习反思】

在本次作业中，自己独立完成的问题是＿＿＿＿＿＿＿＿。（填序号即可）

经过与他人交流后自己完成的问题是＿＿＿＿＿＿。（填序号即可）

自己不会做的问题是＿＿＿＿＿＿＿＿＿＿＿。（填序号即可）

2. 反思总结型作业建立知识方法网络

在设计时不要贪多，可以在一周的学习结束后，让学生在周末对本周所学的知识、题型、方法进行总结。"学而不思则罔"，学习解题也是具体的学习过程，但一味地解题，而不勤于反思，学生的解题能力和数学思维很难得到升华。在不增加学生负担的前提下，要求学生完成作业之后尽量写反思。对能力提高题可提出更高的要求，解完每个题之后要写出解题反思，总结方法，还可以针对一组题写解题反思，归纳总结解题的思路方法、总结规律，学生在反思过程中，可以加深自己对该题的认识，这个过程中既有成功的经验又有失败的教训。

3. 实践操作型作业强调综合应用

实践操作型作业强调的是写实情境，是"综合与实践"的重要载体，学生在解决具体的"综合与实践"问题的过程中，积累数学活动经验，体验如何发现问题，如何选择适合自己的问题，如何把实际问题变成数学问题，如何设计解决问题的方案，如何选择合作的伙伴，如何有效地呈现实践的

成果，如何让别人体会自己成果的价值，等等。这种类型的作业要结合教学实际和学生的实际情况进行设计，不可设置得过多，每学期不宜超过2次。

（三）案例分析

课本中的知识容量是有限的，可以让学生走出教室，到社会大课堂里学习，数学知识来源于生活，生活本身就是数学课堂。对于应用题的学习，有的学生有一种惧怕的心理。案例3-4的设计，不仅让学生体会到了应用题和日常生活有着非常密切的联系，而且有助于突破运用一元一次方程解"打折销售"问题这一教学难点，同时提高了学生的学习积极性。

学生在完成作业的过程中，采用的调查形式远远超出了教师的预期，平日里最胆小的女生在组长的带领下采访了商场的经理，俨然成为一个"小记者"；多数小组在商场拍下了打折促销的照片；还有录音采访的……在实践调查过程中，学生的情绪体验非常强烈，增长了见识，开阔了视野，每个学生的问题意识、小组合作意识、与他人的交往能力以及归纳汇报的能力等都得到了培养和提升。

通过实践调查与思考分析，学生对进价、折数、折扣价、利润、利润率等概念之间的关系有了比较深刻的理解，在实践调查的过程中，由于学生对打折销售已经有了一个比较深入的了解，因此这个实践活动对提高学生解决问题的能力帮助非常大。

每个小组的调查报告都做得非常精美，在PPT中插入图片、影音文件、采访商场经理的录像视频……在课堂上做展示汇报时，每个小组的汇报人都兴奋地向教师和同学们介绍着他们采访时的感受，以及涉及的问题和解决问题的过程与方法，讲解形象、透彻。

下面是其中一个小组的文本调查报告。

调查地点：人民商场

调查内容：商家的促销方式

调查方式：自主调查和访谈商场王经理

调查结果：商家的促销手段和方法很多，我们只列举其中一部分的促

销方法

1. 打折：就是按原商品价格的百分之多少销售的促销方法，如 100 元的商品打八折，就是按 100 元的百分之八十销售，也就是 80 元。

2. 买一赠一：就是商品销售时带有同种商品或带有同类商品，其商品价格不变。

3. 代金券：由商家发给顾客，在指定地点，可代替现金使用的购物券。

4. 返券：购满一定价格的商品后返还一定价格的该商场的购物券。满 100 返 50，也就是花 100 元或 100 元以上，可以得到 50 元返券。

5. 积分：就是把所买商品的数量或价格化为积分，累计在积分卡上。当积分累积到一定数量的时候，就可以换取商品。

6. 反季节销售：就是销售在相反季节使用的商品，如在夏天卖羽绒服，在冬天卖 T 恤等。

附件：我们自编的练习题

练习 1：某商场把一个双肩背包按进价提高 50% 标价，然后再按 8 折（标价的 80%）出售，这样商场每卖出一个书包就可盈利 8 元。这个书包的进价是多少元？如果按 6 折出售，商场还盈利吗？为什么？

练习 2：某商场搞促销活动，把一种标价为 33 元的营养品打 9 折出售（优惠 10%），仍可获取 10% 的利润，那么这种营养品的进价是多少元？

二、如何布置课后作业

案例 3-5

因式分解作业布置

这份作业来自"因式分解"单元教学的第一课时，学生只学习了因式分解的概念及因式分解的基本方法（提公因式法、公式法），结合后续的学习内容，教师设计了如下作业。

1. 复习：阅读教材和笔记。

2. 在作业本上完成：把下列各式分解因式。

① $3abc^2-15ab^2c-21a^2bc$；

② $1-64x^2y^2$；

③ $16m^2-40mn+25n^2$；

④ $3x^2-27$（选做）；

⑤ $16x^2y-16x^3-4xy^2$（选做）。

3.（选做）自己出 2 道题：一道能用提公因式法进行因式分解，一道能用公式法进行因式分解。

问题聚焦

Q1：这份课后作业的布置有什么特点？

Q2：布置作业有什么策略？

数学作业与其他学科的作业一样，是学生学习成果的个性化展示，反映了学生对相关数学知识的阶段性认知、理解及应用水平或程度。

为什么有的学生对课堂上所学的内容掌握得很好，但做题时却漏洞百出呢？关键在于课后的巩固练习。巩固练习的重要性在于使学生能通过反复的练习将知识点掌握得更牢固、更持久。艾宾浩斯遗忘曲线告诉我们，所学的知识会被遗忘，如果不巩固练习，它会随着时间的推移而逐渐被忘记。练习是为了减缓这种遗忘的速度，使学生在反复的练习中一次次加深记忆。课外作业是对课堂教学的有效延伸，是对知识的巩固和深化，所以说布置课后作业非常有必要。它不仅是学生展示自我、表达能力、构建知识网络、探索与发现数学奥妙或规律、实施知识创新的"舞台"，同时也是教师了解学情、了解自我课堂教学得失、为后继教学调控进程、改进教学方法与策略、激发学生的数学热情、指导学生数学学习方法的"窗口"，是数学课堂教学的补充或延续。

（一）课后作业的布置原则

数学课后作业是一项与学生的学业水平、自我效能感和心理健康都有密切关系的教育活动，它涉及教师、学生和家长之间的互动。它不仅是教师教学工作中的一个重要环节，也是学生复习、巩固和运用课堂所学知识提高自身素质与能力的一种重要形式。课后作业的布置需要遵循以下原则。

1. 目的明确

课后作业的目的主要是提供给学生所需的练习，帮助学生提高学习能力。

2. 数量适当

课后作业的总量要适当，既不要太多，又不要太少，最好在 20～30 分钟能够完成为宜。并且，在总量适当的前提下，每次布置的数量也要适当，不要忽多忽少。

3. 与课内教学相关

课后作业是课内教学的继续，是对课堂教学内容的巩固和深化，因此，教师布置的课后作业应该与课内教学紧密相关。没有明确目的、与课堂教学无关的课后作业纯粹是浪费学生的时间，加重学生的学习负担，不能起到促进学生学习的效果。课后作业可以是预习新课、复习巩固新知，也可以是拓展深化课内的教学内容，还可以是创造性的。

4. 要分层次

布置课后作业应因人而异。因为每个学生的学习方式，本质上都有它特殊性的一面，这就意味着我们要尊重每一个学生的独特个性。同时，特殊性也意味着差异性，学生间的差异客观存在。不同的学生在学习同一内容时，实际具备的认知基础和情感准备，以及学习能力倾向不同，也就决定了不同的学生对同样的内容、任务，学习速度和掌握它们所需要的时间及所需要的帮助不同。所以作业布置要遵循弹性原则和分层原则。

对班级中的优等生，可布置一些在理解概念的基础上需要独立思考的题，布置一些发散求异的题；对中等生，要抓住夯实基础知识、加强基本训练这一环，注重对读题能力、观察分析能力的培养，布置一些叙述性、辨析性习题以及程度适中的题目让他们做，逐步提高他们的解题水平；对平时完成作业有困难，经常要在别人的帮助下才能完成作业的学生，则可布置一些通过翻教科书就能找到答案、依样画葫芦的题目让他们做，以便他们熟悉最基本的知识。

5. 类型多样

教师在设计和布置作业时，要充分考虑不同年级学生的个性特点，适当变换形式。不要天天都是书面作业，学生一回到家就是不停地写作业。可以布置一些查资料（如查阅无理数的由来）、小制作（如制作正方体、四棱锥等）、小调查等作业。这样既有利于调动学生学习的积极性，提高各种能力，又有利于培养学生探求知识的兴趣。

（二）课后作业的布置策略

教师在布置课后作业时，要考虑作业的内容是否有针对性，是否适合不同层次的学生，最好不要规定统一的作业内容。因为从表面上看，同一个班级的学生，学习内容相同，年龄相当，布置相同的作业，似乎很合理，但仔细想一想，弊端的确不少。教师所留的课后作业的内容一般都是针对中等生的，同样的作业对某些学生来说是适当的，对学困生来说可能就比较吃力，而优秀生可能就会感觉没有味道，甚至厌烦；再者，统一的作业内容针对性不强，无法针对不同的学习基础安排不同的练习。那么，怎样布置课后作业才能使其更具实效性呢？

首先，可以让每个学生根据自己的实际情况制订一个阶段发展目标，并制订出完成学习任务的可行规则。制订这个发展目标及规则的目的是让学生有明确的学习方向，从而更好地发展自己，向着目标努力，同时学生有了发展目标和规则的约束，会更加认真、仔细地完成作业。

其次，变任务作业为自选作业，同类作业实行难度选择制，照顾学生的个体差异。可以将新授课后的作业分成两个部分：基础巩固题和能力提高题。基础巩固题每次数学课后均布置，以学生完成的时间不超过20分钟为基准，布置3～5道小题；能力提高题则以题组的形式按周布置，每周布置3～5道题，不集中发给学生，采用纸条的方式由学生自主领取，即每完成一道题，批阅正确后才可以领取下一道题。这样学生就可以根据自己的实际情况，自己设定作业完成的数量、完成的时间、完成的进度。

再次，布置奖励性作业，奖励的缘由可以是多样化的，如学生达成了自己制订的阶段目标、课堂小测全对、课上表现好等。奖励的方式可以是当天没有作业、减少假期作业等，目的是从多方面激励学生，提高学生的学习积极性。

最后，布置作业的同时，下发答案。这种布置的方式比较适用于假期作业，放假时间长，无法做到及时批改，让学生自主核对，做出不同的标记，完全不会的题目做好标记并梳理出来，返校后统一解决问题。把答案发给学生，不仅能够促进学生完成作业后及时自我反馈，也包含着教师对学生的信任，同时避免学生通过其他途径寻找答案，避免抄袭作业。

（三）课后作业的分析与改错

综观学生的作业，总会出现这样或那样的错误，有的是题目抄错，有的是审题错误，有的是计算错误，等等。一些学生一而再地出错，学生自己可能会用"马虎""粗心"来解释，作为教师不能被表面现象蒙蔽，要透过现象看本质，要分析、思考学生到底是知识点没有掌握，还是存在别的因素影响、干扰着学生对知识的理解和掌握呢？对于学生作业中常见的错误，教师要反思并制订防错策略，通过不同的方式进行作业错例的分析，并落实改错。

对于作业中出现的错题，要求学生不要将原题擦除，要在原题旁边用红笔先做错因分析，错因找对了，方可改。这样，学生必须认真研读自己的错题，弄明白解题过程中到底是哪里出错了，错因找得不对，改错就不能过关。这一做法，能够促使学生认真阅读错题，查找错因，督促学生进行反思。（图 3-4）

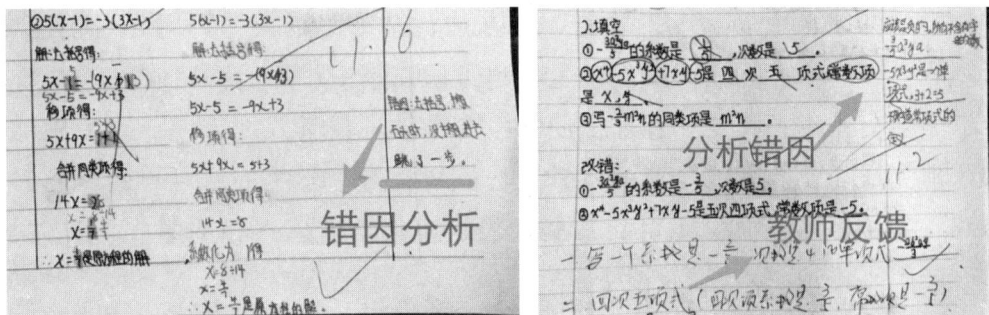

图 3-4

作业改错不等于订正错误，不仅要看结果，更要注重过程。作业改错的根本目的，是通过学生改错后获得正确的知识和解决问题的正确方法，教师要密切关注学生的"作业订正"情况，这样不仅会使教师付出的劳动收到良好的成果，而且能帮助学生进行有效的错因分析。

（四）案例分析

在案例 3-5 中，作业的设计意图显然是想通过第 2 题的①②③小题复习巩固课上学习的因式分解的基本方法；通过④⑤小题促进学生深入思考，同时为下一节要学习的内容做准备。第 3 题能够发挥学生的自主性和创造性，同时为下节课收集资源。

可以看出，这是一份精心设计的作业，关注了不同层次的学生，教师面对不同水平的学生实施了差异化作业设计，避免了由于"齐步走"和"一刀切"，导致的学生"吃不饱"与"吃不了"的现象发生。

三、如何讲评课后作业

（一）讲评课后作业的意义

数学课后作业的讲评是知识回顾和深化的过程，是师生交流的平台。有效的课后作业讲评不仅可以及时发现和纠正学生学习所存在的问题，巩固基础知识，发展思维能力，而且可以提高学生学习的积极性，培养学生热爱数学的情感。

（二）课后作业的讲评方式

课后作业的讲评方式可以是多样化的，可以直接由教师集中讲评，也可以先由小组成员互相讲评，教师再集中讲评。小组成员互相讲评的过程中，学生能够自主展示，讲思路、讲方法、总结解题规律，同时对于能力提高题，那些不能独立完成的学生，也可以在集中讲评后再完成。

学生自主讲评作业，能够促使学生变被动、任务式地完成作业为主动、快乐地完成作业，完成作业的质量也会有所提升，学生的解题思路、能力、情感、品质等多方面也能得到发展，曾经对数学不感兴趣的学生，对数学也会产生兴趣。

为了促进更多的学生参与自主讲评，教师可以在批改作业时，针对不同的学生，把不同形态的笑脸画在他们的作业本上，同时用评语鼓励他们："方法太好了！""真聪明！你肯定还有高招，因为你是老师的骄傲！""好样的，有进步，继续努力！""看到你在进步，老师真为你高兴。""你一定行，老师相信你！加油！"现在的学生非常重视教师对自己的看法，一个个笑脸、一句句带有感情色彩的评语，会使学生感受到教师对他的关心，心中会充满希望，从而逐渐对数学产生兴趣。

（三）案例分析

案例 3-5 中作业的讲评方法：

①学生提出问题—组内交流—师徒＋小组。

②教师出示典型题目——选自学生的课后作业，出题人讲，错例＋对

例，其他学生提问、思考。

③教师点评提升，提出新的问题——结合新授，讲评后新授内容学生基本已经掌握了。

④改错要求：查出出错的地方并做出标记，写出错因，错因正确则改错，错因不正确则重新查错。

🖇 | **实践操练** |

请针对自己设计和布置的一次课后作业，分析课后作业设计和布置的优点与不足，并进行改进。

▶ 第九讲
如何进行阶段测试的分析与应用

教学评价是教学活动的重要组成部分，评价以测量为基础，测量为评价提供依据，是评价信息的主要来源。在日常教学过程中，阶段测试是测量的一种主要形式，利用阶段测试获得的相关信息对某阶段教学活动进行评价。

从测试内容来看，阶段测试属于过程评价；从测试功能来看，阶段测试属于形成性评价。那么，该如何理解阶段测试呢？对于阶段测试的结果该如何进行分析与讲评呢？本讲将围绕这些问题展开。

一、如何理解阶段测试的形式与作用

（一）阶段测试的内容设计

阶段测试是测量学生在某一阶段的数学学习中学习目标的达成情况的测试，一般以"单元"为阶段来划分标准进行测试。测试目标以某阶段教学目标为依据，测试题目紧扣阶段教学内容。正如《高中数学课标（2017 年版）》指出的，评价关注学生知识技能的掌握，更关注数学学科核心素养的

形成和发展，评价既要关注学生学习的结果，更要重视学生学习的过程。因此，阶段测试既要关注学生对于数学基础知识、基本技能、基本思想、基本活动经验的理解掌握情况，关注学生从数学角度发现和提出问题、分析和解决问题的能力所达到的水平，又要关注学生的学习态度，更要关注学生数学核心素养水平的发展情况。对于单元测试，整套试卷要从核心知识评价要求、思想方法评价要求和关键能力评价要求等维度进行设计，同时关注问题情境的呈现方式。

（二）阶段测试的具体形式

对于数学学科，阶段测试最主要的形式是书面闭卷测试，教师根据教学安排，要求学生在规定的时间内独立完成。实践证明，这种形式对于知识技能、数学能力等的考查是十分有效的。测试题型主要有选择题，填空题，解答题（包括计算题、证明题、操作实验题等），其中解答题需要书写解答过程。这些题型分别承担特定的考查功能。

根据具体的学习内容，阶段测试还可以采用开卷测试、口头测试、开放式活动、课内外作业等形式。比如，对于高中新课程中的"数学建模活动和数学探究活动"的评价，学生最终需要提交研究报告或者小论文。无论是研究报告还是小论文，都以汇报答辩的形式进行阶段测试。

一个人形成的思维品质和关键能力通常会表现在许多方面，因此需要通过多种形式的测试，来全面了解学生数学学科核心素养的发展情况。在测试过程中，不仅要关注学生对知识技能的掌握程度，而且要关注学生的思维过程，判断学生是否会用数学的眼光观察世界，是否会用数学的思维思考世界，是否会用数学的语言描述世界。

（三）阶段测试的作用

阶段测试是对某阶段学生学习的比较全面、具体的检测，既是为了考查学生学习的成效，又是为了考查教师教学的成效，具有分析诊断、督促改进、调控发展的作用。

1. 阶段测试对于学生的作用

阶段测试对于学生来说，既是检查某阶段学习情况的过程，也是督促学生反思学习的过程。通过阶段测试，学生可以了解自己最近的学习状态，以及学习中的主要问题；通过阶段测试，学生可以及时反思自己的学习过程，总结经验，对前面学习中暴露的问题予以解决；通过阶段测试，学生可以及时做好查漏补缺工作，为后续的学习奠定良好的基础。另外，阶段测试也是对学生心理状态的磨炼，测试前教师会督促学生做好复习，测试后教师会督促学生做好反思，通过多次阶段测试的历练，可以促进学生养成自觉复习和自觉反思的学习习惯，提升学生的学习能力。

2. 阶段测试对于教师的作用

阶段测试对于教师来说，一方面，可以帮助教师了解学生情况：通过全班的测试成绩，可以比较全面、准确地了解全班学生的学习情况，分析全班学生学习情况随时间变化的趋势；通过每个学生的答题情况，可以了解每个学生对具体知识的掌握情况、学生的思维过程和能力达到的水平，结合日常教学情况，还可以进一步分析学生的学习态度、学习习惯、学习动机等。之后，教师可以以适当的方式，将学生的一些积极变化及时反馈给学生。另一方面，可以帮助教师反思教学工作。教师可以及时了解自己教学的成绩和问题，从而认真反思教学过程，总结教育教学经验，发现教育教学中存在的问题，提出改进思路，寻求改进教学的对策，在今后的教学中及时调整，不断提高教育教学质量。

综上，通过阶段测试，诊断学生学习过程中的优势与问题，诊断教师教学过程中的优势与问题，进而改进学生的学习行为和教师的教学行为。

二、如何对阶段测试进行分析

案例 3-6

表 3-6 是某班学生的一次数学阶段测试的部分成绩（满分是 100 分）。

表 3-6

学号	总成绩/分
1	85
2	78
……	……
班级平均分	75

其中一个题目如下。

某中学为了响应"足球进校园"的号召,开设了"足球大课间活动",为此购买 A 种品牌的足球 50 个、B 种品牌的足球 25 个,共花费 4 500 元,已知 B 种品牌足球的单价比 A 种品牌足球的单价高 30 元。

(1)求 A,B 两种品牌足球的单价各为多少元?

(2)2019 年 6 月举行"兄弟学校足球联谊赛"活动,根据需要,学校决定再次购进 A,B 两种品牌的足球共 50 个,正逢体育用品商店"优惠促销"活动,A 种品牌的足球单价优惠 4 元,B 种品牌的足球单价打 8 折。如果此次学校购买 A,B 两种品牌足球的总费用不超过 2 750 元,且购买 B 种品牌的足球不少于 23 个,则有几种购买方案?

几个学生对于第 2 问的作答情况如下。(图 3-5)

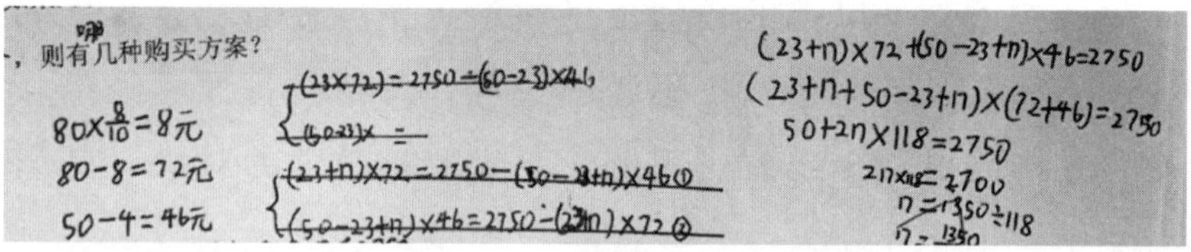

生 1

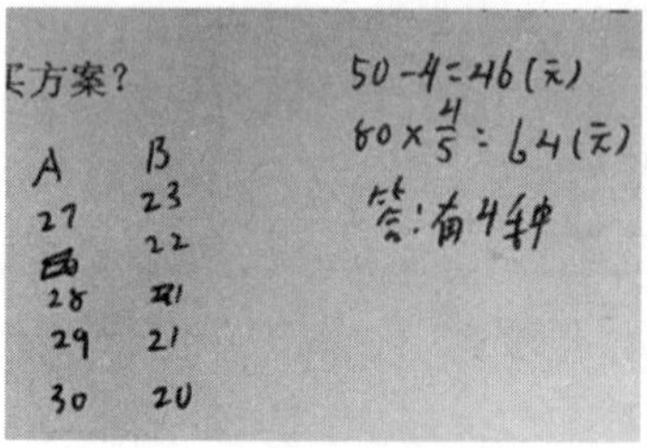

生 2

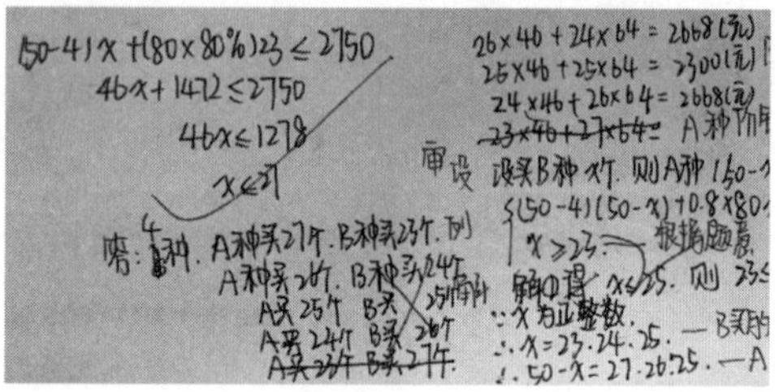

生 3

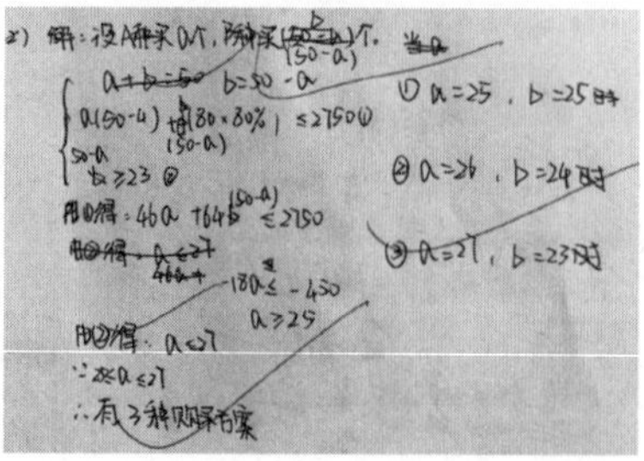

生 4

图 3-5

问题聚焦

Q1：对于阶段测试的数据，如何进行分析？

Q2：对于学生的解答过程，如何进一步分析？

（一）对数据进行分析

对于阶段测试，首先要分析学生的成绩。目前常用经典测量理论（Classic Test Theory，CTT）对于测试成绩进行分析。常用的测量指标主要有平均分、标准差、难度、区分度等。

设一组分数分别用 x_1，x_2，$\cdots$，x_n 表示，则这组分数的平均分 $\overline{x} = \frac{1}{n}\sum_{i=1}^{n}x_i$，标准差 $\sqrt{\frac{1}{n}\sum_{i=1}^{n}(x_i - \overline{x})^2}$。平均分反映的是分数集中的位置，标准差反映的是全体学生分数之间的离散程度和差异情况。难度是全体学生中某题的平均分与某题满分的比值，是反映试题难易程度的数量化指标。

有些阶段测试的目的是区分不同水平的学生，此时需要分析试题的区分度。区分度是指测试试题对被试的实际水平的区分程度，具有良好区分度的试题，实际水平高的学生应该能够得到较高的分数，实际水平低的学生得到的分数较低。可以利用内部一致性系数、极端分组法等方法计算区分度，一般要求试题的区分度在 0.3 以上，区分度大于 0.4 时，说明该试题能起到很好的区分作用，区分度小于 0.2 时，说明该试题区分度很差。区分度与难度密切相关，一般情况下，试题难度越接近 0.5，试题越具有较高的区分度。

✎ | **理论书签** |

经典测量理论

经典测量理论以真分数理论为核心理论假设，真分数是测量中不存在测量误差时的真值或客观值，由于真值无法直接获得，操作定义是无数次测量的平均值，通常用 T 表示，CTT 的数学模型是：

$$X = T + E。$$

X 代表观测值，T 代表真分数，E 为测量误差。CTT 主要包括项目分析（难度、区分度），信度，效度，常模，标准化等基本概念和理论，并提供了简便易行的计算难度、区分度、信度、效度等的方法。

（二）对解答过程进行分析

在分析测试成绩的基础上，要关注每个学生每个题目的具体解答过程，分析学生的思考过程，判断学生的思维水平。

目前对于具体问题的解答过程的分析，应用比较广泛的是澳大利亚的教育心理学教授约翰·彼格斯（John Biggs）提出的可观察的学习成果结构（Structure of The Observed Learning Outcome），简称 SOLO。SOLO 分类理论是评价学习者在具体学习活动中产生的一系列表现，根据学生在回答具体问题时，答案所呈现出的结构复杂性和层次的变化特点，来判断学生所处的思维层次，即判断学生思维处于五个结构水平（具体描述见理论书签）中的哪一个水平上：前结构水平（pre-structural）、单一结构水平（uni-structural）、多点结构水平（multi-structural）、关联结构水平（relational）、抽象拓展结构水平（extended abstract）。

理论书签

SOLO 分类理论的五个结构水平

水平	描述
前结构水平 P	答案完全错误或不相关。学生没有与所面对的问题相关的知识，或没有真正理解问题，所以他的回答是完全错误的，或与所问的问题完全不相关，或使用了与问题要求相比过于简单的方式回答问题。

续表

水平	描述
单一结构 水平 U	使用了所给问题涉及的某一个相关的信息。学生只抓住或使用了回答问题所需要的几个方面的信息之一，就直接跳回了问题；或仅仅是靠记忆进行回答，不存在理解。
多点结构 水平 M	连续使用所给问题涉及的多个信息。学生抓住或使用了回答问题所需要的所有方面或其中几个方面的信息，甚至能够在两两之间建立联系，但是对于这些信息的使用仍然是孤立的，对所有的信息没有建立有机联系。
关联结构 水平 R	对所给问题的全部相关信息进行综合，并形成唯一的结论。学生能够抓住并使用回答问题所需要的所有方面的信息，并且能够对这些方面进行综合和概括，使其形成一个统一的整体。学生能回答或解决较为复杂的具体问题，但学生在回答问题时使用的信息仍然是与问题直接相关的，不会使用到与问题没有直接关系但与问题本身有些联系的其他信息，不会将问题置于更一般的情境中进行考虑或对问题提出疑问。
抽象拓展结构 水平 E	综合使用各种相互影响的系统，以形成一个对问题的反应，学生能够在关联的基础上，联系与问题相关的所有影响系统(包括问题中没有直接提到的，但是有影响的系统)，将问题置于一个更为广阔的情境中，对问题进行全面的思考以及更高水平的概括和归纳，这个水平的反应最终可能形成一个一般的假设、开放性的答案或形成一个新的主题或领域。处于这一水平的学生有更强的钻研和创造意识。但是，并不是每个人在每个领域上都可以达到这个水平。

（三）案例分析

对于案例 3-6，先分析相关的数据。一是收集、整理班级的数据如表 3-7 所示。

表 3-7

学号	第 1 题	第 2 题	第 3 题	……	总成绩
1	5 分	5 分	8 分	……	85 分
2	5 分	0 分	9 分	……	78 分
……	……	……	……	……	……

二是计算全班学生每个题目和总成绩的平均分、标准差、难度等，再分别将数据与测试试题预估数据、年级其他班级的数据进行对比，判断全班学生对于这一阶段学习内容的总体掌握情况，对于具体学习内容，哪些学生掌握得较好，哪些学生掌握得不好，等等。还要分析每位学生的数据，判断该学生对于这一阶段学习内容的掌握情况，对于具体的学习内容，哪些掌握得较好，哪些掌握得不好，等等。另外也可以将数据与以往阶段测试的数据进行对比，分析学生学习情况的发展趋势。

三是分析每位学生具体的作答情况。对于这道应用问题，从生 1 的作答来看，此学生理解了"A 品牌的足球单价优惠 4 元""B 品牌的足球不少于 23 个"这两个条件，不理解"B 品牌的足球单价打 8 折"的意思，同时计算还出现错误，对于"总价不超过 2750 元"的条件理解不准确，但是能够基本建立购买两种品牌足球的花费、预算之间的关系（仅表示了相等的关系），因此介于单一结构水平与多点结构水平之间。从学生 2 的作答来看，此学生理解了部分条件，如"A 品牌的足球单价优惠 4 元""B 品牌的足球单价打 8 折"，把"B 品牌的足球不少于 23 个"理解成"B 品牌的足球不多于 23 个"，采用了枚举法探索方案，没有表示出购买两种品牌足球的花费与预算之间的关系，因为处于单一结构水平和多点结构水平之间，与生 1 相比，更靠近单一结构水平。从生 3 的作答来看，此学生能够理解回答问题所需要的大部分信息，并且能够将理解的信息建立起联系，但是对题目中的"购买 B

种品牌的足球不少于 23 个"不能正确理解,导致不能完整作答,此学生处于多点结构水平。从生 4 的作答来看,此学生能够正确理解每一个条件,并且能够将这些信息进行综合和概括,使其形成一个统一的整体,使得问题得以顺利解决,因此生 4 处于关联结构水平。

四是需要将每位学生的作答情况进行汇总,得到全班学生对于某内容的总体掌握情况,并由此判断学生这一阶段学习的情况,总结、提炼学生取得的进步,分析存在的问题,再反思教学的成功经验和不足之处,探索改进思路。

三、如何进行阶段测试的讲评

案例 3-7

"立体几何"单元测试的部分题目

1. 某四棱锥的三视图如图 3-6 所示,则该四棱锥的侧面积为( )。

A. 8   B. $8+4\sqrt{10}$

C. $2\sqrt{10}+\sqrt{13}$ D. $4\sqrt{10}+2\sqrt{13}$

2. 已知直线 a,b 分别在两个不同的平面 α,β 内,则"直线 a 和直线 b 垂直"是"平面 α 和平面 β 垂直"的( )。

A. 充分不必要条件   B. 必要不充分条件

C. 充要条件   D. 既不充分也不必要条件

3. 棱长为 1 的正四面体的体积为_____。

4. 如图 3-7,正 $\triangle ABE$ 与菱形 $ABCD$ 所在的平面互相垂直,$AB=2$,$\angle ABC=60°$,M 是 AB 的中点。

(Ⅰ)求证:$EM\perp AD$。

(Ⅱ)求二面角 A-BE-C 的余弦值。

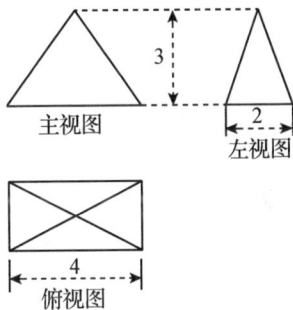

图 3-6

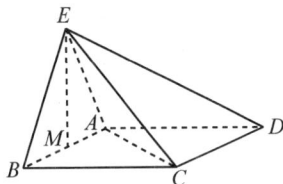

图 3-7

（Ⅲ）在线段 EC 上是否存在点 P，使得直线 AP 与平面 ABE 所成的角

为 $45°$，若存在，求出 $\dfrac{EP}{EC}$ 的值；若不存在，说明理由。

问题聚焦

Q1：对于阶段测试，应选择怎样的题目进行讲评？

Q2：对于阶段测试，有哪些讲评方法？

（一）阶段测试的讲评原则

1. 讲评学生出现问题较多的题目

利用前面分析阶段测试的方法，先通过数据筛选出有一定难度的题目，再利用标准差、区分度等信息进行分析。如果题目比较难且标准较差大，说明学生两极分化；如果题目比较难且标准差较小，说明学生整体上出现了问题。接下来按照 SOLO 分类理论分析学生的具体作答情况，找到学生出现问题的关键点。若某个题目，其难度系数较高或者特别低，根据实际情况，讲评课上可以不讲，通过课后个别指导的形式来解决问题。

2. 讲评体现知识结构体系的关键题目

阶段测试的目的是诊断学习情况，阶段测试讲评也是巩固提高的过程，要充分利用考查核心概念、体现知识结构体系的关键题目。以这些关键题目为切入点，借题发挥，串联数学的核心知识，梳理结构体系，使学生能进一步体会这些知识间的联系，对所学的数学内容有一个整体的认识，进而帮助学生提高分析问题和解决问题的能力。通过讲评这些关键题目，"以点带面"，复习巩固相关内容，尤其是对于单元测试，可以复习单元的核心知识、思想方法和结构体系等内容。

3. 讲评体现通性通法的典型题目

波利亚在《怎样解题》中强调"中学数学教学首要的任务就是加强解题训练"。体现通性通法的典型题目就是进行解题训练的重要载体。通性就是概念所反映的数学基本性质；通法就是概念所蕴含的思想方法。[①] 数学思想方

---

① 章建跃：《注重通性通法才是好数学教学》，载《中小学数学（高中版）》，2011(11)。

法是对数学知识在更高层次上的抽象概括，蕴含在数学知识的发生、发展和应用的过程中。因此，通过讲评体现通性通法的典型题目，让学生能通过一道题目理解一类题目，真正做到"举一反三""触类旁通"，逐步培养学生从基本概念和基本原理出发思考问题的意识和能力。

4. 讲评体现一题多解思想的典型题目

一个问题能有多种解法，首先需要熟练掌握常见问题的常规方法，其次需要充分利用数学思想方法，调动已有的活动经验，从多个角度思考问题，不断提出和发现问题，进而得到解决问题的新方法。一个问题从多个角度思考，能够与更广泛的知识或者方法联系起来，使得数学思维的范围不断扩大，思维的层次不断提高。通过对问题的深入思考能够超越原有的思维水平，产生新的方法、新的结论，培养思维的灵活性、联系性、独创性。

> **理论书签**
>
> #### 波利亚的"怎样解题"表
>
> | | 理解题目 |
> |---|---|
> | 第一，你必须理解题目 | 未知量是什么？已知数据是什么？条件是什么？条件有可能满足吗？条件是否足以确定未知量？或者它不够充分？或者多余？或者矛盾？
画一张图，引入适当的符号。
将条件的不同部分分开。你能把它们写出来吗？ |

续表

	拟订方案
第二，找出已知数据与未知量之间的联系。如果找不到直接的联系，你也许不得不去考虑辅助题目，最终你应该得到一个解题方案	你以前见过它吗？或者你见过同样的题目以一种稍有不同的形式出现吗？
	你知道一道与它有关的题目吗？你知道一条可能有用的定理吗？
	观察未知量！并尽量想出一道你所熟悉的具有相同或相似未知量的题目。
	这里有一道题目和你的题目有关而且以前解过。你能利用它吗？你能利用它的结果吗？你能利用它的方法吗？为了有可能应用它，你是否应该引入某个辅助元素？
	你能重新叙述这道题目吗？你还能以不同的方式叙述它吗？回到定义上去。
	如果你不能理解所提的题目，先尝试去解某道有关的题目。你能否想到一道更容易着手的相关题目？一道更为普遍化的题目？一道更为特殊化的题目？一道类似的题目？你能解出这道题目的一部分吗？只保留条件的一部分，而丢掉其他部分，那么未知量可以确定到什么程度，它能怎样变化？你能从已知数据中得出一些有用的东西吗？你能想到其他合适的已知数据来确定该未知量吗？你能改变未知量或已知数据，或者有必要的话，把两者都改变，从而使新的未知量和新的已知数据彼此更接近吗？你用到所有的已知数据了吗？你用到全部的条件了吗？你把题目中所有关键的概念都考虑到了吗？

续表

第三，执行你的方案	执行方案 执行你的解题方案，检查每一个步骤。你能清楚地看出这个步骤是正确的吗？你能证明它是正确的吗？
第四，检查已经得到的解答	回　顾 你能检验这个结果吗？你能检验这个论证吗？你能以不同的方式推导这个结果吗？你能一眼就看出它来吗？你能在别的什么题目中利用这个结果或这种方法吗？

（二）阶段测试讲评的方法

阶段测试讲评可以分课前、课中、课后三个阶段完成。

1. 课前

在讲评课之前将试卷发给学生，要求学生独立反思。对于试卷中的问题，先复习相关内容再进行修改，对于存在的疑问做好记录。

2. 课中

教师先简单介绍全班测试的情况，要肯定学生取得的进步，也要客观公正地指出存在的主要问题。切忌以分数为唯一的衡量标准，对于测试成绩不理想的学生，要以鼓励为主，绝不能讽刺挖苦，打击学生学习的积极性。

接下来可以通过多种教学方式进行讲解：①以教师为主进行讲解，教师通过针对典型错误分析原因，通过备选题目讲解审题和解题思路，同时可以适当增加新的题目及时巩固；②以学生为主进行讲解，有小组讨论，学生间互相批改、讲解等多种形式。很多教师正在积极探索的"说题教学"模式也是以学生讲解为主的。让学生通过"说题"展示审题、思考、探究，以及解决问题的过程。对于"听"的学生，"听"的过程是同伴之间相互学习的过程；对于"说题"的学生，"说"的过程也是自我反思的过程。

3. 课后

请学生对于错误的试题再次进行修正，并要求学生对错题进行整理归类。对于比较重要的阶段测试也可以要求学生写反思。同时，教师根据学生的实际情况，对学生进行个性化的指导和帮助。

（三）案例分析

对于案例3-7中的第1题，全班绝大多数学生解答正确，同时这个内容并不是这一阶段学习的重点内容，因此这道题不需要讲评。

对于第2题，学生的答题情况较好，这道题涉及的线面关系的相互转化是这一阶段的重点内容，因此讲评时可以"借题发挥"，与学生一起梳理知识结构，如图3-8所示。

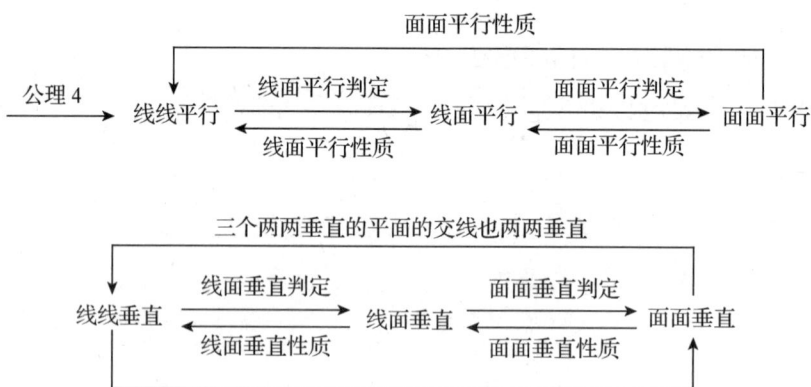

图 3-8

对于第3题，学生的答题情况也较好，由于是填空题，讲评时追问学生具体的解答过程，并进行比较分析。此题大致有三种方法：在图3-9(1)中，把正四面体分解为两个易求体积的小三棱锥，然后相加得到正四面体的体积；在图3-9(2)中，取 BD 的中点 P，连接 AP，CP，易证 $BD\perp$ 平面 PAC，于是 $V_{A-BCD}=V_{B-PAC}+V_{D-PAC}$，则计算过程相对比较简单。在图3-9(3)中，将正四面体置于某个正方体之中，把正方体看作整体，则四面体是正方体的一部分，那么计算起来就更加简单了。通过这个题目再次强调基本图形的重要性，进一步体会四面体与长方体的关系。

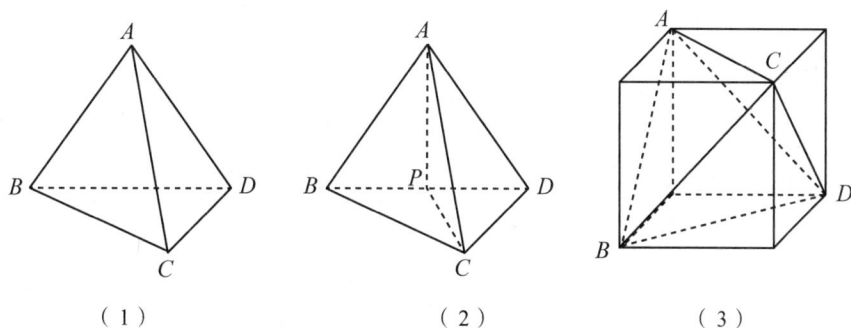

（1）　　　　　（2）　　　　　（3）

图 3-9

对于第 4 题，认真分析学生的作答发现，学生知道用向量法计算角度的基本方法，最大的问题是不能准确建立空间直角坐标系，由于这道题中几何体的底面是菱形，学生不能在菱形内准确找到两条互相垂直的直线（图 3-10），也就是不能准确确定 x 轴和 y 轴。因此，讲评的重点应该是如何建立直角坐标系，应该让学生思考如何选择坐标原点，如何选择 x 轴和 y 轴，有什么方法可以减少立体图形带来的视觉上的干扰，如何选择坐标轴使计算更简便，这个阶段测试的对象是全年级的学生，本班基础比较薄弱，对于这道题的第 3 问绝大多数学生不会作答，因此，第 3 问不在课堂进行讲评，课后对于本班学有余力的学生通过个性化的指导来解决问题。

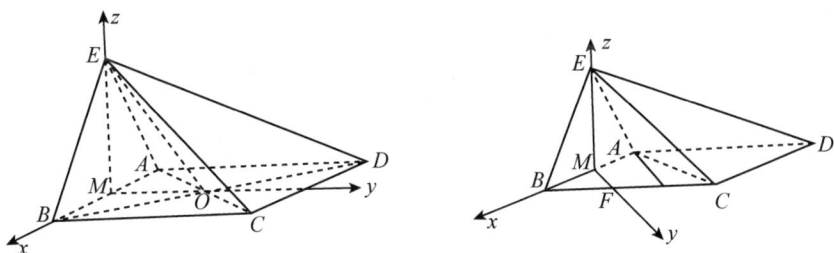

图 3-10

📎 | **实践操练** |

请分析任教班级本学期第一次阶段测试的情况，并进行讲评。

单元小结 ……▶

教学评价是中学数学教学的重要环节，评价也是教师教与学生学的重要部分。本单元根据教学的不同阶段，从课堂学习评价、课后作业、阶段性测试，来阐述新教师如何从教学实际出发更好地进行教学评价。第七讲从如何设计数学课堂学习评价、如何组织课堂学习评价、如何反馈课堂学习评价结果三个方面帮助新教师更好地开展数学课堂学习评价。第八讲从如何选择和设计课后作业、如何布置课后作业、如何讲评课后作业三个方面帮助新教师更好地利用数学课后作业及评价促进数学教学。第九讲希望新教师理解数学阶段测试的重要性，主要从如何分析和讲评两个方面指导新教师通过阶段性测试提高教学效果。

单元练习 ……▶

请结合本单元所学内容，选择中学数学某一单元的教学内容，完成一份包含课堂教学评价、课后作业评价、阶段测试评价的教学评价报告。在教学评价的每个环节中都力求至少体现所学的一条设计原则或设计策略。

阅读链接 ……▶

1.［美］罗伯特·M.桑代克，特雷西·桑代克-克莱斯特.教育评价——教育和心理学中的测量与评估（第八版）［M］.方群，吴瑞芬，陈志新译.北京：商务印书馆，2018.

2.杨向东，崔允漷主编.课堂评价：促进学生的学习和发展［M］.上海：华东师范大学出版社，2012.

3.［美］韦伯.怎样评价学生才有效——促进学习的多元化评价策略［M］.陶志琼译.北京：中国轻工业出版社，2016.

4.［美］特蕾西·K.希尔.设计与运用表现性任务——促进学生学习与评估［M］.杜丹丹，杭秀译.福州：福建教育出版社，2019.

第四单元　教学反思

单元学习目标 ……▶

1. 掌握说课的内容和操作要点，能够将所学知识应用到说课中。

2. 掌握观课的内容和操作要点，能够在课堂观察中应用。

3. 掌握教学反思的结构与表达形式，运用常见的反思方法对教学进行反思。

单元导读 ……▶

反思是教师专业能力的组成部分之一，是促进教师专业成长的重要动力。新教师通过说课，阐述自己对教学设计和实施过程的思考，与教师同行展示交流、共同研究，助力个人的专业成长；观摩和分析其他教师的课堂教学，批判性地吸取他人经验，改进不足，积累学科教学知识。无论是说课还是观课，好的教师需要具备教学反思的能力，运用知识和经验发现教学中的优势与不足，针对存在的问题进行批判性分析，继而通过行动改进教学，从而丰富自己的教学知识，重构教学经验。本单元将阐述如何说课、如何观课和如何进行教学反思三个方面的内容，期望助力新教师的专业成长。

```
                                        ┌── 如何理解说课的内涵
                    ┌── 第十讲  如何说课 ┤
                    │                    └── 如何把握说课的内容与操作要点
                    │
                    │                    ┌── 如何理解观课的内涵与意义
                    │                    ├── 如何进行观察点的选择
  第四单元 ──────────┼── 第十一讲  如何观课┼── 如何设计课堂观察工具
  教学反思           │                    ├── 如何进行观察信息的记录
                    │                    └── 如何分析观课信息
                    │
                    │                         ┌── 如何理解教学反思的内涵与意义
                    └── 第十二讲  如何进行教学反思┼── 如何把握教学反思的过程
                                              └── 如何选择教学反思的表达形式
```

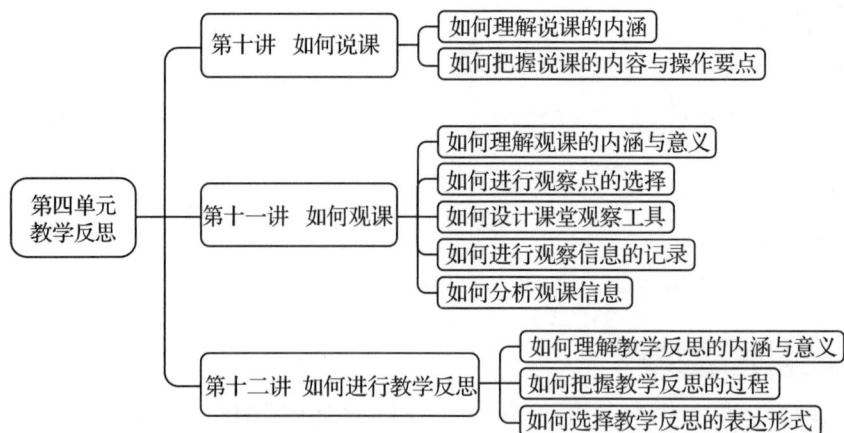

　　一个教师写一辈子教案不可能成为名师，如果一位教师写了三年教学反思，就有可能成为教学名师。

——叶澜

　　通过反思教学增长知识，促进专业成长是除了教学设计和课堂教学实践以外的教师发展的重要途径，是教师教学的一个重要组成部分。它可指向教学过程的各个环节，旨在使教师思考教学设计、教学实施和教学评价中存在的问题，找到相应的解决方法，以逐渐提升教育教学质量，促进学生学习。教学反思可通过不同形式的活动在不同场合下进行。通过说课反思自我教学经验，通过观课，批判性地反思他人的教学经验，并将其内化为自我经验，这些都是教学反思的不同活动形式。

▶ 第十讲
如何说课

　　说课是实现教师自我反思的一种教学活动，是教师同行之间进行交流的重要手段。新教师在集体智慧的引领下，针对个人的教学设计、教学实践和团队成员进行交流，有助于新教师专业能力的快速提升。

一、如何理解说课的内涵

（一）说课的界定

　　说课是教学交流与研究的一种常见形式，是教师在备课的基础上，在规定的时间内，针对具体课题，采用以讲述为主的方式，对同行、专家或领导系统地分析教学内容和学生等情况，并阐述自己的教学设想及理论依据，然后由同行评议，最终达到互相交流、共同提高的目的的一种教研活动。[①] 说课前的细致思考、说课过程中的准确表达和说课后的思维碰撞，能较好地反映教师的教学智慧，架通了备课、上课与评课之间的有机关系；使教师的教学实践能上升到一定的理性层面，解决教学与研究、实践与理论脱节的矛盾，能够使教师将对课题的思考展现出来，并多角度、多层次地反思自己的教学，促进自身对教学理论与实践的理解，发展教师的教育教学能力。

　　根据说课的定义，说课由若干要素构成，包括主体、客体、受众、媒介、方式和依据（表 4-1）[②]。

---

①　丁昌田主编：《核心素养导向的说课》，2 页，天津，天津教育出版社，2018。
②　方贤忠编著：《如何说课》，1 页，上海，华东师范大学出版社，2008。

表 4-1　说课的构成要素

要素	含义
主体	教师
客体	授课内容、方法、价值
受众	教师、教研人员、领导等
媒介	语言、文字、图片、形体、实物等
方式	个人阐述、研讨
依据	课程标准、教育理论

（二）说课的类型

说课按照划分标准的不同，可以分为不同的类型。按照说课的时间来划分，可以分为课前说课和课后说课。课前说课主要是教师在完成教学设计的基础上，通过说课来进行集体备课，借助集体的智慧来预测课堂教学的实际效果，达到改进和优化教学设计的目的。课后说课是教师按照既定的教学设计进行上课，并且在上课之后的集体研讨交流活动中向所有听课的教师阐述自己的教学设计想法、课堂教学实践的效果，以及改进的策略，通过课后说课，围绕教学目标的达成，对教学设计以及教学策略的有效性进行反思和研讨，对教学过程中的成败得失形成清晰的认识，为改进和优化教学提供可能。根据说课的目的，可以将说课划分为以下几个类型。

1. 调研型说课

当教研员、学校领导等专业人士需要了解教师的备课情况、教学状态以及对教学的反思成效时，会请教师通过说课的形式进行展示。通过说课，学校领导可以快速掌握教师对教学内容的熟悉程度、对学生情况的了解情况、对教学方法和过程的思考等，并做出相应的判断。

2. 示范型说课

示范型说课也称为示范课，是学校、区域教研部门面向全体教师开展的一项教学研究活动。其目的是展示教学榜样，供教师学习。通过说课，观摩教师可以快速了解说课教师关于该课设计依据、实施过程等方面的信息，说课教师也在说课过程中以及听众的反馈中对该课进行更加深入的反思。另外，示范课也是课堂教学与说课相结合的形式。在这种模式下，观摩教师和说课教师都会对该课教学进行思考。

3. 教学研究型说课

教学研究型说课常用于日常的集体备课，大家以说课为载体，共同研讨突破教学难点的策略，探讨教学重点问题，寻找解决方法，提高备课的有效性。其基本程序是：①集体研讨，确定说课内容和研究专题；②分头准备，撰写说课稿；③集中说课，做好记录；④合作研讨，提出改进方案；⑤总结反思，积累经验。

4. 等级评比型说课

等级评比型说课针对的是鉴定、评价、认定等级，以比较优劣为主要目的，以发扬优点、相互学习借鉴为次要目的。按组织者的层次，可分为省、市、区县和校级评比。一般程序如下：①确定说课对象和说课内容；②钻研教材，撰写说课讲稿或提纲；③按要求依次说课；④综合评价，评定等级。

（三）说课的特征

1. 反思性

说课以教学设计为基础，先有教学设计，再生成说课。说课的关键是说出"为什么要这样教"[①]，而不仅仅是"教什么"和"怎样教"，即通过说课过程深化对教学设计的思考，厘清教学方法与教学内容的关系及必要性。

2. 交流性

从说课的构成要素看，除了说课教师外，还有教师、教研人员和学校领导等人员参与。当说课教师说课完毕后，听众往往会就说课过程中的一些环节与说课教师进行交流，如讨论教学背景、教学过程等。无论是同行还是教研人员，在评议说课中都能通过切磋教艺、交流教学经验获益，尤其对说课教师而言，是最实在、最贴切的指导。说课是新颖的教研活动，

---

① 方贤忠编著：《教师专业发展的 4 项基本技能 备课、说课、观课、评课》，75 页，上海，华东师范大学出版社，2013。

能带给教师更多地理性思考的各种说课活动都具有一定的示范性。青年教师的教学评优活动、名师的说课带教活动和教学专题研究中的说课活动，其示范性与辐射性则更为明显。

3. 研究性

华东师范大学钟启泉教授认为："说课是应用研究的中国模式。"这种思想体现了说课具有研究性的特点。通过说课，教师不得不对教学设计进行深入的思考与打磨，对其中每一个环节内的逻辑关系进行琢磨，也对各环节之间的进阶过渡进行推敲。另外，通过说课，教师与听众之间的思想碰撞也会促使其对教学进行审视。

4. 灵活性

说课活动不受时间、地点等因素的限制，可在参加人员有空余时间时随时随地开始。这使得说课活动易于开展且操作方便。另外，对于参加人数来说，只要多于 1 人即可，即至少包含 1 名听众，活动就可进行。

5. 局限性

说课是教学设计与课堂教学之间的思考，将书面的设计通过语言表达出来，在一定程度上使教学设计"活"了起来。然而，将课"说"出来，说出的仅仅是思路、想法，与实际教学的方式并不对应。因此，通过说课，不能判断教师在课堂上的表现。

6. 丰富性

说课的构成要素中包括媒介与客体。媒介包括语言、文字、图片、形体、实物等，所以说课过程的表现形式较为丰富。另外，说课是要说出教学内容，以及教学内容的价值等信息，因此，说课的内容也十分丰富。

二、如何把握说课的内容与操作要点

案例 4-1[①]

"合并同类项"说课

本节内容选自北京版《义务教育教科书 数学 七年级上册》第二章第二节。下面我主要针对以下内容进行说课展示：教学背景分析、课程标准分析与教学目标、教学方法、教学流程及核心问题、教学活动展示、教学特色与反思。

一、教学背景分析

1. 教学内容分析

在之前学生已经认识了单项式、多项式的概念，因此可以将同类项看作具有某些共同特征的单项式，这使得学生可以将章节中零散的知识点系统化。合并同类项是本章节学习一元一次方程的基础，也为后续学习解不等式做了铺垫。从数学本质上看，合并同类项是整式的加减，是由数的运算过渡到整式的运算的开始。

因此我确定本节课的教学重点为辨析同类项及合并同类项。

2. 学情分析

第一，知识层面。

本班共有学生 32 名，学习比较积极，根据作业情况分析，90.6% 的学生能熟练地进行有理数的运算。

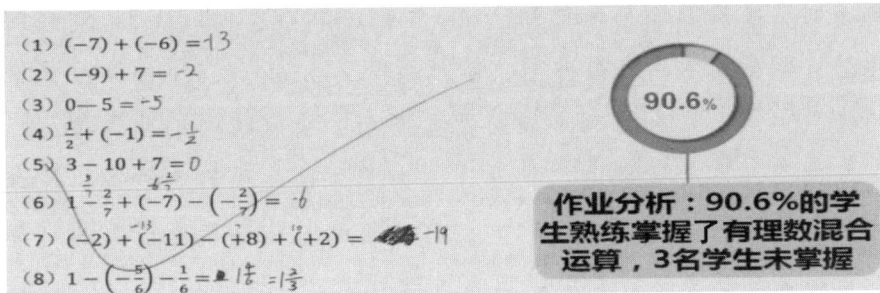

---

① 案例来源：2018 年北京市第二届启航杯风采展示活动，作者为北京市昌平区天通苑中学时洪怡老师，引用时有改动。

但由于刚刚学习用字母表示数，学生对于含有字母的式子接受起来比较慢，有 31.3% 的学生在用字母表示数的题目上易出错。

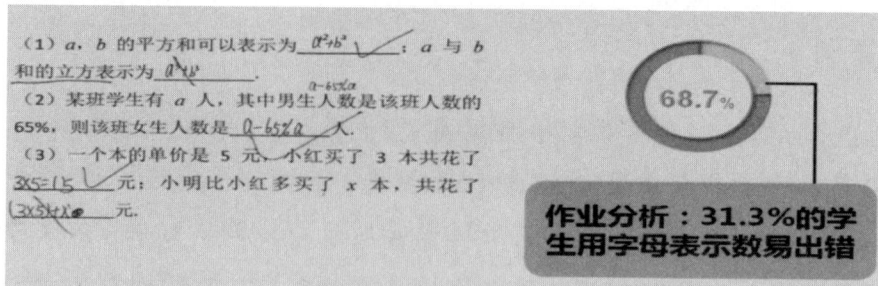

作业分析：31.3% 的学生用字母表示数易出错

第二，能力方面。

本班学生思维活跃，但从之前学习有理数四则运算法则时的归纳情况来看，学生的归纳能力和语言表达能力仍需进一步锻炼。

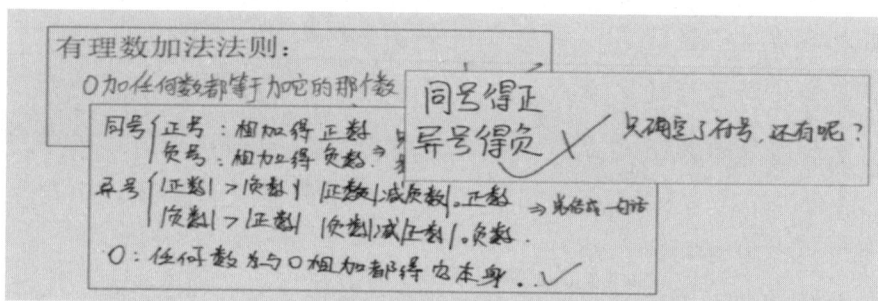

因此，我确定本节课的教学难点为同类项概念及合并同类项方法的归纳。

3. 教材分析

教材中给出了两组单项式让学生观察、归纳出单项式的特点，但是学生在小学时已经接触过简单的解一元一次方程，会对 $3x+5x$ 这样的式子进行化简。学生初步具有合并同类项的意识，且有 78.1% 的学生能进行简单的同类项化简，只是没有形成同类项概念，没有清晰的化简依据。根据维果茨基的最近发展区理论，我设计了由具体的化简题目引入，让学生进一步说明化简依据的环节，让学生在解决问题时体会概念引入的必要性与合理性，提高学生学习数学的兴趣和自信心。

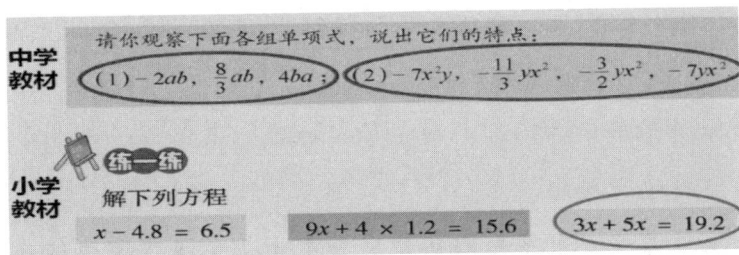

中学教材　请你观察下面各组单项式，说出它们的特点：

(1) $-2ab$，$\frac{8}{3}ab$，$4ba$；　(2) $-7x^2y$，$-\frac{11}{3}yx^2$，$-\frac{3}{2}yx^2$，$-7yx^2$

小学教材　练一练

解下列方程

$x - 4.8 = 6.5$　　$9x + 4 \times 1.2 = 15.6$　　$3x + 5x = 19.2$

二、课程标准分析与教学目标

课程标准对这节课的要求是：掌握合并同类项和去括号的法则，能进行简单的整式加法和减法运算。由此，我确定的教学目标是：

①能够辨识同类项，会运用合并同类项的方法进行化简计算；

②经历同类项概念的形成过程和合并同类项方法的探究过程，培养观察、总结、归纳能力；

③在解决问题的过程中，感受概念引入的必要性与合理性，提升学习数学的兴趣和自信心。

三、教学方法

本节课采用启发式和探究式的教学方法。

四、教学流程及核心问题

本节课的教学流程如下。通过 6 道小题引入，让学生在解决问题的过程中发现规律，寻找依据，从而归纳同类项的概念，总结合并同类项的方法，从而突出重点、突破难点，最后通过例题与练习进行巩固强化。

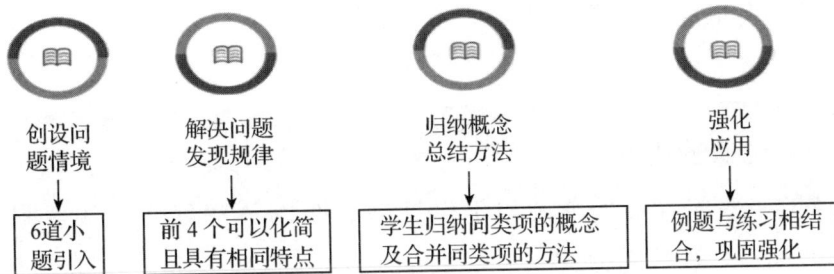

创设问题情境 → 解决问题发现规律 → 归纳概念总结方法 → 强化应用

6 道小题引入 → 前 4 个可以化简且具有相同特点 → 学生归纳同类项的概念及合并同类项的方法 → 例题与练习相结合，巩固强化

本节课的核心问题是：

什么样的两个单项式相加可以化简成一个单项式？（什么是同类项？）

问题链：

问题 1：哪些式子可以化简成一个单项式？哪些不能？为什么？

问题2：什么样的两个单项式相加可以化简成一个单项式？

问题3：如何合并同类项？

五、教学活动展示（略）

六、教学特色与反思

本教学设计通过了解学生的认知发展水平，着眼于学生的最近发展区，设计以解决问题的方式引入，激发学生的学习兴趣；以学生为主体，设计自主探究活动，让学生更好地感受概念引入的必要性与合理性。

本节课还注重培养学生的总结归纳能力。无论是同类项的概念还是合并同类项的方法，都不只是单纯地给出概念进行应用，而是让学生在实践中尝试自我归纳总结，锻炼了学生的归纳总结能力。

本教学设计更加强调数学思考。教师提出问题，留时间给学生思考，然后小组交流讨论，通过讨论，学生之间沟通想法，再思考自己的想法与同学的异同，从而进一步完善自己的思路。经历了"解决问题→发现规律→思考交流→归纳概念→总结方法→实际应用"这样完整的探究问题的过程，提高了学生数学思维的严谨性，同时也提高了学生的理解、交流、归纳、表达能力。

本教学设计在内容上为后续学习方程、不等式做了铺垫，同时在研究方法上也为后续学习二次根式等类似问题奠定了基础。

问题聚焦

Q1：案例中的教师是从哪些方面说课的？

Q2：说课有哪些操作要点？

（一）说课的内容

说课的主要内容是说清楚教学设计的思路以及背后的设计意图。课后说课还包括课堂教学的效果分析，提炼出的亮点和不足、问题与困惑等。总体来说，要说清楚，本节课要教什么，教到什么程度，也就是达成什么教学目标，怎么教，为什么这么教，以及如何知道教学目标是否达成。

1. 说教学背景

说教学背景就是阐述这节课教什么，主要包括教学内容分析、课程标准分析、教材分析等。

(1)教学内容分析。

教学内容分析主要包括待讲单元、课时的数学知识及其蕴含的数学思想方法,它与其他知识的横、纵向联系是什么,揭示其在数学知识结构中的位置,学习这个内容对学生来说具有什么样的价值,也就是这节课要教什么。比如,高中函数概念是用抽象的集合语言和数学符号 $f(x)$ 描述两个实数集合之间的对应关系,突出定义域、值域和对应法则三要素的相互关系。相比较而言,初中的函数定义强调在一个变化过程中,函数是两个变量之间的对应关系,更加强调的是变化过程中两个变量的共变依赖关系,对于 $y=1$ 是不是函数,初中定义是无法判断的,而高中函数的定义更加抽象,也进一步揭示出了函数的本质。在函数概念的形成过程中,需要从不同的情境中分析、识别出函数概念的共同要素,分析这些要素之间的关系,归纳共性,表述定义,因而可提升学生的数学抽象素养,因此对于函数概念这节课,其重点是函数概念的抽象过程。

(2)课程标准分析。

阐述课程标准对这节课的要求,并进行解析,确定重点。在进行课程标准分析时,首先需要从这节课的内容要求、学业要求和教学实施建议入手,分析需要达成的"四基""四能"以及需要发展的数学核心素养等;其次是依据不同学段的课程标准的要求进行分析,以明确这一学段的重点。

(3)教材分析。

教材分析主要是指教科书分析。"用教材教,而不是教教材"是教学领域经常提及的一句话,也是新课程改革的理念之一。这句话表明,教材是供教师教学使用的材料,提供的是教学素材。因此,教师需要认真思考如何合理地使用教材中提供的内容,如何使教材中的素材为本节课或本单元的教学内容服务。这也正是在说课时需要说清楚的内容。

教材是以课程标准中的核心概念为主干的,符合课程标准中的教材编写建议的教学用书。教材不但是学生进行课程学习的主要参考资料,也是教师教育教学的重要载体。可见,教材也是连接教师的教与学生的学的桥梁。

教师在说课时说教材，是要说出教师对教材中对应章节内容等的理解，比如，教材是如何设计教学的各个环节的、本节课的内容在教科书中的位置、与前后内容的联系等。

2. 说学情

学情即学生情况。分析学情是确定教学难点的基础。因此，在说课过程中，要说清学生的基础状态。一般从学生的认知基础、认知困难或障碍两个方面阐述。说清学生的已有认知基础主要包括两个方面：第一，从课程的角度来看，说清学生应该掌握的知识以及积累的生活经验；第二，说清学生实际掌握的程度。在阐述学生的已有认知基础的时候，要说清楚确定学生已有认知基础的依据，比如根据学情调查的数据，或者课堂观察或作业的诊断，需要呈现一些质性或量化的数据，支持自己对学情的判定。在调研的基础上，结合本节课数学内容的特点，阐述学生的认知困难点。

根据学生已有的知识结构和心理认知特点，找到学生不容易理解的内容，确定本节课的教学难点。在说课过程中，需从学生的角度出发，说清怎样根据学情和教材来确定教学难点。

3. 说教学目标

说教学目标，需要说清是如何根据课程标准分析、教学内容分析和学情分析确定教学目标的，同时也要说清楚由此确定的教学重点和难点是什么，是如何确定的，以及用什么方法和策略来落实重点、突破难点。

4. 说教学方法

教学方法是教师为了达成教学目标而采用的方法，对达成教学目标而言举足轻重。在说课时，教师应介绍采用什么教学方法，以及选择这种(些)教学方法的原因。

(1)突出重点与突破难点的方法。

突出重点与突破难点是一节课的关键，而选择正确的方法是关键中的关键。因此，在说课时，应首先介绍选择了什么方法，以及该方法对突出重点和突破难点的作用。

（2）教学方法的选择依据。

选择教学方法要以学生的情况为出发点，以帮助学生建构概念为宗旨，突出启发性和思维训练作用。

5. 说教学过程

教学过程是教学活动的展开过程，是说课的重点内容。要说明主要设计了哪些学习任务，教师如何组织这些学习任务，预设学生的表现是什么，相应的教学处理策略是什么，以及每一个活动的设计意图是什么，还包括板书设计和时间分配等。

（1）教学环节的结构。

教学过程分为若干个环节，每个环节之间的逻辑关系情况关系着整个过程是否紧凑，学生的认知是否能够得到发展。因此，在说教学过程时，应说清教学环节的结构以及各个环节之间的逻辑关系。

（2）教学活动安排。

在说教学活动安排时，教师应介绍每一个教学活动及其组织过程，学生如何参与到活动中，对学生表现的预设以及教师应对的策略，还应介绍活动希望达成的教学目标等，如果是课后说课，还需要对教学达成的效果进行分析。

（3）板书设计。

板书是一堂课中留给学生的文字性资料，其设计应具有层次，而非单纯地罗列知识点。所以，在说课时，要说清板书的结构。

6. 说教学反思

在说课时，最好要进行总结提炼，主要包括：第一，提炼出教学设计与实施过程中的亮点与创新点，可以是方法创新、环节创新、课堂机智等；第二，提炼出教学设计和实施过程中存在的问题，以及后续的解决办法等。

（二）说课的操作要点

1. 明确指导思想和理论依据

自《中国学生发展核心素养》发布、《义教数学课标（2022 年版）》《高中数学课标（2017 年版）》颁布以来，教育教学工作的目标指向十分明确，即发展学生的核心素养。因此，数学教学中各个环节的设计与实施均为培养学生核心素养服务，继而体现数学学科的育人价值。可见，如何通过数学学习发展学生的数学核心素养，发挥数学学科的育人价值是教师应回答的首要问题。对解决这个问题的思考与尝试等也应体现在与教学有关的各个方面。这其中当然包括说课这一教学活动。在说课中，应说清本节课的育人价值体现在何处，如何发挥本节课的育人价值。

在教学中应以建构概念为核心，彰显教学内容的层级关系。这其中涉及多个理论，如建构主义、有意义的学习等。在说课过程中，应根据相应理论的内涵，说出教学设计的依据，体现理论与实践相结合的理念。

2. 凸显设计意图

说课的过程所着重体现的是采用某种教学方法的原因，即设计的意图。不要把说课变成介绍教学活动，或者讲课，而应把这样教的依据介绍清楚。"为什么这样教"是一个看似简单，但是值得深思的问题。教师只有思考清楚该问题，才能避免机械地教学，从而避免学生被动地学。可使用下列模板[①]：

本节课包含"创设情境，引入新课"等七个教学环节。下面将从每个环节所教授的内容、方法和这样教的原因三个方面加以说明：①创设情境，引入新课。设计意图是……这样设计是因为……这样设计的原因是……；②……③……。

3. 明确各环节间的逻辑关系

教学过程包含多个环节，如"创设情境，引入新课""讨论交流，探索新知""归纳概括""深入探究，理解新知""应用知识，解决问题""随堂练习，巩固知识""小结反思，布置作业"等。这些环节之间都有逻辑关系。例如，导入的内容与之后的内容存在的关系等。在说课时，应介绍清楚各环节之间的逻辑关系。

（四）案例分析

在案例 4-1 中，教师介绍了教学背景、教学目标及确定的方法、教学

---

① 丁昌田主编：《核心素养导向的说课》，82 页，天津，天津教育出版社，2018。

方法、教学流程及核心问题，以及教学特色与反思，以说明自己在合并同类项这节课中教什么，如何教，为什么这样教。

在教学背景分析中，教师分析了合并同类项在中学数学中的地位，与其他内容的联系，学生学习本节课对于后续学习的作用，并确定了本节课的重点，但没有分析这一内容的其他教育价值。对于学生情况分析，能够根据学生作业、学生的课堂表现，以及学生在小学阶段的学习经验有理有据地分析学生在知识、能力和经验方面的基础与不足，从而确定了本节课的难点。教师虽然呈现了课程标准对合并同类项这节课的内容要求，但并没有具体解析"掌握"合并同类项的法则的行为表现，以及课程标准在诸如基本思想方法、基本活动经验、情感态度价值观等方面的要求。教师根据教学内容分析、学生情况分析、课程标准的要求，准确制订了可操作和可评价的教学目标。教师根据教学目标选择了启发式和探究式的教学方法，让学生在"做数学"的过程中建构知识。在教学过程设计中，教师介绍了教学活动设计的理论依据，并提纲挈领地描述了教学的主要环节及逻辑关系。教师的说课是在微格教学展示之前进行的，但他并没有具体介绍每一个教学活动是如何设计的。因此，如果要说教学过程的话，需要首先介绍给学生的学习任务是什么，为什么给学生这样的学习任务；其次，预估学生可能的做法或困难是什么；再次，介绍帮助学生突破困难的教学策略；最后，是这样设计要达成的教学目标是什么。之后，教师从本教学设计中对突出学生主体地位、培养数学能力等方面提炼出了教学特色。

当然，完整的说课，还需要介绍板书设计、作业设计及意图，课后说课需要结合教学关键事件，对教学目标的达成情况进行反思，并提出进一步改进的策略。

新教师需要通过说课活动，对自己的教学设计进行反复打磨，提高教学反思能力，促进自己的专业成长。

✏️ | 实践操练 |

　　请按照本讲所介绍的说课的内容和操作要点，选择初中或高中某一课时的教学内容进行说课。

　　在完成上述任务的过程中，请同步思考以下问题：

　　1. 说课与教学设计之间的关系？

　　2. 说课与上课的区别？

▶第十一讲
如何观课

✏️ | 案例 4-2[①] |

课题	因式分解（二）——方法探究
教材	北京版《义务教育教科书　数学　七年级上册》
授课人	姚春艳　　通州区第四中学
授课年级	七年级
教学过程	

---

　　① 案例来源：北京市通州区第四中学市级骨干教师姚春艳老师。

续表

教学环节	教师行为	学生行为	设计意图
独立探究与交流	我们已经知道了什么是因式分解，那么一个多项式，我们如何进行因式分解呢？下列多项式哪些能分解因式？哪些不能分解因式？能分解因式的要分解，不能分解因式的要说明理由。给大家15分钟独立完成，然后小组交流。学生小组交流：哪些题目意见一致；哪些题目有不同意见；哪些题目都不会做。 ①x^2y+xy，②m^2-81， ③x^2+4，④$6x^4y^3-12x^2y^4z$， ⑤a^2-6a+9，⑥x^2-3， ⑦$3x^2-3y^2$，⑧$9x+3y-1$， ⑨$x^2+2xy+y^2$，⑩$-x^2+4y^2$	学生先独立完成，然后交流答案以及做法，圈画出哪些题目会做，哪些不会做，哪些有分歧。	通过问题解决，观察、分析多项式的结构特点，能够做出判断，并进行简单归类，选择恰当的方法解决简单的因式分解问题。
全班分享交流	问题1：请各组汇报意见一致的题目；这些题目分解的答案是什么？请大家判断是不是因式分解？是怎么分解的？ 问题2：小组汇报意见不一致的题目，介绍小组内的争议，共同探讨解决争议的方法，形成因式分解的标准。 问题3：小组汇报经过讨论仍然感到有困难的题目，说明困难之处，教师帮助学生认识突破困难的方法。 教师提问：既然③和④都是因式分解，到底哪种做法是好的？	学生认为第④题大家意见不一致，需要讨论，四个学生把答案写在了黑板上。 生1： $6x^4y^3-12x^2y^4z$ $=2(x^4y^3-2x^2y^4z)$。 生2： $6x^4y^3-12x^2y^4z$ $=6x^2y^2(x^2y-2y^2z)$。 生3： $6x^4y^3-12x^2y^4z$ $=6x^2y^3(x^2-2yz)$。 生4： $6x^4y^3-12x^2y^4z$ $=6(x^4y^3-2x^2y^4z)$。	通过问题解决，提升分析问题的能力；通过与他人的交流，能够对不同观点进行合理质疑和评价。

教学环节	教师行为	学生行为	设计意图
	那么到底什么是好的因式分解呢？我们是希望借助这个例子提炼出因式分解的一般方法与步骤，那么生4的方法是否能够用来解决像这样的因式分解的问题呢？比如第①道题，能解决吗？经过讨论，大家同意生3的方法具有一般性，并提炼出了公因式以及提公因式法的一般步骤，以及最后的标准。	在讨论时，有的学生认为生1的做法不是因式分解，错了；学生的讨论集中在生3和生4的做法上，认为都是因式分解。有的学生认为生3的是好的，因为分解完后，括号里面是最简单的，有的学生认为生4的方法能够减少错误。	
方法形成	请对所使用的方法进行归类。	学生在小组内讨论、交流，写出所使用的方法提公因式法；平方差法；完全平方法；综合法。	发展归纳概括的能力、反思能力以及数学表达的能力。
总结反思	1. 本节课咱们都做了什么？ 2. 在分解因式时需要注意什么问题？ 3. 你还有什么问题？ 教师根据学生的回答整理出了下表内容：	学生发言： 1. 分解彻底； 2. 保持恒等变形； 3. 不要漏项。	结合问题解决的过程，梳理解决问题的方法，获得解题经验，提升梳理、分析、归纳、总结的能力。

其中"总结反思"环节教师整理的表格内容如下：

因式分解的方法	提公因式法	公式法（平方差）	公式法（完全平方）
多项式特点	含有公因式的任意多项式	1. 有"两项" 2. 两项的符号相反 3. 两项都能写成完全平方的形式，即（ ）^{2}	1. 有"三项" 2. 是完全平方式

问题聚焦

Q1：如果你当时在教学现场，你会重点观察哪些方面？

Q2：观摩了这节课后，你在哪些方面有收获？对你的教学工作有什么帮助？

一、如何理解观课的内涵与意义

（一）什么是观课

观课又称为课堂观察，是教师或学校管理者在课堂或其他学习环境中对教学进行的正式或非正式观察。课堂观察的主体通常是其他教师、学校管理者或教学专家，通常用于向授课教师提供建设性的反馈，以改进他们的课堂管理和教学技巧。学校管理者也可能会定期通过课堂观察来评估教师。

对于新教师而言，观课是司空见惯的一类活动。新教师既会被观课，又会更多地去观察他人的课堂。但是，对这类活动新教师经常听到的描述，不是观课，而是听课。二者既有联系，又有区别。联系在于它们都需要有授课教师、学生和"听众"参与，都旨在通过同行间的学习，教学相长。观课与听课的区别则是观课强调的是通过多感官来汇集课堂信息，而听课仅强调用耳聆听。然而，现阶段一般所说的听课其实指的就是观课，因为这类活动不是在现场进行，就是以视频的形式借助电脑进行，"听众"除了聆听，也要实实在在地观察课堂上的一举一动。可能由于教师以往在课堂上一直在讲授，所以"听课"这个词就一直沿用下来了。

（二）观课的意义

对于新教师而言，观课是入职后经常会参与的活动。比如，参加市、区和校级的观课活动等，通过观察优秀教师的课堂来提升自身的教育教学能力。

1. 在准备观课前提升

新教师在参加观课活动前，要根据展示课的题目，查找其在课程标准

中的位置与地位，熟悉教材中的相关内容，并思考教学策略。

2. 在观课过程中提升

通过课堂上细致的观察，记录教师教学过程中的提问、过渡等重要信息，注意学生的反应，思考教师的各种处理和操作的优势。

3. 在观课后的反思中提升

在课堂观察结束后，新教师应及时思考观课现场授课教师对各环节进行处理的背后原因，各种处理方式是否有效，是否可以改进，各环节之间的关系如何等问题。

二、如何进行观察点的选择

观课时，新教师应该观察哪些内容？这些内容中又包含了哪些具体的观察点？对于这两个问题，可以从课堂的构成要素——学生、教师、课程和文化——来进行思考。

（一）观察内容

1. 观察学生

学生是学习的主体，学生在课堂中的学习方式和效果是观察学生的两个重点。可从准备、倾听、互动、自主和达成五个角度来对学生的学习进行观察，每个角度都包含了若干个具体的观察点。

2. 观察教师

教师是课堂教学的组织者，教师在课堂中的教学方式以及行为的适配性是观察教师的两个重点。可从环节、呈现、对话、指导和机智五个角度对教师的教学进行观察，每个角度都包含了若干个具体的观察点。

3. 观察课程性质

课程性质指的是教与学的内容，即"这是堂什么课？学科性体现在哪里？"。课程性质连接了学生的学习与教师的教学。可从目标、内容、实施、评价和资源五个角度对课程性质进行观察，每个角度都包含了若干个具体的观察点。

4. 观察课堂文化

学生学习、教师教学和课程性质三者在交互中形成了课堂文化。可从思考、民主、创新、关爱和特质五个角度对课堂文化进行观察,每个角度都包含了若干个具体的观察点(表 4-2)。

表 4-2　观课内容及观察点示例[①]

维度	观察角度	观察点示例
学生学习	准备	课前准备了什么?有多少学生做了准备? 学生是怎样准备的? 学优生、学困生的准备习惯怎样? 任务完成得怎样?
	倾听	有多少学生倾听教师讲课?倾听了多长时间? 有多少学生倾听同学发言?能复述或用自己的话表达同学的发言吗? 倾听时,学生有哪些辅助行为?有多少学生有这些行为?
	互动	有哪些互动行为?有哪些行为直接针对目标的达成? 参与提问和回答的人数、时间、对象、过程、结果怎样? 参与小组讨论的人数、时间、对象、过程、结果怎样? 参与课堂活动的人数、时间、对象、过程、结果怎样? 互动、合作习惯怎样?出现了怎样的情感行为?
	自主	自主学习的时间有多长?有多少人参与?学困生的参与情况怎样? 自主学习形式有哪些?各有多少人? 自主学习有序吗?学优生、学困生的情况怎样?
	达成	学生清楚这节课的学习目标吗?多少人清楚? 课中哪些证据证明了目标达成? 课后抽测有多少人达成目标?发现了哪些问题?

[①]　任重、孙世军编著:《备课　上课　观课　议课》,185~187 页,北京,北京理工大学出版社,2018。

维度	观察角度	观察点示例
教师教学	环节	教学环节怎样构成？ 教学环节是怎样围绕目标展开的？怎样促进学生的学习？ 哪些证据证明该教学设计是有特色的？
	呈现	讲解效度怎样？有哪些辅助行为？ 板书呈现了什么？怎样促进学生学习？ 媒体呈现了什么？是怎样呈现的？是否合适？ 动作呈现了什么？是怎样呈现的？体现了哪些规范？
	对话	提问的时机、对象、次数和问题的类型、结构、认知难度怎样？ 候答时间多长？理答方式、内容怎样？有哪些辅助方式？ 有哪些话题？话题与学习目标的关系怎样？
	指导	怎样指导学生自主学习？结果怎样？ 怎样指导学生合作学习？结果怎样？ 怎样指导学生探究学习？结果怎样？
	机智	教学设计有哪些调整？结果怎样？ 如何处理来自学生的或情境的突发事件？结果怎样？ 呈现了哪些非语言行为？结果怎样？
课程性质	目标	预设的学习目标是什么？学习目标的表达是否规范和清晰？ 目标是根据什么预设的？是否符合该班学生的学情？ 在课堂中是否生成了新的学习目标？是否合理？
	内容	教材是如何处理的？是否合理？ 课堂中生成了哪些内容？怎样处理？ 是否凸显了本学科的特点、思想、核心技能及逻辑关系？ 容量是否适合该班学生？如何满足不同学生的需求？
	实施	预设了哪些方法？是否适合学习目标？ 是否体现了本学科的特点？有没有关注学习方法的指导？ 创设了什么样的情境？是否有效？

续表

维度	观察角度	观察点示例
课程性质	评价	检测学习目标的达成情况时所采用的主要评价方式是什么？是否有效？ 是否关注在教学过程中获取相关的评价信息？ 如何利用所获得的评价信息？
	资源	预设了哪些资源？ 对预设资源的利用是否有助于学习目标的达成？ 生成了哪些资源？与学习目标的达成是什么关系？ 向学生推荐了哪些课外资源？可达到的程度如何？
课堂文化	思考	学习目标是否关注高级认知技能？ 教学是否由问题驱动？ 问题链与学生的认知水平、知识结构的关系如何？ 怎样指导学生开展独立思考？怎样处理学生思考中的错误？ 学生独立思考的人数、时间、水平怎样？思考氛围怎样？
	民主	课堂话语是怎么样的？ 学生参与课堂教学活动的人数、时间怎样？课堂气氛怎样？ 师生行为如何？学生之间的关系如何？
	创新	教学设计、情境创设与资源利用有何新意？ 教学设计、课堂气氛是否有助于学生表达自己的奇思妙想？ 课堂生成了哪些目标、资源？教师是如何处理的？
	关爱	学习目标是否面向全体学生？ 是否关注到了不同学生的需求？特殊学生的学习是否受到了关注？座位是否安排得当？ 课堂话语、行为如何？
	特质	该课体现了教师的哪些优势？ 课堂设计是否有特色？ 学生对该教师教学特色的评价如何？

（二）确定课堂观察点

表 4-2 在上述四个观察维度下，列出了若干个观察点。可见，课堂是复杂且富有变化的。显然，在一堂课的时间内针对这些观察点都进行观察并不现实，这就需要新教师根据观察目标在观课前将观察点确定下来。

作为新教师，观课的目的是通过观察优秀教师的课堂，汲取营养，提升自身的教育教学能力。这使得新教师观课时需要着重观察以下几个方面：①观察教学目标的落实情况；②观察教材内容的处理情况；③观察内容知识的结构；④观察教学方法的运用；⑤观察学生课堂的反应。

三、如何设计课堂观察工具

（一）什么是课堂观察工具

课堂是复杂且富有变化的。对这样一种环境进行观察，使用工具是十分必要的。观察工具可分为核心工具和辅助工具两种。其中，核心工具是观课教师自身的多个感官，而辅助工具有录像、录音设备和观课量表。观课量表是重要的课堂观察工具[1]，体现了观察者关于观察点的研究思路，为解决所研究的问题提供了思维框架[2]。可见，选择和开发观课量表依赖于观察者较高的理论素养和实践经验，取决于观察者对观课主题的理解。

（二）观课量表的选择方法

课堂观察作为研究教师教学的手段之一，经过多年的发展，已经积累了丰富的观课量表，观察者可根据需要从中选择。一般说来，观察者会根据观察点的不同，选择使用不同的观课量表。如果观察者计划观察教师候答时间的长短，或学生的目光分配次数，那么应选择定量的有关候答时间的量表（表 4-3）。如果观察者计划观察"哪些证据证明概念已形成"或教师讲解的效度这类观察点，那么应选择相应的定性观课量表（表 4-4）。

① 高宏主编：《核心素养导向的观课议课》，112页，天津，天津教育出版社，2018。
② 任重、孙世军编著：《备课 上课 观课 议课》，193页，北京，北京理工大学出版社，2018。

表 4-3　教师对学生目光分配

序号	教师目光停留位置	次数	百分比
1	前排学生		
2	后排学生		
3	回答问题学生		
4	上台学生		
5	散漫学生		

表 4-4　概念形成定性观课量表

序号	事实	思维	形成
具体概念 1			
具体概念 2			

（三）观课量表的开发方式

受年代、学科与观察者自身等诸多因素的影响，观课量表也可能需要重新开发，以更加有效地应用于课堂观察中，继而满足新教师提升教学能力的需要。新观课量表的开发主要包括两个阶段。

1. 分析设计

观察者应对观察内容进行思考，从不同角度对该内容进行分析，以设计开发出符合实际情况的新观课量表。

2. 试用完善

将新观课量表应用在课堂观察中，通过实践发现其中的不足之处，并加以改进，形成完善的新观课量表。

四、如何进行观察信息的记录

观课时，需要关注多个方面。因此，十分有必要做记录，即观课记录。观课记录是指观课教师进入课堂后对所需信息进行收集的过程，它可以协助观课教师将观课时的所见所思呈现在纸面上，以备之后的分析使用。那么，在观课时，教师需要记录哪些内容呢？

（一）观察信息记录的要点

在观课的过程中，教师可着重记录以下要点：①教学环节之间的过渡；②教学内容；③课堂提问；④学生活动；⑤课堂反馈；⑥语言。

之所以需要对以上几个方面的信息进行记录，是为了能够在接下来的分析过程中，体悟授课教师在落实教学目标、处理教材内容、进行概念教学、运用恰当的教学方法和提升学生学习效果这几个方面的先进之处。

（二）观察信息的记录方法

1. 详略得当

一堂课中包含的信息很多，全部记录在案并不现实。因此，在做观课记录时，要做到详略得当。新教师在观课时，主要记录与教学目标落实、教材内容处理、内容知识结构、教学方法和学生反应有关的内容，包括提问、实验等具体环节。而对于教师在授课过程中的重复话语，与突出重点、突破难点无关的内容，应简略记录。

2. 运用符号

观课过程中的信息转瞬即逝，教师在记录过程中，也可运用一些自定义的符号来代替经常出现的语句。例如，"这个环节我没有理解意图，需要在课后咨询授课教师""这个地方教师出现了重复的话语""巡视学生时未解答问题"等，可用圆圈、三角、五角星等符号代替。

五、如何分析观课信息

在观课结束后，教师面对所做的观课记录，一定要进行分析，而不能仅仅把其当作完成任务的证据，准备在有检查时随时上交。对观课记录进行分析，一般需要经过分类整理和结果分析两个步骤。

（一）分类整理

需要对观课信息进行分类。新教师将记录的信息按照落实教学目标、处理教材内容、进行概念教学、恰当运用教学方法和提升学生学习效果这几个方面进行分类。

（二）结果分析

对于新教师，观课的首要目的是通过课例学习优秀教师的设计思路、对教学技能的把握方法和以学生为中心的实践方法。因此，新教师在对观课记录进行整理、分类后，需要对每一类信息中的优点和疑问做总结，以备学习之用。

（三）案例分析

在案例4-2中，教师通过设计一个任务单，先给学生独立完成的时间。如果是新教师，在观课时需要记录学生独立完成的时间、小组讨论的时间，他们采用的方法、遇到的困难；还要记录授课教师在学生独立探究的时间里所做的工作，以及自己的思考。比如，在这个任务单中，学生先完成了哪些题目？为什么会有这些表现？学生遇到了什么样的问题？如果是你，怎么解决？

当全班分享时，新教师需要记录教师提出了哪些问题？在这里，教师提出的三个问题非常有层次性。首先，让学生确认哪些问题大家有一致的认识，交流这些认识是什么。让学生认识到可以用平方差公式和完全平方公式解决因式分解问题。其次，让学生确认哪些问题还存在分歧，交流分歧是什么，以及如何解决分歧。在这部分讨论了用提公因式法分解因式的步骤与标准，形成了第二种方法。最后，讨论了不会分解的问题，讨论没能分解出的原因。新教师要记录授课教师是如何推动学生的思考不断走向深入的。

在最后的小结部分，教师采用了表格的方式帮助学生梳理本节课的知识与方法。

✎ | 实践操练 |

请按照本讲所介绍的观课的内容和记录要点，选择观摩一位中学优秀教师某一课时的教学。

在完成上述任务的过程中，请同步思考以下问题：

1. 观课与听课之间的关系是什么？

2. 观课时，知识结构是如何帮助教师培养学生核心素养的？

▶第十二讲
如何进行教学反思

自 20 世纪 80 年代开始，教学反思引起了大量学者的关注。教学反思在教师专业发展中具有重要的作用，有助于帮助教师形成实践性知识，从而促进教育教学质量的提升。[①] 本讲将探讨如何进行教学反思。

案例 4-3

合并同类项课后反思

学习目标的制订比较合理，教材中建议同类项与合并同类项共 1 课时，由于学生的基础比较弱，根据学情将该内容划分为 3 课时。通过课堂检测，大部分学生已经掌握了合并同类项的法则，能正确合并同类项，教学目标基本达成。

情境创设部分不错，首先是联系生活，充分体现出了数学来源于生活，使枯燥的数学知识具有趣味性，提高了学生学习的兴趣。学习是建立在兴趣之上的，只有具有了浓厚的学习兴趣，学生才能热爱学习。买早餐的故事体现出了在生活中将同一类事物进行合并的思想，这为后续合并同类项的学习，提供了很好的衔接，并且可以使学生的类比思想得到锻炼，使抽象的数学知识具体化，便于学生理解和接受。

在课堂教学中，问题提出过多，提问占据了课堂的大部分时间，学生只能被动地应付教师的琐碎问题，缺乏质疑问难、独立思考的时间，不利于创新能力的培养。并且对于教师提出的一连串的问题，学生找不到核心问题，也会使问题变得模糊。因此，教师在设计问题时，必须要做到量少质高，措辞精练，具体明了。对于设计高质量的问题，要注意问题的目的

---

① 邵光华、顾泠沅：《中学教师教学反思现状的调查分析与研究》，载《教师教育研究》，2010(2)。

性、适时性以及层次性，多设计经验型和创造型的问题，使学生的思维、逻辑以及表达能力都得到了锻炼。在今后的教学中，应该重点注意，减少小问题，提炼大问题，将课程中的问题提炼出来，以问题链的形式展现出来，这样可以使得问题有连续性，并且体现出数学的逻辑性。在设置问题方面，要给学生留出充分的时间，让学生进行思考，以学生为中心，给学生留出独立思考、创新的机会，使学生的主观能动性得到充分发挥。数学是一个提出问题和解决问题的过程，问题来源于生活，最终又回归于生活，在今后的教学设计中，要注意让学生了解数学与生活之间的联系，使学生学有所用。

余弦函数的图像与性质课后反思

掌握数学知识固然重要，延展数学思维更是不可或缺的。通过回顾教学过程，教师在暴露学生数学思维方面所做的引导工作不足，取而代之的是：教师在学生回答的基础上直接进行了分析，未通过追问这种方式暴露学生的思维。这种在学生回答的基础上直接讲授的方式在一定程度上遏制了学生思维的延展性。

(1)不足之处。

现从教学过程中抽取一个教学片段来佐证我在这方面工作中存在的不足之处。

师：怎样画出余弦函数在 $[0, 2\pi]$ 上的图像？给同学们1分钟时间思考，同桌之间可以相互探讨、交流。（1分钟）

师：吴同学，你有什么想法？

生：用五点作图法。

师：这是吴同学提出的画图像的想法。我们一起想一想，如果用五点作图法我们要先对函数的凹凸性及增减性进行判断。可见此种方法在现阶段并不适用，吴同学请坐。

（此后，启发全班学生通过类比正弦函数在 $[0, 2\pi]$ 上的图像的生成过程来思考：余弦函数的图像是不是也可以用类似的方式得到？）

以上就是我和吴同学的具体对话。从师生的对话中可以发现，我间接地否定了吴同学的想法，未追问吴同学产生这种想法的根源，因此在师生交流过程中未将其思维暴露出来。

（2）改进策略。

经过指导教师的点评，此处可以通过追问以下问题来帮助学生思考，进而启发学生可以利用"平移法"得到余弦函数的图像：你是怎么想到五点作图法的？你如何确定可以利用五点作图法来作图？

以改进策略为教学指导，之后在给高一（12）班上这节课时，对此教学过程进行了重新组织和规划，师生具体交流细节如下。

师：怎样画出余弦函数在$[0，2\pi]$上的图像？给同学们1分钟时间思考，同桌之间可以相互探讨、交流。

（1分钟后）

师：崔同学，你有什么想法？

生（崔）：五点作图法。

师：你打算描哪五个点？

生（崔）：……

师：非常棒！那你打算用什么样的曲线连接相邻的两个点？

（学生想了想，然后回答）

生（崔）：类似正弦函数曲线那样的曲线。

师：你如何确定可以用类似的曲线，你的理论依据是什么？

（经过我的追问，学生没有了想法，而后我对学生进行了启发点拨）

师：既然你想用和正弦函数曲线类似的曲线去连接余弦函数的这五个点，那在你的潜意识里你认为正弦函数与余弦函数是有关系的，那你能想到余弦和正弦相关联的等式吗？

生（崔）：老师，我们开讲之前所回顾的等式中就有余弦与正弦相关联的等式。

师：那你从这些式子里能找到余弦函数图像和正弦函数图像之间的关系吗？其他同学也一起深入观察一下。

这时，全班同学开始认真观察并思考，大概5秒后，柳同学兴奋地回答："正弦函数的图像向左平移 $\frac{\pi}{2}$ 个单位就能得到余弦函数的图像了。"

师：柳同学，你是从哪个等式中得出的呢？

生（柳）：……

这时很多同学顿悟，然后我让柳同学在全班分享了思路并对这两位同学进行了肯定和鼓励，之后我利用几何画板再现了正弦函数图像向左平移 $\frac{\pi}{2}$ 个单位得到余弦函数图像的动态过程了。

（3）反思心得。

吴同学和崔同学在面对我抛出的问题之后，给出了同一个答案：五点作图法。我的第一种处理方式，从教学进度上看相比第二种，效率要高一些，但并不利于延展学生的数学思维；用第二种处理方式，虽然教学进程会慢一些，毕竟"逼"学生想到是不容易的，但通过这种追问的方式，有利于让学生自动建构新、旧知识之间的桥梁，延展数学思维，对提升数学素养大有裨益。

问题聚焦

Q1：两个教学反思的相同之处和不同之处是什么？

Q2：教学反思的要素有哪些？

一、如何理解教学反思的内涵与意义

（一）教学反思的内涵及意义

反思作为一个日常用语，是指"思考过去的事情，从中总结经验教训"。

教学反思是指对正在发生的或已经发生的教育教学活动，教师借助以往的知识和经验，发现教学活动中存在的优势与不足、困惑与问题并进行深入分析，进行批判性的思考和审视，继而通过行动解决问题，进一步积累教学知识、重构教学经验的教学活动。[①]

（二）教学反思与同伴互助的关系

教学反思往往是指向自我的，其目的也是促进自身的专业成长。

---

① 刘加霞、申继亮：《国外教学反思内涵研究述评》，载《比较教育研究》，2003(10)。

教师自我教学反思常常受限于个人经验，特别是新教师更是如此。同伴互助有助于突破自我经验的限制，使教师的教学反思更加丰富。有调查也发现，教师认为"同事间的讨论"的形式是最为有效的，这也反映了同伴互助的重要性。

同时，很多教师并不具备自觉反思的意识，同伴互助与交流能够促进教师由"被动"思考转为自我主动进行教学反思，有利于教师逐渐养成自觉反思的习惯。

（三）教学反思与专家引领的关系

很多教师提到自身理论水平影响了教学反思的深度，也有学者提出可以通过加强教师的教育心理学理论知识培训，提高教师的教学反思能力。[①]

然而，将教育教学理论应用到学科教学实践中往往并不是那么直接的，具体到某个学科、某个主题或者某节课的教学，选择什么理论来解释教学中遇到的困惑或问题是难点，因此教师反思时和教育教学专家进行互动讨论就显得非常必要了。专家引领下的教学反思有利于将经验性的分析和合适的理论相结合，使教学经验理论化、教育教学理论具体化。

二、如何把握教学反思的过程

杜威提出的反省思维包括：引起思维困惑的状态；寻求、搜索和探究的活动；求得解决疑难、处理困惑的办法。教学反思的过程分为五个步骤：①引起注意的教学事件；②聚焦问题；③分析解释；④提炼策略；⑤教学改进。下面以一个案例来说明教学反思的过程。

（一）引起注意的教学事件

引起教师进行教学反思的原因，通常包含以下几个方面：教学效果不理想、学生的某些表现、教学预设外的事件、课堂上不满意的事情、课堂上非常满意的事情、课堂管理问题等。有研究者曾在中学数学新教师工作的第二个学期对其做过小范围的调查，调查结果显示，在引起教学反思的

---

① 张学民、申继亮、林崇德：《中小学教师教学反思对教学能力的促进》，载《外国教育研究》，2009(9)。

原因中，排在第一位的是教学效果不理想，其次为教学预设外的事件和课堂教学中不满意的事情，再次为课堂管理问题。

请阅读下述案例并思考：在下述片段中引起教师反思的原因是什么？

出人意料的结果[①]

前不久，我在执教的两个班中进行了一次小测验，结果很令人感到意外。(6)班高分学生的人数比(5)班少很多，而(6)班入学时的优秀生比(5)班要多很多，并且在此之前每次大小考试也是(6)班成绩领先，究竟是什么因素导致了这次"大逆转"出现？

在上述反思片段中，学生群体的"异常"表现引发了教师的关注：平时表现好的班级在一次测验中表现较差。

（二）聚焦问题

"大逆转"归因

我对两个班的试卷进行了认真的分析和比较，发现导致差异产生的主要原因是一道几何题(图 4-1)，这道题(6)班的失分人数明显比(5)班多。但令人不解的是：考前两周左右我在两个班都讲解过这道题，并且这道题在当时的学习阶段中仅算得上是中等难度的题。这到底是怎么回事呢？

题目：已知在正方形 $ABCD$ 中，M 是 BC 的中点，E 是 BC 延长线上的一点，$MN \perp AM$，交 $\angle DCE$ 的平分线 CN 于 N。探究 MA 与 MN 的关系并加以论证。

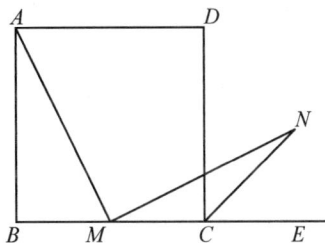

图 4-1

通过对这次测验进行分析，发现出现"大逆转"的原因，聚焦其中一个

---

① 张勃：《怎样教更有效——一次"意外实验"带来的反思》，载《中国教师》，2011(4)。

题目的作答，这是由困惑到聚焦问题的过程。存在困惑时，很多时候问题并不明确，需要对困惑做进一步分析找到问题所在。

（三）分析解释

请阅读下述案例并思考：下述案例中是如何选择学生的？如何进行分析解释？

学生访谈，分析原因

教师找到(6)班一位平时成绩不错却没有答出这道题的学生甲。以下是师生之间的对话。

师：这道题老师讲过，你有印象吗？当时没听懂吗？

甲：我当然记得您前些天讲过，我还记得开始看题时，我没有思路，您讲过之后我觉得明白了并做了笔记，可是考试时却怎么也没有思路。交完卷我就翻了笔记，一看就明白了。

师：你考试时是怎么思考这道题的？

甲：我只记得自己想构造全等，好像您也是这么讲的，我想构建一个三角形与$\triangle ABM$全等，因为是直角三角形，于是我过点N作NF垂直于BE，可我花了好长时间也找不到边相等的条件，只好放弃了。

师：那你为什么不换个思路，构造一个三角形全等于$\triangle MCN$呢？

甲：真没想起来，看了笔记才知道您是这么讲的。

教师又找了(6)班几个在该题目上失分的学生进行访谈，学生讲述内容和学生甲基本相同。在(5)班找了平时成绩一般，但顺利完成了这道题目的学生乙，下面是师生之间的对话。

师：你能说说这道题是怎么做的吗？

乙：老师难道您忘了原题您是讲过的吗？（吃惊）

师：我当然记得，可是仍然有许多同学没做出来，我不知道为什么，所以想问问你是怎么做的。

乙：我对这道题印象太深了。上次您给我们讲这道题的时候，我想了一中午，想了好多个方法都行不通，直到下午您在课上带着我们一起探究，我才明白这道题应该怎么处理。

师：你还记得那个中午你想的行不通的方法吗？

乙：当然记得，您上课时也让同学展示了，我想得跟他们一样。开始我觉得要证 $MA=MN$，就是要利用题目中的已知条件。我观察了图形，结合已知条件发现连结 AN，只要证明△ANM 是等腰三角形即可，但是不容易证明。于是，我想如果能证明 AM，MN 它们所在的两个三角形全等，那该多好啊。可是结合已知，我发现图中它们所在的两个三角形，一个是钝角三角形，一个是直角三角形，那是不可能全等的。于是就想到添加辅助线构建全等三角形，想通过证明两个三角形全等来证明线段相等。本来我想构建一个三角形与△ABM 全等，因为△ABM 是直角三角形，于是我过点 N 作 NF 垂直于 BE，在证明过程中比较容易找出两组角相等，但找一组边相等非常困难（证明三角形全等至少需要一组边相等）。老师，你不知道我在上面花了好长时间，不然，我不可能对这道题印象这么深。听课后我意识到可以换个思路，构建一个三角形全等于△MCN。根据点 M 是 BC 的中点，于是找 AB 的中点 F，连接 FM，此方法非常有效，不仅创设了 $AF=MC$，而且又得出∠$AFM=$∠$NCM=135°$。再根据同角的余角相等，即∠$FAM=$∠CMN，就可以利用 ASA 证明这两个三角形全等了。

师：谢谢你，讲得太好了！希望你今后也能像这样带着问题上课。

通过上述两个学生的访谈可以看出，教师选择的两个学生是有代表性的：平时成绩不错但没有做对的学生甲、平时成绩一般但做对了的学生乙。通过和学生甲的访谈可以初步了解学生的难点在哪，通过和学生乙的访谈，可以初步了解学生突破难点的路径是什么。对两个学生进行访谈后，教师通过对学生的思路进行分析，延伸到对该题目两种不同讲解行为进行深入分析。显然，(5)班学生经历了更为曲折的思维过程。

听了(5)班乙同学的讲解，我猛然意识到了在这道题目上两个班有差距的原因。两个班同一天讲解这道题，在(6)班出示该题的时候离下课好像不到 10 分钟，我让同学独立思考了片刻，看到马上就要下课还没有同学举手，我就带着同学分析了一遍，也给出了板书，看到同学们不住地点头，认真地做记录，我很放心，觉得学生应该听明白了，却没料到会收到这种效果。

在(5)班，由于前一天心理课老师打了招呼，他上半节课之后有事出去，后半节要我上，于是在数学课上我出示了这道题以后，没急于带领学生分析，而是给他们布置了任务，中午认真思考，下午在心理课上展示分析。那节课我先让学生谈他们各种受阻的思路，大多数同学感觉过点 N 作 NF 垂直于 BE，构建 $\triangle ABM$ 与 $\triangle MFN$ 全等，应该可以解决问题。在证明过程中比较容易找出两组角相等，但找一组边相等非常困难。究其原因是受平常一些思维定势影响，创设三角形一般是创设一个特殊的三角形，而题目中的直角三角形正好符合要求，于是毫不犹豫地认定应创设直角三角形。记得当时我肯定了能有这样的思维、做这样的辅助线本身是件好事，但需要看题目特征具体分析，拼命钻牛角尖，会浪费很多时间。于是，尝试寻求另一条出路，那就是构建一个三角形全等于 $\triangle MCN$。那半节课学生真是听得津津有味，想来给他们留下深刻印象的恐怕不仅仅是正确的答案，更有不撞南墙不回头的思维过程。

（四）提炼策略

通过分析进行提炼，该案例中教师提炼出：在教学中，教师应有意识地暴露学生的思维过程，借助学生的已有知识和经验帮助其进行提升。

提炼策略

平常我也会抱怨学生，为什么一道题讲过很多次依然还做错，总认为自己讲透彻、学生听明白，就算完成了教学任务。然而，通过这次检测及随后的调研，我发现了学生亲身体验的重要性。那种担心学生栽跟头、怕耽误课上时间直接分析的做法表面上看是节省了教学时间，但实际效果未必好。因此，教师需要学会聆听、学会等待，敢于让学生的思维误区暴露出来，借助学生现有的知识和经验对问题进行深入分析，巧妙提升，使问题得到解决，这才能够真正地提高教学的效率。

对个别教学行为进行了分析后，还需要对结论进行提炼，以得到更具一般性的策略，以便之后将相关结论迁移到其他教学情境中。

教学策略的提升

数学教师显现自己的思维过程对于学生学习而言帮助很大，这种成熟的数学思维解题技法正是学生思维活动的楷模。在例题教学过程中，教师要善于将思路的形成过程"暴露"出来，使学生的思维与教师的思维产生共鸣，变教师传授的过程为学生发现的过程，留给学生的不再是"魔术师"的表演，而是创造性的教育与实践。不仅是例题教学，其实包括备课、上课、答疑、批改作业、组织考试、批改试卷等在内，都应视为显露数学思维过程的重要环节。此外，也要鼓励学生在自己的学习中，从书本例题、课外练习以及教师讲解中分析他人思维发展的脉络，同时不断比照自己的思维过程，寻找自己思维中的错误，汲取他人思维中的营养。只有这样，教师的教才能更有实效性，这种实效性不仅体现在成绩上，更体现在学生思维能力、分析和解决问题能力的提高上。

（五）教学改进

教学反思的最后一步是教学行为的改进，可能是针对该内容的改进，或者是使用所提出的策略改进其他内容的教学。在本案例中，教师在该题的讲解中进行了教学改进。

教学改进

一道题不经意间采用了两种不同的教学方法，却产生了截然相反的教学效果，这让我陷入了深思：到底怎么教更有效？

考虑到学生亲身体验的重要性，我在讲评试卷时，要求学生以小组形式讨论并出示本题的知识网络图。在此基础上，我还出示了一道变式题，即将原题中的"M 是 BC 的中点"改为"M 是 BC 上的任意一点"，其余条件不变，那么，结论"$MN=MA$"还成立吗？如果成立，请加以证明；如果不成立，请说明理由。在这里，教学碰到了难点：有些学生认为点 M 在运动中不再是中点，那么也就不会出现 $\angle AFM=\angle NCM=135°$，所以两个三角形是不可能全等的。

事实上，把"M 是 BC 的中点"改为"M 是 BC 上的任意一点"，结论"$MN=MA$ 依然成立。针对学生的疑惑，教师要鼓励他们大胆尝试，学会变通，不仅要引导学生探索出"若想证明两条线段相等但题中没有三角形全等时，可以构造三角形证明三角形全等"这一类问题的求解方法，更重要的是揭示出初中几何的核心思想：在图形的运动变化中寻求不变的性质。

三、如何选择教学反思的表达形式

教学反思具有不同的表达形式，不同学者分类也不同，如王映学等人将教学反思分为录像反思、日记反思、学习者角度反思、与同事及专家交流中反思等。[①] 郭俊杰等人提出观察学习、实习课、叙事研究、行动研究、构建反思共同体等。[②] 从教学经验到教学理论，我们可以将教学反思的表达形式划分为教学日志法、同伴观察法、案例式反思法三种。其中，教学日志法是教师记录自己在教学中的困惑和经验。同伴观察法是将自己的教学经验和同伴的教学行为进行对照。案例式反思法是要对自己或他人的教学进行分析，并将其上升为可以推广的典型例子。

（一）教学日志法

教学日志可以是对一个教学活动、一节课或一个教学事件的记录。教学日志通常包括教学反思过程的某个或某些步骤，对于新教师而言，开始撰写教学日志时，其内容多是教学中的困惑，并且学生管理方面的困惑也会很多，随着教学经验的积累，教学日志会逐渐从提出困惑转为提出较为清晰的问题，并尝试进行分析和给出教学改进的方案。

✎ | **案例 4-4** |

学生乘法公式应用的问题

教完"整式的运算"这一单元后，我们进行了单元复习。我发现仍然有一半的学生对运算性质和法则不清楚，存在记忆混淆的情况。上课时我已经用了大量时间带着学生推导公式，两数和的完全平方公式、两数差的完全平方公式、平方差公式等，都利用剪纸的直观方式推导过，但学生在公

---

① 王映学、赵兴奎：《教学反思：概念、意义及其途径》，载《教育理论与实践》，2006(3)。
② 郭俊杰、李芒、王佳莹：《解析教学反思：成分、过程、策略、方法》，载《教师教育研究》，2014(4)。

式的运用上，还是不尽如人意。

📎 | 案例 4-5 |

学生寻找三角形边的对角

有学生在找三角形一边的对角时找不好，比如在图 4-2 中找出 EC 边所对的角，有学生的错误答案是 $\angle ABC$，我在课上的解释有些绕弯了，没说到点子上，最开始很困惑该怎么说清楚，课后思考后觉得这样讲更好："边 EC 的对角指的是：在以 EC 为边的三角形中，边 EC 对面的内角。"首先要找到以 EC 为边的三角形，然后确定该三角形的内角，最终确定哪个内角在边 EC 对面，这个角即所求。

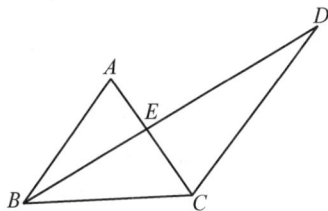

图 4-2

📎 | 案例 4-6 |

算理还是规则化的步骤？

算理还是规则化的步骤？整理了计算的题型，学生最容易出错的还是分配律的符号问题，我着重分析了两类题型，一类正用乘法的分配律，如 $\left[4-\left(-\dfrac{12}{5}+\dfrac{8}{15}-6\right)\times\dfrac{1}{3}\right]\div\left(-\dfrac{1}{5}\right)$；另一类是逆用乘法的分配律，如 $1\dfrac{1}{4}\times$ $\dfrac{5}{6}-\dfrac{5}{6}\times2\dfrac{3}{8}-\left(-\dfrac{5}{6}\right)\times\dfrac{3}{8}$。易错点就是用分配律时，各个部分的符号容易弄混。关于第一种类型，反复强调减去的是小括号里面的内容和一个数的乘积，从代数和、减法法则等几个角度都解释了不可以直接去掉括号。关于第二种类型，逆用乘法分配律提完公因式后符号容易出错。因为这种类型的题目有很多，很多学生还是不能准确地认识性质符号，总是将其当作运算符号。针对这种易错题目，我想能不能将计算的步骤在算理的基础上规则化，希望通过这种规则化去理解算理，而不是让他们反复理解数理去建立自己的规则。针对第一个题型，在计算时将公因数挪进括号里，括号不省略，在他们熟练后再一步到位去括号。

教学日志不仅仅是对教学事件的罗列和记录，更为重要的是教师对自己的教学提出问题。案例 4-4 介绍的是"整式的运算"单元教学后，教师针对学生计算表现提出的困惑：带着学生进行了公式的推导，学生应用公式时还有问题？困惑有待于进一步聚焦成可以解决的问题。案例 4-5 是对某节课教学片段的记录，也是教师对课堂教学决策的思考，并进一步通过思考提出了改进方案，该案例中提出的改进方案是直觉式的。案例 4-6 是对有理数运算阶段教学后的记录，相对于案例 4-4，问题更为具体，并用"算理还是规则化的步骤？"作为教学日志的小主题，将学生的计算问题聚焦到分配律计算中的符号问题上，并细化为两种类型，针对两种类型进行归因分析，提出了教学改进方案。

（二）同伴观察法

同伴观察法是将自己的教学经验和同伴的教学行为进行对照。比较具有可操作性的就是对比自己和同伴对相同教学内容的处理方法，同课异构是常用的方式之一，当然有可能只是其中某个环节的对比。

| 案例 4-7 |

"完全平方式"的同课异构[①]

1. 教师 1 的教学流程

活动 1：探究公式

(1)如何计算图 4-3 中大正方形的面积？你有什么发现？

---

① 石树伟：《数学课堂教学立意的"层次""关系"及"提升"——由"完全平方公式"同课异构引发的思考》，载《数学教育学报》，2013(1)。

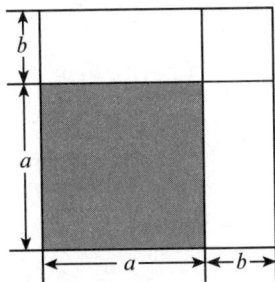

图 4-3

(2)你能用多项式乘法运算法则推导出$(a+b)^2=a^2+2ab+b^2$吗?

(3)尝试运用公式$(a+b)^2=a^2+2ab+b^2$推导$(a-b)^2$。

活动 2：应用公式

(1)例 1　用完全平方公式计算：

①$(5+3p)^2$；②$(2x-7y)^2$；③$(-2a-5)^2$。（第③题引导学生用不同的方法进行计算，深刻理解和应用两个公式）

(2)练习和例 1 类似的习题。

(3)例 2　简便计算：①$98^2$；②$\left(100\dfrac{1}{2}\right)^2$。

(4)练习和例 2 类似的习题。

活动 3：课堂小结

完全平方公式的特征及语言描述。

活动 4：课堂检测

略。

2. 教师 2 的教学流程

活动 1：探究

(1)前面已经学习了多项式乘法，你能说说运算法则吗？运算的依据是什么？

(2)$(x+b)(x+d)$可以利用公式直接写出结果，它是$(a+b)(c+d)$在$a=c=x$时的特例（先行组织者）。在$(a+b)(c+d)=ac+ad+bc+bd$中，你认为还有哪些特殊情形？你能得到什么？（放手让学生探究，学生有多种

结论，包括完全平方公式和平方差公式)

(3)完全平方公式有哪些特征？请你用自己的语言描述公式。

活动 2：公式应用

略。

活动 3：几何解释

如果 a，b 表示线段长，则 a^2，b^2 分别表示正方形的面积，你能根据公式形式，自己构造图形表示完全平方公式吗？

活动 4：课堂小结

(1)请你说说公式的结构特点及应用时应注意的问题。

(2)请你总结一下这节课讨论问题的基本过程。

(3)能够按照上述思路，再提出一些值得研究的问题吗？

教师 1 和教师 2 的两节课中都有完全平方公式的几何直观表示，教师 1 是利用几何直观让学生进行探究进而"发现"完全平方公式，教师 2 是将其设置在完全平方公式获得后的解释中。教师 1 通过引导学生计算正方形的面积"发现"完全平方公式，学生会有疑问：这样的正方形哪里来的？老师怎么知道计算这样的正方形面积就可以得到完全平方公式？因此这样的探究并不是真正的探究。教师 2 是让学生借助几何直观解释和进一步理解完全平方公式，构造过程具有一定的铺垫："如果 a，b 表示线段长，则 a^2，b^2 分别表示正方形的面积。"

对于探究活动的设计与实施，上面的分析中提到教师 1 的活动 1 并不是真正意义上的探究，教师 2 充分发挥了先行组织者"$(a+b)(c+d)=ac+ad+bc+bd$"的作用，引导学生在多项式乘法的基础上探究特例，切合知识的发生、发展过程，并且符合学生的认知发展规律。学生在此基础上不仅获得了完全平方公式，并且在最后教师 2 鼓励学生提出进一步的研究问题，推动学生进行了更深入的探究，渗透了从一般到特殊的思想方法，给予了学生探究的空间，学生在已有经验的基础上获得了公式。

（三）案例式反思法

案例式教学反思有以下几个要点。①教学事件描述：详细描述教学中发生的事件，记录尽可能多的细节，要注意这类是对客观事实的记录，不要加入个人的推测。②教学事件中有问题或疑难：教学事件需要含有问题或疑难情境，并且这种问题具有一定的典型性。③分析并提出观点：对教学事件进行分析，这里的分析最好是在一定的理论指导下进行的。④提出教学改进方案：在对教学事件进行分析的基础上，借助理论或者自己的教学经验提出教学改进的方案。

📎 | 案例 4-8 |

是找不全等量关系吗？[①]

1. 陷入困境的一个学生

那是九年级第一次模拟考试后的一节专题课，内容是折叠问题。折叠是日常生活中的常见活动，其数学意义是轴对称变换。由于这种变换中蕴含着比较多的等量关系，常常需要学生自己挖掘，因此寻找相关问题是学习的难点。这节专题课的目标定位是帮助学生找全图中的等量关系，课上发现某个学生练习纸上的图标很乱，学生陷入困境。

2. 个别访谈，分析原因

课后对该同学进行了访谈，他说总是找不全等量关系，所以题目解不出来。下面是教师和学生的交流过程。

如图 4-4，把矩形白纸 $ABCD$ 沿 EF 对折，若 $\angle 1 = 50°$，求 $\angle AEF$。

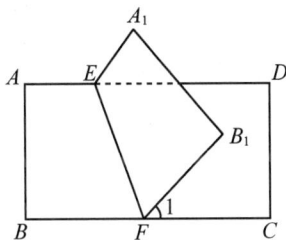

图 4-4

---

① 张艳馨、顿继安：《是找不全等量关系吗？》，载《基础教育课程》，2009(9)。

师：根据题意，你可以得到哪些结论？

生：$AE=A_1E$，$AB=A_1B_1$，$BF=B_1F_1$，$\angle A=\angle A_1$，$\angle B=\angle B_1$。

写完后，学生思考了一会儿说：这些条件跟要求的角没有关系呀。

看来学生在寻找相等关系的时候，漏掉了关键的条件$\angle 1$和$\angle AEF$，教师追问：题目中将什么图形沿着哪条轴进行了折叠？

生：将四边形沿着EF进行了折叠。

师：四边形中边的元素有几个？角的元素有几个？

生：哦，我知道了还有相等的关系，$\angle BFE=\angle B_1FE$，$\angle AEF=\angle A_1EF$。

学生在图中标出了这两组相等关系，又开始紧皱眉头。

生：老师您看，$\angle AEF=\angle EFC$，所以$\angle A_1EF=\angle EFC$，可是这些与问题没有关系。（此时他的图已经很乱了）

这时我意识到，过多的相等关系使他画乱了图形，也扰乱了他的思路。于是重新画了一个图形，让他重新思考相等的量，特别是：哪一个量是与$\angle 1$有密切关系的，就在他标出$\angle BFE=\angle B_1FE$时，他兴奋地说："老师，我会了!"

师：你现在回头想想，当时没有做出来，是哪里没有想明白？

生：首先相等的量没有找全，当找全了相等的量，图已经太乱了，我的心也乱了，找不到解题的途径了。我在思考问题时，不能综合已知和求证去思考，也就是没有明确解题的方向，致使图很乱，思路也很乱。

师：今后再解决这类问题，你觉得应怎样入手？

生：我觉得要先想一想折叠的是什么图形，折叠后会得到几组对边相等，几组对角相等，想清楚再标图。然后再想想哪对相等的量和要求的问题有关，标在图中，这样图就会清晰，也便于找到解题思路。

3. 问题提炼和教学改进

教师通过和这位学生访谈，找到了学生陷入困境的原因。找全等量关系是教师的教学目标，这位学生开始也是将自己的困难归因于：找不全等量关系。然而从师生共同解决问题的过程中可以发现，真正的问题并不在此。

这位学生的解题过程表明，对"找全等量关系"的追求，导致真正有用的相等关系被淹没在所有的等量关系中，导致题目越发复杂，最终无法找到解题方向。我反复强调并且认为实现了教学目标，但没有帮助学生提高解决折叠问题的能力，而且在访谈中，学生自己认识到"自己找到的等量关系和解决的问题并没有关系"，我仍然执着于"四边形中边的元素有几个？角的元素有几个？"导致该学生陷入更深的思维泥沼。

交谈中学生自己摸索出了经验：别着急标图，重要的是标出和求证有关系的相等的量。这让我认识到，折叠问题提供了较多的等量关系，使得这类问题通常难以通过明确的步骤解决，属于结构不良的问题，其解决的关键在于组织思维、运用知识，因此教学目标定为：帮助学生形成解决问题的策略。这应该成为本节课，甚至所有数学课需要关注的、有意义的目标。

教师通过对问题的进一步分析，对教学目标的定位进行了反思，并开始有意识地积累指导学生形成解题策略的对策。

实践操练

请按照本讲介绍的案例式反思法，选择中学数学中某一课时的教学内容进行教学反思，并与反思前的教学进行比较，思考有哪些改进。

单元小结 ▶

本单元所介绍的教学反思是与教学设计、教学实施和教学评价同等重要的教育教学内容。对新教师而言，教育反思的作用不言而喻。它能够帮助新教师在较短时间内熟悉教材，熟悉课程标准，熟悉学生的基本情况，熟悉课程结构，熟悉课堂教学环境，等等。对上述各方面内容的熟悉和掌握程度越高，越有助于新教师教育教学能力的提升，也越有助于提升学生的学习成效。

本单元包括说课、观课和反思三讲。分别介绍了说课的内涵、内容和操作要点，观课的内涵、观察内容和信息记录方法，以及反思的内涵、方法和过程等。新教师通过对这些内容的学习可以了解有关教学反思的基础知识，为自身的专业成长添砖加瓦。

单元练习 ⋯⋯▶

1. 观看一节本校(本区)数学公开课，对此课程的教学实施做出评价。

2. 设计并在本校(本区)上一节数学公开课，对此课程的教学实施做出评价与反思。

阅读链接 ⋯⋯▶

1.[英]安德鲁·波拉德，克里斯廷·布莱克-霍金斯，加布里埃尔·克里夫·霍奇斯，等. 反思性教学：一个已被证明能让所有教师做到最好的培训项目(30 周年纪念版)[M]. 张蔷蔷译. 北京：中国青年出版社，2017.

2. 衣新发编著. 教学反思能力实训[M]. 北京：高等教育出版社，2019.

3. 王陆，张敏霞. 基于课堂教学行为大数据的教学反思方法与技术[M]. 北京：北京师范大学出版社，2019.

4. 赵明仁. 教学反思与教师专业发展[M]. 北京：北京师范大学出版社，2009.